CHEERS

认知

与最聪明的人共同进化

HERE COMES EVERYBODY

约翰·戈特曼

他，媒体公认的"婚姻教皇"

他，20世纪最后25年里最具影响力的心理学家

他，人际关系领域最杰出的大师

西雅图爱情实验室走出的
人际关系大师

专注 40 年
"爱情实验室" 与 "婚姻教皇"

JOHN GOTTMAN

"良好的人际关系，指的并不是清晰的沟通，而是一个个亲密无间、相互依恋的美好时刻。"

——约翰·戈特曼

美国最知名的超级畅销书作家马尔科姆·格拉德威尔曾在他的一本著作中写道："他是一位个子不高的男士，长着猫头鹰般犀利的眼睛，头发花白，胡须修得整整齐齐。他魅力超凡，总能与人攀谈甚欢，每当谈到让他兴奋的话题时，他的眼睛便闪闪发亮，更加炯炯有神。他的身上仍带有 20 世纪 60 年代嬉皮士的范儿，比如他那顶时而扣在犹太编织圆帽上、印有毛主席头像的红军帽。"

马尔科姆笔下的这个人便是全球人际关系领域公认的殿堂级人物——约翰·戈特曼。从 20 世纪 70 年代至今，戈特曼对人际关系、婚姻关系及家庭关系进行了长达 40 年的跟踪研究。1992 年，戈特曼"爱情实验室"公布了堪称史上最大规模的家庭关系研究结论：在这项涉及近 3 000 个美国家庭、700 对新婚夫妇的纵向研究中，戈特曼可以在 5 分钟内判断一对夫妇未来一年内的婚姻状况，准确率高达 91%。

戈特曼"爱情实验室"的门槛被蜂拥而至的媒体踏平，《早安美国》、《今日秀》、《CBS 早间新闻》、《奥普拉脱口秀》、《纽约时报》、《人物》、《今日心理》、《西雅图时报》等争相报道戈特曼的神奇预言。有媒体甚至称戈特曼为"婚姻教皇"，拯救了万千陷入危机的家庭。其著作《幸福的婚姻》更是畅销十余年，长期盘踞同类图书榜首，畅销全球 22 个国家，并被《哈佛商业评论》视为商务沟通经典之作。

用数据说话
大数据时代的亲密关系真相

　　戈特曼的研究领域是心理学，但他也曾在麻省理工学院学习过数学，显然，数学的严谨精确对他影响很大。

　　"有时，每个人看起来都像是结过婚的，或者任何一个结过婚的人都认为他掌握着一个保证爱无止境的秘密。但是，不论是电视中的心理学家说的，还是商场里的美甲师说的，大部分关于婚姻问题的看法都是错的。"戈特曼在他2012年的最新著作《爱的博弈》中说道，"在需要理解回报和为对方付出之间的关系时，数学给了我巨大的帮助。科学研究令人着迷的一点，就是你并不总能预测到结果。意外会时常发生，因此我认为那些基于个人经验和未经证实的理论而给出的建议都很愚蠢。"

　　戈特曼在近40年的研究生涯中，始终致力于将人与人之间的关系与行为数据化，并通过建立数学模型达成对行为的预测。如今，"爱情实验室"收集到大量关于亲密关系互动行为的数据，成为全球最具权威性的亲密关系数据中心。

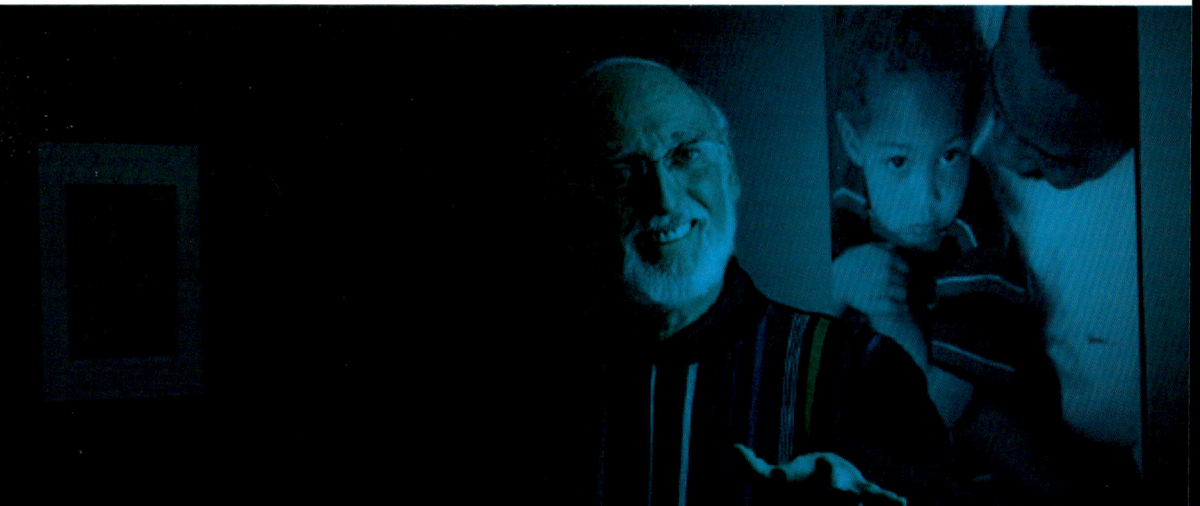

与罗杰斯、荣格齐名的
心理治疗大师

无论在婚姻、亲子领域，还是在商业、职场中，戈特曼带给人际关系研究的变革是划时代的。在厚黑与潜规则盛行的当下，戈特曼更具科学性的研究让人与人之间的关系回归最真挚且有效的沟通。

约翰·戈特曼在人际关系领域长达40年的深探，成就斐然、著作等身，其建构的人际关系模型是心理学领域少有的可预测性数理模型。

2007年，美国具有相当权威性的刊物《美国心理治疗网络》及《美国心理学家》杂志同时评出20世纪最后25年间，美国心理治疗师眼中10位最具影响力的心理治疗大师，戈特曼赫然在列，与卡尔·罗杰斯、卡尔·荣格共享殊荣。

戈特曼同时收获了美国家庭治疗领域的所有专业大奖。4次荣获美国心理健康研究院科学研究者奖章，并获美国

婚姻与家庭治疗协会杰出科学研究者奖章、美国家庭治疗学会杰出贡献奖、美国心理协会家庭心理学分会会长奖章。

西雅图爱情实验室的心理学报告

幸福的婚姻
男人与女人的长期相处之道

爱的博弈
建立信任、避免背叛与不忠

湛庐 CHEERS 特别制作

幸福的婚姻

男人与女人的长期相处之道

The Seven Principles
for Making
Marriage Work

[美] 约翰·戈特曼 (John Gottman)
娜恩·西尔弗 (Nan Silver) ◎著

刘小敏◎译

浙江人民出版社
ZHEJIANG PEOPLE'S PUBLISHING HOUSE

你了解亲密关系的真相吗？

- 外遇是离婚的根本原因吗？

    A. 是

    B. 否

- 回避冲突一定会毁掉你的婚姻吗？

    A. 一定会

    B. 不一定会

- 研究发现，在 85% 的婚姻中，丈夫都是冷战者，这是真的吗？

    A. 真

    B. 假

扫描左侧二维码查看本书更多测试题

THE
SEVEN PRINCIPLES
FOR MAKING MARRIAGE WORK

01

西雅图的爱情实验室

The Seven Principles for Making
Marriage Work: A Practical Guide
from the Country's Foremost
Relationship Expert

幸福的婚姻
S EVEN PRINCIPLES
THE
FOR
MAKING MARRIAGE
WORK

这是西雅图一个少见的无云的早晨，新婚夫妇马克和贾尼丝坐在桌旁吃早餐。公寓的落地窗外，蒙特雷克湖水切出一条深蓝色的水带，一些人在慢跑，一群鹅摇摇摆摆地沿着湖滨公园行进。马克和贾尼丝一边享受着美景，一边吃着法式吐司看星期天的报纸，随后马克可能会打开电视看足球赛，而贾尼丝则会和她远在圣路易斯的妈妈煲电话粥。

在这个一居室里，一切看上去再正常不过了，直到你注意到墙上挂着三台摄像机，马克和贾尼丝的衣领上别着微型麦克风，他们的胸前绑着心电图监护仪。这间视野极佳的一居室，其实不是马克和贾尼丝的公寓，而是华盛顿大学西雅图校区的一个实验室。16 年来，在这个实验室里，我带头发起了一项规模最大、最具革新性的针对婚姻和离婚问题的研究。

作为这些研究的一部分，马克、贾尼丝和其他 49 对随机选出的夫妇一样，自愿在我们装配好的公寓里过夜，这个公寓被我们亲切地称为"爱情实验室"。尽管我的研究小组正在厨房的单向镜后观察他们，我们还是要求他们尽可能自然地活动。摄像机记录下他们说的每句话，还有他们的面部表情，传感器追踪他们身体上的压力或放松信号，比如心率。为了保护被观察者的基本隐私，观察时间仅限于早上 9 点到晚上 9 点，洗澡不在观察之列。这个公寓配备了折叠式沙发、厨房、电话、电视机、录像机及 CD 播放器。夫妇们可以自带日用品、报纸、手提电脑、衣服床单、哑铃甚至宠物。总之，他们度过一个独特周末所需要的任何东西都可以带。

我的目标只不过是想发现婚姻的真谛，解答长期困扰人们的难题：为什么婚姻有时如此艰难？为什么有些人能够厮守一生，而有些人则像躲避定时炸弹一样躲避婚姻生活？如何防止婚姻危机，又如何拯救一段已经出现危机的婚姻？

预测离婚的准确率高达 91%

经过多年的研究，我终于回答了这些问题。事实上，我现在可以预测任何一对夫妻未来是会幸福地在一起还是痛苦地分开。在我们的爱情实验室里，观察完一对夫妻的交流方式后，我能在短短 5 分钟内作出预测！在 3 个独立研究中，我的预测准确率高达 91%。也就是说，我对 91% 的案例作出的预测，都经时间证明是正确的。这些预测不是建立在我的直觉或先入为主的概念（如婚姻"应该"是什么样子）上，而是基于我多年研究积累的数据。

起初，你可能会想否认我的研究结果，就像怀疑无数新奇理论中的某个理论一样。当一个人告诉你，他已经弄明白是什么真正使得婚姻延续下去，并能向你展示如何挽救婚姻或证明你会离婚时，你肯定会嗤之以鼻。很多人都认为他们自己就是婚姻问题专家，他们非常乐意告诉你如何能拥有一个完美的婚姻。

L O V E **爱情大数据** D A T A

在我们的爱情实验室里，观察完一对夫妻的交流方式后，我能在短短 5 分钟内作出预测！在 3 个独立研究中，我的预测准确率高达91%。

但是，"意见"是一个关键词，在我的有重大突破的研究问世之前，差不多所有想帮助夫妻继续走下去的人都有自己的意见，那些合格的、有才能且受过良好训练的婚姻顾问自然也不例外。通常，负责任的治疗师给夫妻提供的方法，是建立在他们的职业素养、经验、直觉、家庭历史甚至是宗教信仰基础上的，但是，这一判断也很难有科学证据，因为直到现在，**没有任何严格的科学数据可以解释为什么有些婚姻成功了而其他的失败了。**

我对自己预测离婚的能力的重视，终于得到了回报。通过研究，我总结出了能使婚姻免于破裂的 7 个法则，这是研究中最有价值的发现。

高情商的婚姻

使婚姻幸福的方法简单得出人意料，幸福的已婚夫妇无须比其他夫妻更聪明、更富有、更精明，而是需要在日常生活中找到一个动力，这个动力能使他们对对方的积极想法和情绪，不被消极想法和情绪（这是每对夫妻都有的）压倒，即他们需要拥有婚姻情商。

近年来，情商已被公认为是判断孩子在将来生活中能否成功的重要标准。不管孩子的智商如何，情商越高，他就越能懂得如何与别人相处，未来也就越光明。夫妻关系中也是如此。一对夫妻的情商越高，他们也就越能互相理解、欣赏、尊重对方以及他们的婚姻，将来就越有可能幸福地生活在一起。正如父母能够训练孩子的情商，夫妻也可以提高自我的婚姻情商。当他们出现感情危机时，婚姻情商能使夫妻站在积极的一边。

为什么要挽救你的婚姻

说到离婚率，统计结果让人吃惊。67% 的初婚夫妇会在结婚后 40 年内离婚，其中有一半的离婚发生在结婚后的头 7 年。有些研究发现，二婚的离婚率比初婚的离婚率高 10%。离婚率居高不下，这让所有已婚夫妇，包括那些目前对他们的婚姻感到很满意的夫妇懂得，为了保持婚姻稳固，他们需要加倍努力。

L O V E **爱情大数据** D A T A

67% 的初婚夫妇会在结婚后 40 年内离婚，其中有一半的离婚发生在结婚后的头 7 年。二婚的离婚率比初婚的离婚率高 10%。

一段婚姻终结的最糟糕的缘由之一，是夫妻双方没能及时认识到它的价值，而等他们认识到时，已经为时太晚。情况往往是这样，只有在签了离婚协议、分好家具、各自租好房子之后，他们才认识到，当他们放弃彼此时，他们真正放弃了多少东西。人们往往认为一段好的婚姻是理所当然的，而不是需要培育、值得重视和迫切需要的。有些人可能认为离婚或婚姻不幸福并不是什么大事，他们甚至认为这是一种时髦，但是，如今有大量的证据证明，对牵连进来的所有人来说，离婚是多么有害。

洛伊丝·维尔布鲁根（Lois Verbrugge）与詹姆斯·豪斯（James House）都在密歇根大学工作，多亏他们的研究，我们现在知道，不幸婚姻的承受者患病概率大约增加 35%，并且平均寿命缩短 4 年。相反，与那些离婚或身处不幸婚姻的人相比，生活在幸福婚姻中的人活得更长久、更健康。科学家们确信这些差异是存在的，但我们还不能确定为什么会这样。

部分原因可能是：身处不幸婚姻的人，长期处于慢性的生理激发状态。换句话说，他们感受到了生理压力，通常也感受到了情感压力，这些压力增加了身体与心灵的损耗，而这种损耗可在身体疾病（包括高血压与心脏病）

与心理疾病（包括焦虑、抑郁、自杀、暴力、精神病、杀人及药物滥用）中表现出来。

幸福的已婚夫妇患上这些疾病的概率要低得多，这没有什么好奇怪的，他们往往比别人更具健康意识，夫妻双方会要求对方做定期体检、服药、注意健康饮食等等。

近期，我们发现了一些激动人心的、初步的证据：一桩幸福的婚姻直接有益于你的免疫系统——它是身体抵御疾病的先头部队，从而使你更健康。大概在 10 年前，研究者们就认识到离婚会抑制免疫系统的功能。从理论上说，免疫系统抗击外来入侵者的能力下降，会使人更易患上传染性疾病和癌症。现在，我们发现它的对立面也有可能成真，幸福的已婚者免疫功能不但不会下降，还能得到增强。

L O V E **爱情大数据** D A T A

不幸婚姻的承受者患病概率大约增加 35%，并且平均寿命缩短 4 年。

当我们对那些在爱情实验室生活的 50 对夫妻进行免疫系统反应测验时，我们发现，婚姻生活满意度高的人与对婚姻生活不满意或婚姻生活一般的人相比，免疫功能有显著区别。具体说来，我们从每个人身上抽取血液样本，用来测试白细胞（免疫系统主要的防御武器）的某些反应。总的来说，当面临外敌入侵时，幸福的已婚者能产生更多的白细胞。

我们也测验了其他免疫系统卫士的效能，如名副其实的自然杀伤细胞（natural killer cell）。这种细胞能消灭被损害或被改变的体细胞，如被感染的细胞或癌细胞，并有着为人所熟知的限制肿瘤细胞生长的作用。结果，那些对婚姻感到很满意的人，再次比其他人有更多有效的自然杀伤细胞。

尽管还需更多的研究支持，才能证明幸福婚姻通过增强机体的免疫功能，从而使人更健康、长寿，但最重要的是，我们可以肯定幸福婚姻有这个作用。事实上，我常常想，如果健身爱好者每周从健身的时间里匀出 10% 的时间，来锻炼他们的婚姻而不是他们的身体，他们在健康方面获得的好处将是在跑步机上跑步的 3 倍！

当婚姻出现危机时，夫妻双方不是唯一的受害人，孩子也会跟着受苦。在一项研究中，我观察了 63 名学前儿童，这些孩子都生活在父母相互敌视的家庭里，与其他儿童相比，这种家庭环境里的孩子有慢性应激激素水平增高的症状。现在还无法知道这种应激反应将会给他们的健康带来怎样的长期后果，但我们知道，这种极度应激反应的生物指示会体现在他们的行为中。我们跟踪他们到 15 岁，结果发现，与其他同年龄的孩子相比，这些孩子经常逃课、抑郁、不合群、有行为问题（尤其是攻击他人）、成绩偏低，有的甚至辍了学。

这些研究结果反映的一个重要信息是：为了你的孩子而维持一段糟糕的婚姻是不明智的。在一个夫妻互相敌视的家庭里养育孩子显然是有害的，平静地离婚比维持一段战火连绵的婚姻要好得多。不幸的是，平静地离婚难得一见，夫妻间的相互敌意通常会持续到分手之后。出于这个原因，遭遇父母婚姻冲突的孩子和父母离异的孩子同样悲惨。

L O V E　**爱情大数据**　D A T A

如果健身爱好者每周从健身的时间里匀出 10% 的时间，来锻炼他们的婚姻而不是他们的身体，他们在健康方面获得的好处将是在跑步机上跑步的 3 倍！

创新性的研究，革命性的成果

对家庭里的每个成员来说，挽救婚姻的风险系数相当高。然而，尽管有研究证明婚姻美满的重要性，但是，对于如何维持婚姻的稳定和幸福，相对健全的科学研究的数量还是少得可怜。1972 年，当我首次开始婚姻研究时，用巴掌大的地儿就能记下所有关于婚姻研究的"好的"科学数据。之所以称这些数据为"好的"数据，是因为这些研究结果是运用科学方法收集到的，它们和医药科学使用的那些方法一样严格。例如，许多关于幸福婚姻的研究仅仅是指导丈夫与妻子填写调查表，这个方法被称为"自我报告法"，尽管它有一定的作用，但作用相当有限。如何知道一个妻子是幸福的？仅仅因为她在表格中"幸福"那一项里打了个钩？例如，遭受身体暴力的妇女会在婚姻满意度那一项里打很高的分。只有在一对一的采访中让这个女人感到安全时，她才会泄露她的痛苦。

为了解决这种研究的不足，我和同事开始采用许多创新的、更广泛的方法来研究婚姻，用以补充传统的研究方法。现在，在 7 种不同的研究项目中，我们密切关注着 700 对夫妻的动向。我们不仅研究新婚夫妇，还首次评估那些结婚长达 40 年或 60 年的夫妻；我们也研究那些刚刚为人父母的夫妇、有宝宝的夫妇、孩子到上学年龄的夫妇以及孩子已经十来岁的夫妇。

作为这个研究的一部分，我采访了他们的婚姻史、婚姻观及他们对自己父母婚姻的看法，并用磁带录下他们的谈话。他们互相谈论这一天是怎么过的，谈论他们婚姻中那些仍然存在的分歧，他们也会聊一些高兴的话题。为了从生理上知道他们感受到了多少压力或者他们有多放松，我时刻测量他们的心率、血流量、出汗量、血压及免疫功能。在所有这些研究中，我会把录音带重新播放给夫妇们听，会从一个知情人的角度问他们某些时刻的想法和感受，比方在讨论期间，他们的心率或血压突然加快或上升的时刻。我对这些夫妇进行了跟踪调查，至少每年会去拜访他们一次，看看他们的婚姻发展得如何。

迄今为止，除了我和我的同事，还没有人对已婚夫妻进行如此全面的观察与分析。这些数据首次让我们真正瞥见了婚姻的内情，这是对婚姻的解剖。本书正是以这些研究结果为基础的，并不是我一个人的观点。对夫妻们来说，这些原则是一种非常有效的短期疗法的基础，这种疗法是我和妻子——临床心理学家茱莉·戈特曼（Julie Gottman）博士一起研制出来的。这个疗法，连同一些遵循同样法则的简短的讲习班，是为那些觉得他们的婚姻生活有麻烦的夫妻准备的，或者是为那些只想使他们的婚姻保持稳固的夫妻准备的。

我们的方法与大部分婚姻治疗师提出的标准方法截然不同，因为随着研究的进展，当我开始发现婚姻真相的时候，我不得不抛弃一些关于结婚与离婚的既定观念。

为什么大部分婚姻疗法失败了

如果你在婚姻中曾遇到或正遇到麻烦，人们可能会给你提供各种建议。有时，每个人看起来都像是结过婚的，或者任何一个结过婚的人都认为他掌握着一个保证爱无止境的秘密。但是，不论是电视中的心理学家，还是商场里的美甲师，他们关于婚姻问题的大部分看法都是错的。许多类似的理论，甚至是那些天才理论家最初信奉的理论，早就不可信或不值得信了。但是，这些理论却早已牢牢地扎根在你永远都搞不懂的流行文化中。

也许所有神话中最大的一个是：为了解决冲突而需要专门学习的沟通，是获得浪漫、持久和幸福婚姻的捷径。不管一个婚姻理论家的理论方向是什么，不管你是选择短期疗法、长期疗法，还是向当地电台的《欢乐一家亲》栏目咨询3分钟，你得到的建议都大同小异，就是要学会更好地沟通。这种方法的盛行很容易理解。当大部分夫妻发现他们之间有冲突时（无论它表现为一场短暂的口角、大吵大闹，还是冷战），他们每个人都跃跃欲试，准备赢得战斗胜利，他们是如此关注自己受到的伤害，极力想证明自己是对的而伴侣是错的；或者互不理睬，以致两者之间的沟通渠道可能会被封锁或完全关闭。因此，这种通过冷静深情地聆听对方的观点，让夫妻双方找到妥协方案，并让婚姻重新恢复平静的方法似乎是明智的。

解决冲突最常见的方法是积极倾听，大多数婚姻治疗师使用的无非是不同形式的积极倾听。例如，治疗师也许会督促你尝试某种形式的倾听者—倾诉者互换。

> 朱蒂的丈夫鲍勃常常工作到很晚才回家，朱蒂为此感到很烦恼，治疗师要求朱蒂在表达自己的不满时，应以述说自己的感受为主，而不是大声控诉鲍勃。朱蒂不能这样说："你太自私了，总是工作到很晚才回家，让我一个人带孩子。"而应该这样说："你工作到很晚才回家，只有我和孩子们待在家里，我觉得孤单、不知所措。"

> 然后，治疗师要求鲍勃复述朱蒂这两段话的内容，说一说他对这番话的感受，并把他的看法向朱蒂核实，看他是否说对了（这表明鲍勃是在积极倾听朱蒂的话）。治疗师还要求鲍勃证实朱蒂的感觉，让她知道他认为这些话是合情合理的，即使他不同意她的观点，他也尊重并同情她。鲍勃可能会说："我工作到很晚才回家，你一个人在家带孩子肯定很辛苦。"治疗师要求鲍勃不要对朱蒂的抱怨下判断、不要为自己辩护、不要对朱蒂的话予以还击。

迫使夫妻从对方的角度看待他们的分歧，期望在不生气的情况下解决问题（无论具体的问题是什么，不管是涉及购物单的长短，还是生活目标有重大分歧），这种方法经常被推荐使用。冲突消解法不仅被人们当作解决婚姻问题的灵丹妙药，它还是防止幸福婚姻出现危机的补药。

这种方法从何而来？它是婚姻疗法先驱从著名心理治疗师卡尔·罗杰斯（Carl Rogers）的个人心理疗法中使用的方法改编而来。罗杰斯的心理疗法在 20 世纪 60 年代曾风靡一时，时至今日，该疗法仍然被心理治疗师不同程度地实践着。他的方法要求以一种客观的、可接受的态度来回应病人流露出来的所有情感与思想，例如，如果病人说："我恨我的妻子，她总是唠叨不休。"治疗师会点点头，并回应道："我听见你说你的妻子不断指责你，而你讨厌这样。"治疗师的目的是创造一个他与病人有同感的环境，以便在病人感到安全的情形下探索他的内在思想和情感。

理想状态下，既然婚姻是一种让人们感到安全的关系，那么，训练夫妻实践这种无条件的理解似乎是有意义的。如果每一方都能体谅另一方的观点，冲突消解法实施起来肯定容易得多。

很多以冲突消解法为基础的婚姻疗法都有很高的复发率。实际上，由华盛顿大学尼尔·雅各布森（Neil Jacobson）博士指导的这种类型的婚姻疗法最高的成功率只有35%。也就是说，只有35%的夫妻在接受治疗后，婚姻有了明显改善。一年之后，这个小组中能保持这个效果的人又减少了一半，仅有18%的夫妻婚姻仍然有所改善。《消费者报告》（Consumer Reports）对与各种类型的心理治疗师打过交道的消费者进行调查，结果发现，除了对婚姻疗法不满意外，消费者对大部分心理治疗师的治疗效果都很满意。这个调查也许不能作为严格的科学研究，但它证实了这一领域大多数专家都已经知道的事实：从长远来看，现行的婚姻疗法不能让大多数夫妻受益。

L O V E **爱情大数据** D A T A

以冲突消解法为基础的婚姻疗法最高的成功率只有35%，且一年之后，成功率降为18%。

当你真的想到这一点，你就不难理解为何积极倾听常常会如此失败。鲍勃可能会竭尽所能仔细地倾听朱蒂的抱怨，但是，他不是一个以第三者的身份倾听病人发牢骚的治疗师，他的妻子表面上是在诉说自己的感受，其实背后说的是他。即使在罗杰斯疗法中，当客户开始抱怨这个治疗师时，治疗师

也会取消他对客户的同情，转而采用其他的治疗方法。当婚姻步履维艰时，积极倾听法却要求夫妇们完成奥林匹克水准的情感体操。

如果你觉得认同和积极倾听能让你和配偶之间的冲突变得更容易解决，你一定要使用它。在有些情况下，它确实能派上用场，但这只是偶然有用，即使它能使你们的争吵变得更"温和"，或者使你们的争吵不那么频繁，但光凭它是没法挽救你的婚姻的。

在研究 650 对夫妻且跟踪他们的婚姻发展长达 14 年后，我们终于明白，这种咨询方法不起作用，不仅是因为大多数夫妻很难做到，更重要的是因为**成功解决冲突并不能使婚姻幸福**。我们研究中最令人吃惊的发现之一是：当夫妻感到不安的时候，婚姻幸福的夫妻大多数基本不做任何事情，包括那些稍微类似积极倾听的事。

贝尔和查理这对夫妻是我们的研究对象之一。结婚 45 年后，贝尔告诉查理，她宁愿他们当初不要孩子。贝尔的话显然激怒了查理，随之而来的是打破所有积极倾听规则的谈话。这次讨论并没有包含大量的认同或同情，他们直接开门见山，表明自己的观点。

> 查理：如果我支持你不生孩子，你以为你会过得更好吗？
> 贝尔：生孩子对我来说是一种侮辱，查理。
> 查理：不。等一下。
> 贝尔：把我降低到这样一个水平上！
> 查理：我不是降——
> 贝尔：我想和你一起享受生活，而不是做苦工。
> 查理：稍等，现在停一分钟。我不认为问题是不生孩子这么简单，我认为这里有许多被你忽视的生物学上的因素。
> 贝尔：你看，所有美妙的婚姻都没有孩子。
> 查理：谁？
> 贝尔：温莎公爵夫妇！
> 查理（深深叹息）：拜托！
> 贝尔：他是国王！他娶了一个深爱的女人，他们有一段无比幸福的婚姻。

查理：我不认为这是一个恰当的例子。首先，她已经 40 岁了，这是
差别所在。

贝尔：她没有孩子，而且他爱上她不是因为她打算要生孩子。

查理：但事实是，生孩子确实是一种生理上的冲动。

贝尔：你认为我受生理的控制，这是在侮辱我。

查理：这是事实！

贝尔：反正我们本可以举办一个没有孩子的舞会。

查理：现在我们可以举办一个有孩子的舞会。

贝尔：我没想要举办这种舞会。

查理和贝尔的婚姻也许并不完美，但是 45 年来，他们一直过得很幸福，两人都对他们的婚姻非常满意并且深爱着对方。

毫无疑问，这么多年来，他们一直有类似的公开争吵，但是，他们的争吵也并不以生气而告终，他们会继续讨论为什么贝尔会这样看待母亲身份。贝尔最惋惜的是她没有太多时间陪伴查理，她希望自己并非总是这么暴躁和疲惫。当他们在解决这个问题的时候，他们流露出的是爱与欢笑，他们的心跳和血压都没有显示他们很痛苦。贝尔这么说的根本原因，是她太爱查理，她希望她能有更多时间和查理在一起。显然，他们之间存在着某种积极的东西，这改变了他们的争吵风格。

引爆更多关于婚姻的神话

只要学会更敏感地与配偶沟通，你就能挽救你的婚姻，这个观念可能是对幸福婚姻最普遍的误解，但它并不是唯一的。经过多年的研究，我发现，许多婚姻神话不仅是错误的，而且对婚姻有潜在的破坏作用，因为它们能把夫妻们引到错误的或是更坏的道路上去，让他们相信他们的婚姻已经无可救药。

神经官能症或人格问题会毁灭婚姻。错！ 你可能会认为，有焦虑症的人

不适合结婚，但研究表明，普通的神经官能症与爱情失败之间的联系不大。原因在于，我们都有让自己发狂的死穴，都有我们不能完全理性对待的问题，但这些问题并不必然对婚姻造成干扰，幸福婚姻的关键不是要有一个"正常的"人格，而是找到一个与你合得来的人。

> 萨姆对权力问题很敏感，他讨厌给自己找个老板。如果他同一个专制的女人结了婚，这个女人喜欢命令他，并试图告诉他怎么做，那么结果将是灾难性的。但是，他却同梅甘结了婚，她像伴侣一样对待他，并且从不试图对他指手画脚，结婚10年，他们一直过得很幸福。
>
> 由于小时候遭遇父母离异，吉尔有着根深蒂固的遗弃恐惧症。她的丈夫韦恩很爱她，但韦恩是一个温文尔雅、深受女人喜爱的人，他可以驾轻就熟地在聚会上与人调情。当吉尔抱怨时，他保证自己百分百忠实于她，要求她放下心来，让他享受这种无害的乐趣。但吉尔从韦恩的调情中察觉到了威胁，她也知道他不会停止。结果他们先是分居，最后离了婚。

可见，神经官能症不会毁灭婚姻，关键是你如何处理它们。如果你能包容对方特殊的一面，并能带着关心、爱意与尊敬去处理它们，你的婚姻就会充满生机。

共同的兴趣爱好将你们拉到一起。错！共同的兴趣爱好能否将你们拉到一起，这一切都取决于在追求这些爱好时，你们是如何配合的。一对热爱皮划艇运动的夫妻可能会让皮划艇在水面上平稳地滑行，他们笑着、交谈着，关注他们共同感兴趣的东西，他们对皮划艇的热爱丰富并深化了他们彼此的爱好和兴趣。另一对夫妻也许同样喜欢皮划艇，但是，他们并不像前者一样彼此尊重，他们的旅程不是被"这不是钩形划法，你这个白痴"所打断，就是被不安的沉默所笼罩。从这对夫妻的情况来看，他们不知道该怎样追求共同兴趣，才能对婚姻有益。

夫妻应该互相示好。错！一些研究员相信，幸福婚姻与失败婚姻的差别在于，幸福的婚姻中配偶们会互相示好。换句话说，他们用微笑回报微笑，用亲吻回报亲吻，当一个人自愿做家务时，另一个人也会有意报答等等。这种看法的本质是，夫妻之间有一个不成文的协议，这个协议能够给任何一个说好话或做好事的人以补偿。在不幸的婚姻中，这种协议已经失效了，因此，这些夫妻的生活中充斥着愤怒与怨恨。只要让在困境中挣扎的夫妻意识到他们需要一些这样的"合作协议"，这个理论就能得以实行，夫妻间的互动就会修复。

这种补偿经营在不幸的婚姻中确实存在，在这样的婚姻中，每个人都觉得有必要记账，看谁为谁做过什么。幸福婚姻中的夫妻不会在意是否因为其中一个做了晚饭，另一个就要以洗碗作为补偿，他们这么做是心甘情愿的，他们对配偶以及他们的婚姻有信心。如果你发现自己正为配偶的一些问题斤斤计较，这就意味着这些问题是你们婚姻中的紧张区域。

回避冲突会毁掉你的婚姻。错！ "实事求是地说"已经成为一种普遍的态度，但诚实并非对所有的婚姻都有好处，许多一生幸福的夫妻常常把问题藏起来。

> 就拿艾伦与贝蒂来说，当贝蒂惹恼了艾伦，艾伦就会打开娱乐体育电视网看体育节目；当贝蒂生艾伦的气，她就会去逛商场，然后他们会重新走到一起继续生活，好像什么事情也没发生过。结婚40多年来，他们从来没有坐下来正儿八经地讨论婚姻问题。但是，他们会诚实地告诉你，他们对自己的婚姻生活感到满意，他们彼此深爱着对方，他们有着相同的价值观，他们喜欢一起钓鱼、旅行，并且他们希望子女也能像他们一样拥有幸福的婚姻生活。

不同夫妻的冲突风格截然不同。有一些夫妻会不惜任何代价避免争斗；有一些则经常争吵；有一些能"详细讨论"他们的分歧并在无需大声争吵的情况下找到折中的办法。**没有哪一种风格必然比另一种好，只要这种风格能对两个人起作用。**如果夫妻中一方总是想把冲突讲个明白，而另一方只想看网球公开赛决赛，他们就会遇到麻烦。

　　外遇是离婚的根本原因。错！在大多数案例中，外遇恰恰不是离婚的根本原因。是婚姻中存在的问题把夫妻双方送到离婚的轨道上，也使其中一人（或两人）去寻找婚外的亲密关系。大部分记录过婚外情的婚姻治疗师发现，这些幽会通常与性无关，而是在寻求友谊、支持、理解、尊重、注意以及关心，这些原本是婚姻应该提供的东西。由琳恩·吉格（Lynn Gigy）博士与琼·凯莉（Joan Kelly）博士主持的调查可能是有史以来最可靠的关于离婚的调查，这个调查来自加利福尼亚科尔特马德拉的离婚调解项目。调查表明：80% 的离异男女认为，他们婚姻的破裂是因为他们彼此逐渐疏远，丧失了亲密感，或是因为他们感受不到爱与欣赏；只有20%~27% 的夫妻说婚外情要负部分责任。

L O V E　**爱情大数据**　D A T A

　　80% 的离异男女认为，他们婚姻的破裂是因为他们彼此逐渐疏远，丧失了亲密感，或是因为他们感受不到爱与欣赏；只有 20% ～ 27% 的夫妻说婚外情要负部分责任。

　　从生物学上说，男人不是为婚姻而生的。错！这个观念必然可以得出是外遇导致离婚的结论。这个理论相信男人天生就是登徒子，因此他们不适合一夫一妻制。这被认为是一种弱肉强食法则，雄性物种希望创造尽可能多的后代，因此，他忠诚于任何一位配偶都是肤浅的；同时，雌性则担负着巨大的责任，要照料幼小的孩子，寻找能够为她与她的孩子提供好生活的单身雄性。

　　但是，不管其他物种遵从什么样的自然法则，对人类来说，婚外情的发生并不取决于性别，而更多地取决于机会。现在，越来越多的妇女外出工作，女性婚外情的比率突飞猛涨。根据加州大学伯克利人类发展研究所安妮特·劳森（Annette Lawson）博士的报告，自从女性大量进入工厂，年轻女性的婚外情比率现在略超过男性。

男人与女人来自不同的星球。错！ 根据畅销书中轻率的结论，男人与女人难以相处是因为"男人来自火星，女人来自金星"。然而，成功的婚姻中也包含着配偶是"外星人"的情况。性别差异或许与婚姻问题有关，但它不是这些问题的根本原因。

LOVE **爱情大数据** DATA

人们对婚姻生活中的性、浪漫与激情是否感到满意，对妻子来说，70% 取决于夫妻友谊的质量；对男人来说，同样 70% 取决于夫妻友谊的质量。因此，男人与女人来自同一个星球。

除了上面提到的，我还可以列举很多关于婚姻的神话。问题不仅仅是大量婚姻神话的存在，问题还在于，这些神话提供的错误信息会让那些努力使婚姻正常运转的夫妻们感到沮丧。如果这些神话暗示了一件事情，那就是，婚姻殿堂是一个极其复杂的、庄严的机构，大部分人都做得不够好。我并未暗示拥有幸福婚姻是一件很容易的事，我们都知道要用勇气、决心与灵活性来维持一段持久的关系，但是，一旦你懂得真正使婚姻运转的东西为何物，挽救或保卫自己的婚姻将会容易得多。

什么使婚姻运转

在我职业生涯的早期，我给夫妻们提供的建议与你从任何一位婚姻治疗师那里听到的差不多，都是一些关于冲突消解和沟通技巧的老点子，但是，在诚实地面对相关数据之后，我不得不接受这个残酷的事实：当夫妻争辩时，让他们更好地处理分歧或许可以降低他们的压力水平，但是往往不能让他们恢复良好的婚姻生活。

在我分析了这些夫妻（他们的婚姻之船顺利通过了危险水域）的互动之后，我给这些夫妻们提供的建议慢慢变得明确起来。为什么这些婚姻运转良好？是这些夫妻更聪明、更沉稳，或者仅仅是比其他人更幸运吗？他们有什么可以教给其他夫妻的？

我们很快就发现，这些幸福婚姻从来就不是一个完美无缺的结合。虽然有些夫妻说他们彼此感到很满意，但是他们在脾气、爱好、家庭观方面仍然有着显著差异，冲突经常发生。与不幸福的夫妻一样，他们会就金钱、工作、孩子、家务管理、性以及姻亲问题而争论。神秘之处在于，他们知道怎样巧妙地渡过这些困难并使他们的婚姻保持幸福与稳定。

在我研究了数百对夫妻之后，我才最终发现这些富有情商的婚姻的秘密。没有哪两桩婚姻是一模一样的，但是，我越仔细审视幸福婚姻，我就越清楚它们在 7 个问题上很相似。幸福的已婚夫妇也许不会意识到他们遵循着这 7 个法则，但是他们都这么做了；不幸的婚姻在这 7 个方面中，至少总有一个做得不好，而通常他们在很多方面都没做好。精通这 7 个法则，你就能确保自己的婚姻生机勃勃。在你的婚姻中，你要学会确定这 7 个法则中有哪个法则是你婚姻的薄弱点，或者是潜在的薄弱点，你要把精力放在你婚姻中最需要改善的地方。在后面的章节中，我们将告诉你所有关于维持（或重获）幸福婚姻的秘密，在你把这些技巧运用到自己婚姻的过程中，从旁协助。

我之所以能这么肯定地告诉你，遵循 7 法则能给你的婚姻带来好处，是因为我的方法与其他帮助夫妻的方法不同。我的方法是建立在通晓是什么因素使得婚姻成功的基础上的，而不是建立在是什么因素导致婚姻失败的基础上的。我再也不用去猜为什么有些夫妻有如此幸福的婚姻，我知道为什么，我已经记录下是什么使幸福的已婚夫妇有别于其他夫妻。

我确信 7 法则能够起作用，不仅是因为我的数据表明了这一点，还因为迄今为止参加过我们讲习班的数百对夫妻也向我证实它们能起作用。几乎所有来找我们的夫妻都是因为他们的婚姻处在水深火热之中，有一些已处在离婚的边缘。很多人会怀疑，一个建立在 7 法则基础上的为期两天的讲习班能否使他们的婚姻好转，幸运的是，他们的怀疑是没有必要的。结果表明，这些讲习课程给夫妻们的生活带来了显著而积极的改变。

L O V E **爱情大数据** D A T A

在全美范围内，标准婚姻疗法的复发率是 30% ~ 50%，而我们的复发率是 20%。治疗前，27% 的夫妻很有可能离婚，治疗后 3 个月，这个比例是 6.7%，9 个月之后，比例为 0。

为了判断婚姻疗法的有效性，9 个月似乎是一个不可思议的数字，通常经过这么长的一段时间，那些婚姻问题会复发的夫妻问题已经复发了，而那些在头 9 个月中保持了治疗效果的夫妻，往往会继续得以保持。因此，我们对接受我们治疗的其中 640 对夫妻，进行了一场大规模的、为期 9 个月的随访，用以检测讲习班的效果。在此，我很高兴地向大家公布这一令人震惊的低复发率：在全美范围内，标准婚姻疗法的复发率是 30%~50%，而我们的复发率是 20%。我们发现，治疗前，27% 的夫妻很有可能离婚，治疗后 3 个月，这个比例是 6.7%，9 个月之后，比例为 0。而且，即使是那些不太可能离婚的夫妻，在参加我们的讲习班后，婚姻也得到了很大的改善。

积极诠释：平衡婚姻的"设定值"

我的项目核心是一个简单的真理，即幸福婚姻基于深厚的友谊，我的意思是指相互尊重并喜欢对方的朋友。这些夫妻往往对对方有着非常细致的了解，他们熟悉对方的好恶、怪癖、希望与梦想，他们长久地关注对方，不仅在大事上，也在小事上天天表达这种喜好。

> 勤劳的纳撒尼尔做的是进出口生意，每天要工作很长时间，要是换个伴侣，他的日程安排可能会对婚姻造成不利影响，但是，他和妻子奥利维亚找到了保持联系的方法。他们白天经常通电话，当奥利维亚与医生有约，纳撒尼尔会记得打电话问她如何去；当纳撒尼尔与一个重要的客户开会，奥利维亚会核查进展如何。如果他们晚上吃鸡，奥利维亚会把两只鸡腿夹给纳撒尼尔，因为她知道这是他最喜欢吃的；星期六早上，如果纳撒尼尔为孩子们做蓝莓煎饼，他会把奥利维亚煎饼里的蓝莓挑出来，因为他知道她不喜欢吃蓝莓。尽管纳撒尼尔并不信教，每个星期天他还是陪奥利维亚一起去教堂，因为这对奥利维亚很重要；尽管奥利维亚并不热衷于在他们的亲戚身上花太多时间，她还是与纳撒尼尔的母亲和姐妹们建立了良好的关系，因为家庭对纳撒尼尔来说很重要。

如果这一切听起来很乏味、不浪漫，那么没有什么事情是不乏味、很浪漫的了。正是通过这些琐碎但很重要的事，奥利维亚与纳撒尼尔保持了夫妻间的友谊，而这友谊是他们相亲相爱的基础。结果显而易见，与那些不时用浪漫的假期和奢华的周年纪念礼物来点缀自己生活，但却忽略了在日常生活中相互关心的夫妻相比，奥利维亚与纳撒尼尔的婚姻充满着更多的热情。

友谊激起浪漫的火焰，因为它为你对伴侣的敌对情绪提供了最好的防护。正是因为纳撒尼尔与奥利维亚维持着坚定的友谊，所以尽管在婚姻生活中出现不可避免的分歧与令人恼火的事，他们也能体验到所谓的"积极诠释"（positive sentiment override）。"积极诠释"的意思是指他们对彼此及婚姻的正面看法无处不在，因此他们能够排除消极情感。要让他们失去夫妻间应有的平衡，要有非常重大的冲突才行。他们的积极性让他们对彼此和婚姻感到乐观，让他们共同遐想生活中的积

KEY WORD
爱情关键词

积极诠释
夫妻对彼此及婚姻的积极看法成为主导力量，并倾向于压倒其他消极情绪，忽略微小的消极因素。

极事件并把对方往好处想。

这里有一个简单的例子，奥利维亚与纳撒尼尔准备举办一个晚宴，纳撒尼尔喊道："餐巾在哪里？"奥利维亚急躁地回道："橱柜！"因为他们的婚姻建立在坚定的友情之上，纳撒尼尔八成会对奥利维亚的回话腔调一笑置之，转而着眼于她给的信息——餐巾在橱柜里。他认为她的愤怒是一些稍纵即逝的与他没有任何关系的事，就像她拔不出酒瓶的软木塞一样。然而，如果他们的婚姻有问题，他更有可能生闷气或吼回去："算了，你去拿吧！"

积极诠释从某个角度而言，有点像"设定值"以达到减肥效果。根据这个流行的理论，身体有一个它试图维持的"设定"重量，多亏了自我平衡原则，无论你吃得多还是吃得少，你的身体总是有一种强烈的倾向让它在那个重量上徘徊，只有重新调整身体的新陈代谢（比如说，通过定期运动），才能真正让你节制饮食，去掉多余的肥肉。在婚姻中，积极性与消极性的运转也与此相似，一旦你的婚姻"设定"在某种程度的积极性上，如果你的"设定值"比较低，就会有更多消极性的东西来损害你们的婚姻；如果消极性在你们婚姻中占了上风，那么它更加难以修复。

刚结婚时，大部分夫妻都会把婚姻设定在一个非常高的水平，以致任何一方都很难想象他们的婚姻会脱轨。但在大多数时候，这种幸福的状况都持续不了多久，随着时间的流逝，愤怒、烦躁以及怨恨都会建立在这个越来越抽象的友谊上，夫妻之间也许会嘴上说得好听，但他们在日常现实中却并不这么做，最终，他们的婚姻以"消极诠释"而结束。对于每一件事情，他们越来越从消极的角度加以理解，每个人都用不带任何感情色彩的腔调说话。妻子说："在没有放进食物之前，你不该启动微波炉。"丈夫把这看作是一种抨击，因此他回道："不要告诉我怎么做，我读过说明书！"又一场战斗开始了。

一旦你的婚姻到了这种境地，想要让你们的婚姻恢复原来的面貌是很难的，这就像是逆水行舟。但是，即使你感觉自己已被消极情绪淹没，我的7个法则也能帮你巩固你们的友谊。当你学会这些法则后，在任何婚姻中，你都会深刻地认识到友谊的作用，你也会利用这些技能去保鲜自己的婚姻或使它再生。

感情修复尝试：幸福夫妻的秘密武器

重新发现或重建友谊并不能预防夫妻间的争吵，但给了他们一个防止争吵失控的秘密武器。

> 由于奥利维亚与纳撒尼尔计划从城市搬到郊区，他们之间的关系一度很紧张。尽管他们对要买哪一栋房子以及如何装修达成了一致，却在购买新车这个问题上卡住了。奥利维亚认为他们应当融入郊区的生活中，所以想买一辆房车，而纳撒尼尔想买一辆吉普车。他们越是讨论这个问题，说话的嗓门就越高，如果你在他们卧室外偷听，肯定会严重怀疑他们未来的生活。突然间，奥利维亚把手放在屁股上，惟妙惟肖地模仿他们4岁儿子的表情，伸出了舌头。而纳撒尼尔知道她会这么做，所以就先伸出了舌头。他们俩都笑了，像往常一样，这举动缓和了他们之间因为这场愚蠢的争论造成的紧张关系。

我们实际上已经为奥利维亚与纳撒尼尔的行为找到了一个专业术语，他们可能在不知情的情形下使用了**感情修复尝试**（repair attempt），即通过一些语言或行动（不管是愚蠢的还是聪明的）来防止消极情绪升级，不让它失去控制。感情修复尝试是聪明的夫妻所使用的秘密武器，虽然很多夫妻并未意识到他们所做的竟然有如此大的威力。当一对夫妻拥有坚定的友谊时，他们自然而然就成了专家，他们不但能向对方传达感情修复尝试信息，还能正确读取对方信息。但是，当夫妻被消极的情绪淹没时，即使是像"嘿，我很抱歉"这样直接的感情修复尝试也很难成功。

KEY WORD
爱情关键词 ‖

感情修复尝试

通过一些语言或行动（不管是愚蠢的还是聪明的）来防止消极情绪升级，不让它失去控制。

夫妻间感情修复尝试的成功与否是衡量他婚姻美满或失败的一个首要因素，需要再次强调的是，决定感情修复尝试成功与否的因素是夫妻之间坚定的友谊。如果这听上去过于简单或显而易见，你看看前面的例子就会知道事实并非如此。巩固夫妻之间的友谊并不仅仅是类似"对配偶好"这种基本行为，即使你觉得你们的友谊已经相当牢固了，或许还是会惊讶地发现仍有一些地方需要巩固。大部分参加我们讲习班的夫妻在听到几乎每个人在夫妻冲突中都有搞砸的时候时，都松了一口气，这其中最重要的是感情修复能否成功。

婚姻的目的

在最牢固的婚姻中，丈夫与妻子有着很强的共识，他们不仅相处融洽，而且还相互支持对方的希望和抱负，并将这作为他们共同生活的一个目标，这实际上就是我所说的"相互尊重"和"以对方为荣"的真正含义。

通常，一段婚姻没有做到这一点，主要是因为夫妻双方发现他们陷入了没完没了、毫无意义的争吵中，或是在婚姻生活中感到孤独、寂寞。在观看了无数夫妻争吵的录像带之后，我可以向你保证，绝大部分争吵实际上与厕所马桶盖是敞开还是合上、轮到谁去倒垃圾之类的问题无关，而是更深的、更隐蔽的问题导致了这些表面上的冲突，并让这些冲突看起来远比应有的程度要更为激烈和有害。

一旦你明白了这一点，你就可以接受婚姻中最令人吃惊的一个事实：**夫妻间的绝大部分争吵是无法解决的**。夫妻双方年复一年地试图改变对方的想法，但没能成功，这是因为他们大部分的分歧源于生活方式、性格或价值观的根本差异。为这些分歧而争吵，结果就是浪费时间，损害他们的婚姻。

这并不是说如果你们之间矛盾重重，你们也什么都不能做，它表明了典型的冲突消解建议并不适用。相反，你需要弄懂导致你们之间出现冲突的根本分歧，要学会通过相互尊重、相互赞赏的方式来容忍这种分歧，只有这样，你们才能在婚姻中达成共识并确立共同的目标。

过去，夫妻们只能通过自己的洞察力、直觉或运气来实现这个目标，但是现在，我的 7 法则使得成功婚姻的秘密被所有的夫妻享用。不管你们目前的关系如何，遵循这 7 个法则能带来显著的、积极的改变。

改善或增进你的婚姻的第一步是要知道不遵循我的 7 法则时会发生什么，我对那些不能挽救他们婚姻的夫妻的广泛研究已经很好地证明了这一点。从失败中学习能避免你的婚姻犯同样的错误，如果已经犯了错误，你也知道如何补救。一旦你懂得有些婚姻为什么失败，并且知道 7 法则如何阻止这样的悲剧发生，你已经走在不断改善自己婚姻的道路上了。

THE
SEVEN PRINCIPLES
FOR MAKING MARRIAGE WORK

02

如何预知婚姻的未来

The Seven Principles for Making
Marriage Work: A Practical Guide
from the Country's Foremost
Relationship Expert

黛娜和奥利弗面对面坐在爱情实验室中，两人都快 30 岁了，他们自愿参加我的新婚夫妇研究。在这项广泛的研究中，130 对夫妻不仅同意把他们的婚姻放在显微镜下供我们观察，也同意我们用摄像机进行监测。有 50 对夫妻愿意在爱情实验室公寓过夜，以供我们观察，黛娜与奥利弗是其中一对。我预知离婚的能力，部分建立在对这些夫妻的状况和他们之间谈话的分析上。

黛娜和奥利弗说他们过得很忙乱但很幸福，黛娜晚上去护士学校上课，身为程序设计员的奥利弗每天要工作到很晚才回家。与许多夫妻（包括那些婚姻幸福的，还有那些最终离婚的）一样，黛娜和奥利弗承认他们的婚姻并不完美，但是，他们宣称自己深爱着对方并承诺要永远相伴。当谈到他们计划构建的生活时，他们容光焕发。

在给他们录像期间，我要求他们在实验室里花 15 分钟解决他们目前的分歧。当他们说话的时候，他们身上的传感器测量着他们的应激水平。这些数据建立在对循环系统作各种测量的基础上，比如测他们的心脏跳得有多快。

我期望他们的讨论至少有几分消极，毕竟我曾要求他们相互争辩。虽然有些夫妻能够用通情达理的言辞和笑容解决分歧，但是紧张局面更加普遍。黛娜和奥利弗也不例外，黛娜认为奥利弗不做他该做的家务，而奥利弗则认为黛娜太唠叨，这使他没什么动力去做更多的家务活。

　　听他们谈完这个问题，我遗憾地向同事们预测说，黛娜和奥利弗将来会离婚。果然，4 年后，他们向我反馈说他们正处在离婚的边缘。尽管黛娜与奥利弗仍然生活在一起，但他们却过着孤独的生活，他们变得像鬼魅一样，念念不忘从前使他们俩都觉得很有活力的婚姻。

　　我预言他们的婚姻将会摇摇欲坠，不是因为他们的争论——毕竟我曾要求他们这么做，从丈夫和妻子之间的愤怒本身并不能预知婚姻会否破裂。与黛娜和奥利弗相比，参与新婚夫妇研究的其他夫妻在 15 分钟的录像中吵得更厉害，然而我预测他们中的大部分将继续维持幸福婚姻，他们也确实做到了。黛娜和奥利弗将来离婚的线索，在于他们争吵的方式。

第 1 个迹象：苛刻的开始

　　这场讨论（以及这桩婚姻）不会进展顺利，最明显的迹象就在于开始谈话时的方式。黛娜一开口就没什么好话，情绪很消极。当奥利弗开始讨论做家务时，黛娜就准备挖苦他。"还不如不做。"黛娜说。奥利弗试着通过讲笑话来缓和气氛："就像我们说到过的那本书上写的：男人都是猪。"黛娜面无表情地坐着。他们又谈了一小会儿，试图制订一个计划，确保奥利弗会做他那份家务活，黛娜说："我很希望能够解决这个问题，但似乎不太可能。我试着去制订任务清单，但是这不起作用。我也试着让你独自去做，但是没有一件事你能坚持一个月。"她开始责备奥利弗。实质上，黛娜说的不是奥利弗做家务不行，而是说他这个人不行。

L O V E 　**爱情大数据**　D A T A

你可以根据一段 15 分钟对话的前 3 分钟预测出整场谈话的结果，这个预测的准确率高达 96%！

以带有批评或讥讽（这也是一种鄙视）的方式开始谈话，也就是以苛刻的方式（harsh startup）开始谈话。尽管黛娜和奥利弗交谈时口气温和、平静，但是她的嘴里全是打击人的话，在听了大约 1 分钟之后，我可以断定，黛娜与奥利弗的这次谈话丝毫没有解决他们之间的分歧。研究表明，如果你们的讨论以一种"苛刻的方式"开始，那么不可避免地将以一种否定的口气结束，尽管双方都在努力"示好"。统计数字表明：你可以根据一段 15 分钟对话的前 3 分钟预测出整场谈话的结果，这个预测的准确率高达 96%！仅仅是一个苛刻的开始就注定了整场谈话的失败，因此，如果你以这种方式开始讨论，你也许要停下来，休息片刻，然后再重新开始。

第 2 个迹象：末日四骑士

黛娜用那种苛刻的开始敲响了警钟，她和奥利弗之间或许有大麻烦。现在，随着他们之间谈话的展开，我继而注意到消极谈话的特定类型。如果任由这种消极情绪恣肆，将会引发我称之为"末日四骑士"[①]的致命伤害。通常，这 4 位骑士会按照下面的顺序依次闯入婚姻的心脏地带：批评、鄙视、辩护和冷战。

骑士 1：批评。你总是会抱怨和你一起生活的人，但是抱怨和批评之间有着天壤之别，抱怨只涉及配偶做错的具体事件，批评则打击面更广，它还包括你对配偶的性格或个性所说的一些负面的评价。"你昨晚没有打扫厨房地板，我真的很生气。我们说好了轮流做"，这是抱怨，而"为什么你总是这么不长记性？我讨厌轮到你打扫厨房地板的时候，还要我亲自动手。你就是不上心"，这是批评。抱怨针对的是某个具体行为，批评则指责对方并且伤及人格。把抱怨变成批评的诀窍是，只需加上我最喜欢的一句："你

---

① The Four Horsemen of the Apocalypse，末日四骑士又叫天启四骑士。这个词源于《圣经》的《启示录》。在世界终结之时，骑着白、红、黑、灰 4 匹马的骑士，将瘟疫、战争、饥荒和死亡带给接受最终审判的人类。——译者注

是不是有毛病？"

通常，苛刻的开始披着批评的伪装出现，当黛娜和奥利弗谈话的时候，你会看到抱怨是如何迅速转变成批评的。再听听黛娜是怎么说的：

> 我很希望能够解决这个问题，但似乎不太可能（单纯的抱怨）。我试着去制订任务清单，但是这不起作用。我也试着让你独自去做，但是没有一件事你能坚持一个月（批评，暗示这个问题是奥利弗的错。但即使是他的错，责怪他只会让事情变得更糟）。

这里还有一些别的例子来说明抱怨和批评的区别。

> 抱怨：车没油了，为什么不像你说的那样去加满油呢？
> 批评：为什么你总是什么事情都记不住？我已经跟你说了一千遍了，要把油加满，你就是不听。
> 抱怨：你应该早点告诉我你太累了不想做爱，我真的很失望，也觉得很尴尬。
> 批评：为什么你总是这么自私？这样哄骗我真的很让人讨厌，你应该早点告诉我你太累了不想做爱。
> 抱怨：在请任何人吃晚饭之前你都应该同我商量，今晚我只想和你待在一起。
> 批评：为什么把你的朋友排在我前面？为什么我总是排在名单的最后？我们今天应该一起吃晚饭的。

这些批评话语你是否听上去耳熟？许多人都是如此。批评骑士在夫妻关系中很常见，因此，如果你发现自己和配偶会批评彼此，不要以为你们的婚姻已到了尽头。批评的麻烦在于，当它充斥你的生活时，它就为另一位更致命的骑士的到来铺平了道路。

骑士 2：鄙视。黛娜没有停止责备奥利弗，很快，她完全是在讥笑奥利弗。当奥利弗建议把记录着他那份家务活的清单贴在冰箱上以提醒自己时，黛娜说道："你以为有了这些清单你就真的会好好干了？"

奥利弗跟黛娜说，当他回到家时，他需要在干家务活之前先休息 15 分钟。"那么也就是说，如果我让你休息 15 分钟，你就觉得你有精力干活了，是吗？"黛娜反问奥利弗。"也许吧。我们以前没试过，不是吗？"奥利弗问道。

这个时候，黛娜本来可以缓和自己的态度，但她没有抓住机会，反而挖苦奥利弗。"我认为你干得很不错嘛，一到家就四处溜达，或是躲到浴室里不出来。"黛娜说。然后她又说了几句挑衅的话："难道给你 15 分钟休息，你就认为可以改变一切了？"

这种挖苦和冷嘲热讽就是鄙视，骂人、翻白眼、讥笑、挖苦和不友善的幽默也都是鄙视。任何形式的鄙视（它是 4 位骑士中最坏的）都能毒害夫妻关系，因为它表达了人的厌恶之情。让配偶知道你讨厌对方，实际上并不能解决你们之间的问题，鄙视必然会导致更多的冲突，而不是和解。

彼得是一家鞋店的经理，他善于鄙视他人，尤其是鄙视自己的妻子。我们来听听他和妻子辛西娅就如何花钱发表不同看法时的情形。彼得说："只要看看我们在选车和穿着方面的差异，就能说明很多问题，说明了我们是什么样的人以及我们重视的是什么。你取笑我自己洗车，而你却把车开出去，付钱让人帮你洗。为了你的车，我们付了太多不该付的钱，而你竟然不愿意费力去洗车，这太过分了，我觉得你就是惯得不轻。"这是一个鄙视的范例，彼得不仅指出他们花钱方式的不同，同时还指控妻子有道德缺陷——宠不得。

辛西娅回击说，她自己不洗车是因为体力不济，彼得没有理睬这种解释，继续从很高的道德立场来责备辛西娅："我照料我的车是因为越用心照料，它将会用得越久。我不会有'啊，只要出去买一辆新车就好了'这种心态，我知道你就是这么想的。"

辛西娅仍然希望彼得站在她那边，她说："如果你能帮我，我真的会愿意自己洗车，我会很感激。"彼得不但没有抓住这个机会和解，他反而想大吵一场。

"你帮我洗了几次车呢？"他掰着手指数起来。

辛西娅再次试着和解："如果你帮我洗车的话，我就帮你洗。"

但是，彼得的目的不是想解决这个问题，而是想斥责辛西娅，因此他继续追问道："我问的不是这个，你帮我洗了几次车？"

"一次也没有。"辛西娅说。

"看见了没？"彼得说，"这也是我认为你没什么责任心的地方。如果你的父亲给你买了一栋房子，难道你还指望他跑过来帮你装修？"

"好吧，如果我一直帮你洗车，你会不会一直帮我？"

"我不确定想不想让你帮我。"彼得笑着说。

"那好，那你会不会一直帮我洗车？"辛西娅问道。

"我能帮的时候我会帮，我不会给你终生全面担保。你想怎么办，起诉我吗？"彼得回答说，他再一次笑了。

听完这场讨论，事情已经很清楚了，彼得的目的很明显，他主要是想贬损他的妻子。他打着道德的幌子鄙视自己的妻子，比如他说"这说明了我们是什么样的人以及我们重视的是什么"或者"我不会有'啊，只要出去买一辆新车就好了'这种心态"。

长期积聚的对配偶的负面看法让鄙视一触即发，如果你们的分歧没有得到解决，你更有可能产生类似的想法。毫无疑问，彼得和辛西娅第一次讨论金钱问题的时候，他不会这么无礼，他可能只是单纯地抱怨一下："我认为你应该自己洗车，让别人洗总是要花很多钱。"但是，由于他们对这个问题一直持不同看法，彼得的抱怨就变成了全面的批评，如"你总是花很多钱"。随着冲突的继续，彼得越来越讨厌辛西娅，当他和她争论的时候，这种变化影响了彼得的说话方式。

好战是鄙视的近亲，它对夫妻关系来说同样致命，好战是一种攻击性的愤怒，因为它含有威胁和挑衅。当妻子抱怨丈夫下班后不及时回家吃饭时，好战的反应是："那么，你打算怎么办？"彼得对辛西娅说："你想怎么办，起诉我吗？"他认为自己是在讲笑话，但他实际上已经变得很好战。

骑士3：辩护。考虑到辛西娅的丈夫已经变得这么让人讨厌，辛西娅会为自己辩护就一点也不奇怪了。辛西娅向彼得指出，她并没有像他想的那样频繁地出去洗车。辛西娅解释说，自己洗车很费力，不像彼得那么轻松。

尽管可以理解辛西娅为自己辩护，但是研究表明，这种方法很少能起到预期的效果，进攻的一方不会退让或道歉，这是因为，辩护实际上是一种责备配偶的方式。你实际上是说："这不是我的问题，而是你的问题。"辩护只能让冲突升级，这正是它致命的地方。当辛西娅告诉彼得自己洗车多么辛苦时，彼得不是说："哦，现在我明白了。"彼得没有理睬辛西娅的借口，他甚至不愿承认她所说的。他站在道德的制高点上，告诉辛西娅他是如何细心照料自己的车的，并暗示辛西娅是被他惯坏了所以才不像他那样自己洗车。辛西娅不可能赢，在他们的婚姻中，谁也不可能赢。

批评、鄙视和辩护并不总是以这种严格的次序飞奔进入家庭，如果夫妻双方不能终止它们，它们就会像接力赛那样运行，彼此循环往复。当奥利弗和黛娜继续讨论如何打扫房子时，你就可以看见这种情形。尽管他们好像在寻求解决之道，但黛娜却越来越傲慢，她借质问来嘲笑奥利弗，戳破他的每一项建议。奥利弗越是为自己辩护，黛娜越攻击他，但黛娜的身体语言是谦卑的，她温柔地说着，胳膊肘支在桌上，双手托着下巴。黛娜就像一位法律系教授或法官，她接二连三的提问只是为了让奥利弗自觉羞愧。

> 黛　娜：难道给你 15 分钟休息，你就认为可以改变一切了（讥笑）？
>
> 奥利弗：不，我并不认为它能改变一切。我认为，列一份每周工作清单能让我完成这些工作。为什么不写在日历上呢？嘿，我当场就能看见它。
>
> 黛　娜：我在你的日程表上写下你要做的事情，这些事情就一了百了吗（嘲笑奥利弗，更加鄙视）？
>
> 奥利弗：我白天并不总是有机会去查看我的日程表（辩护）。
>
> 黛　娜：那么你认为你会有时间去看日历？
>
> 奥利弗：是的。如果我没有尽力做到，你在任何时候都应质问我，但发生现在这种情况时，你不应该质问，你应该告诉我"你这个没做完，那个也没做完"，而不是说"你没有做完这个

或那个有任何理由吗"。我是说，就像我那天晚上熬夜替你
做简历一样。类似的事情经常发生，你没必要只看一点，
不顾其他（辩护）。

黛　娜：我难道不经常突然为你做一些事吗（辩护）？

奥利弗：是的，你也做……我觉得你需要放松一下。

黛　娜：哼！听起来好像我们解决了很多问题（讥讽）。

很显然，由于他们的话语中充斥了批评、鄙视和辩护，黛娜和奥利弗什
么也没能解决。

骑士 4 : 冷战。 像黛娜和奥利弗这样的婚姻，夫妻间的讨论总是以苛刻
的方式开始，言辞中夹杂的批评和鄙视导致辩护，而这又引发更多的鄙视和
辩护，最终夫妻中的一方对此置之不理，这预示着第四位骑士的到来。

想想看，丈夫下班回到家，遭到妻子连珠炮似的批评，他不回击，只是
埋头看报纸。丈夫越是不出声，妻子的呵斥声就越大，最终丈夫站起身来离
开家。丈夫选择了逃离而不是与妻子对抗，通过回避妻子，丈夫避免了一场
争斗，然而他也回避了他的婚姻，他成了冷战者。尽管丈夫和妻子都可以成
为冷战者，但是，这种行为在男人当中更常见，原因我们会在后面说明。

在一段典型的两人对话中，倾听者应该给予说话人各种线索，让对方
知道自己在注意听。他或许用眼神交流、点头，说一些像"是的"、"啊哈"
之类的话，但是，一个冷战者不会用上述的方法来回应你，他往往看着别的
地方或者俯视地面，一声不吭。他像一堵石墙一样毫无表情地坐着，即使听
到什么，冷战者也会表现得好像他根本不关心你说了些什么。

与其他三位骑士相比，冷战骑士通常在婚姻中出
现得比较晚，这就是为什么没有在新婚丈夫奥利弗身
上见到，而经常在那些身处消极旋涡有一段时间的夫
妻身上见到。前三位骑士所带来的消极情绪需要经过
一段时间才能变得难以抵挡，因此，冷战骑士的最后

KEY WORD
爱情关键词

末日四骑士
对婚姻造成致命伤害的"末
日四骑士"：批评、鄙视、辩
护、冷战。

出现才能让人理解。当马克和妻子丽塔讨论彼此在舞会上的行为时，马克所表现出来的样子就是这种情形的最好例证。丽塔认为问题在于马克喝得太多，而马克则认为更大的问题是丽塔的反应：丽塔当着他朋友的面吼他，这让他很难堪。下面是他们已经争论到一半时的谈话：

> 丽塔：现在，我又一次变成问题了，开始抱怨的人是我啊，但现在我自己倒成了问题所在，事情总是这个样子。
>
> 马克：是的，我知道我又这么做了（停顿）。但是你的勃然大怒与孩子气让我和我的朋友们很尴尬。
>
> 丽塔：嘿，如果你能在聚会上控制自己……
>
> 马克：（盯着地面，避免眼神交流，一言不发，他开始冷战。）
>
> 丽塔：我认为在绝大多数聚会上，我们真的相处得很好（笑）。
>
> 马克：（继续冷战。保持沉默，不做任何眼神交流、头部运动、面部表情或出声。）
>
> 丽塔：你不这么认为吗？
>
> 马克：（没有反应。）
>
> 丽塔：马克？喂！

第 3 个迹象：被消极情绪淹没

看起来好像丽塔的抱怨对马克没有起到任何作用，但这就是事实。通常，人们把冷战看作是保护自己不被情绪淹没的武器，"**情绪淹没**"（emotional flooding）意味着配偶的消极情绪——无论是假借批评、鄙视还是辩护，突然爆发而且势不可当，让你觉得自己不堪一击。正因为你觉得自己无力抵御这种狙击手般的攻击，你才要学着做其他事情以避免它再次发生。你越是感到被配偶的批评或鄙视所淹没，你对配偶即将再次爆发的迹象就越警觉，所有你能想到的就是保护自己免

KEY WORD
爱情关键词

情绪淹没

配偶的消极情绪——无论是假借批评、鄙视还是辩护，突然爆发而且势不可当，让你觉得自己不堪一击。

受配偶的猛烈攻击，而要想做到这一点，你就得从情感上疏远你的妻子。这也难怪马克和丽塔会以离婚收场。

> 艾米：当我发怒的时候，你应该阻止我，设法让情况变得好些，但你就是不说话，这好像在说："我不再在乎你的感受。"这更让我感到火冒三丈，好像我的意见或感受与你完全无关，正常的婚姻不应当是这个样子。
>
> 保罗：我想说的是，如果你想进行一场严肃的谈话，你就不能一直这么大喊大叫，你一开始说的话太伤人了。
>
> 艾米：好吧，当我觉得受伤、生气并且想气你的时候，我就开始指责你，这正是我们俩都应该停下来的时候，我会说："我很抱歉。"你也应该说："我知道你想谈谈，我真的应该努力和你交谈，而不是对你置之不理。"
>
> 保罗：我会谈的，当——
>
> 艾米：这对你有好处。
>
> 保罗：不是，当你不大喊大叫、上蹿下跳的时候，我会和你交谈的。

艾米把保罗拒绝交流时她的感受告诉了他，但艾米似乎没有听到保罗对她说的他为什么拒绝交流：保罗无法应付艾米的敌意。这对夫妻最终离婚了。

因此，一桩婚姻的破裂是可以预见的：先是以习惯性的苛刻开始，接下来的争论期间出现4位冷酷无情的骑士并带来频繁的情绪淹没感。尽管这几个因素中的每一个都能预测离婚，但它们通常共存于不幸的婚姻中。

第4个迹象：身体语言

即使我没有听见马克这个冷战者和他妻子丽塔之间的谈话，仅靠审视马克的生理指数就能预知他们将来会离婚。在紧张的争论中，当我们监测夫妻的身体变化时，可以看到身体上的痛苦是如何溢于言表的。

最明显的生理反应是心跳加速，每分钟要跳 100 多次，有时甚至每分钟高达 165 次。（与此相反，30 岁男子的正常心率是每分钟 76 下，30 岁女子是 82 下。）荷尔蒙也发生了变化，包括肾上腺素的分泌，肾上腺负责"战斗－逃跑反应" ①。同时，血压也升高了。这些变化非常引人注目，如果其中一方在讨论期间身体经常发生这种变化，我们很容易就能预测他们将来会离婚。

反复出现的被淹没感会导致离婚，这有两个理由。首先，它们表明在对待另一方时，至少其中一方感到严重的情感困扰。其次，生理知觉上的被淹没感（心跳加速、出汗等）使得富有成效的、解决问题的讨论不可能出现。当你的身体在讨论期间进入超速运转状态时，我们从史前祖先那里继承的非常原始的警报系统便会启动。所有这些痛苦反应（如心跳加速和出汗）的发生是因为，根据基本的警戒线，你的身体把你目前的状况视作危险境地。

尽管我们生活在可以体外受精、器官移植以及基因定位的时代，但从进化的角度来看，我们从成为穴居人到现在，进化的时间并不长，因此，人类身体并没有改进它的恐惧反应水平。我们的身体还是以同样的方式响应，无论面对的是一只剑齿虎，还是夫妻中的一方想要知道另一方为什么从来不记得把马桶盖盖上时流露出来的鄙视之情。

当心脏的加速跳动和所有其他物理性应激反应出现在你和配偶的讨论中时，后果将是灾难性的，你处理信息的能力会下降，这就意味着你将很难注意到配偶在说什么，创造性地解决问题的窗口已经关闭了。在你的保留剧目中，如争吵（表现为批评、鄙视或辩护）或者逃跑，剩下的是条件反射性的、最简单的智力反应。任何解决这个问题的机会都已经消失了，你们的讨论八成只会让情况变得更糟。

---

① 心理学名词，1929 年，由美国生理学家怀特·坎农（Walter Cannon）所创建。他发现机体经一系列的神经和腺体反应将被引发应激，使躯体做好防御、挣扎或者逃跑的准备。

男女性别差异大

85% 的婚姻中，丈夫都是冷战者，这不是因为男人缺失了某些部分，其缘由在于我们的进化遗产。人类学方面的证据表明：我们从原始人类进化而来，而原始人的生活受到非常严格的性别角色的限制，这种限制对他们在恶劣的环境中生存非常有利。当时的生活条件规定女性专门抚育孩子，而男性则专门从事合作狩猎。

正如任何一位哺乳的母亲告诉你的那样，母乳的产出量是视母亲的放松程度而定的，而是否放松又与大脑中释放的催产素荷尔蒙有关。自然选择赐予女性在感受到压力后能迅速抚慰自己并冷静下来的能力，女性这种保持镇定的能力能让她们产出更多的乳汁，从而提高孩子的生存概率。对那些早期的合作狩猎人来说，保持警惕是一项重要的生存技能，因此，男性的肾上腺素很容易被释放出来，而且男人不容易冷静的特性使他们更有可能生存下来，繁衍后代。

直到今天，与女性相比，男性的心血管系统仍然更易被激活，而且他们遭受压力后恢复起来比女性要慢。例如，根据加州大学伯克利学院罗伯特·利文森（Robert Levenson）博士和他的学生洛伦·卡特（Loren Carter）的研究，如果男人和女人同时突然听到一个非常响亮、短促的声音（如车胎爆裂的声音），男人的心跳很有可能跳得比女人快，心跳加速的时间也更长。阿拉巴马大学的心理学家道夫·齐尔曼（Dolf Zillman）博士发现，男性被试在受到蓄意的粗暴对待后，被要求放松 20 分钟，放松后，他们的血压升高了，这种升高状态会一直持续，直到他们开始反击。但是，当女性被试面临同样的对待时，她们能在 20 分钟内平静下来。（有趣的是，如果女性被试被迫反击，她们的血压往往会再次升高！）既然能触发警戒的夫妻冲突会让男性消耗更多的体力，那么与女性相比，男性更有可能试图避免冲突就没什么好奇怪的了。

L O V E **爱情大数据** D A T A

85% 的婚姻中，丈夫都是冷战者，这不是因为男人缺失了某些部分，其缘由在于我们的进化遗产。

当感受到婚姻压力时，这种身体生理反应的性别差异也能影响丈夫和妻子的想法。作为某些实验的一部分，我们要求夫妻观看他们争辩时的录像带，然后让他们告诉我们，当传感器探测到他们被情绪淹没时他们在想什么。他们的回答表明：男性有产生消极思想的强烈倾向，这种消极思想使他们处于苦闷当中；而女性则更可能有抚慰性的想法，这种想法帮助她们平静下来并处于调和状态。通常，男性要么感到自己无比正当、非常愤怒（"我打算报复""我没必要遭这个罪"），这往往导致鄙视或好战；要么觉得自己是妻子愤怒或抱怨的无辜受害者（"为什么她总是责备我"），这导致辩护。

很明显，这些规则并不适用于所有的男性和女性，但是在经过 25 年的研究之后，我注意到，大部分夫妻在生理和心理上对压力的反应都遵循着这些性别差异规则。由于这些差异，大多数婚姻（包括健康、幸福的婚姻）都有着类似的冲突模式，妻子天生能更好地处理压力，提出敏感问题，丈夫无法处理问题，他避免自己卷入其中。丈夫也许会为自己辩护并实施冷战，或者为了让妻子闭嘴，他甚至会变得好战或傲慢。

婚姻中存在这种模式并不说明这对夫妻注定以后会离婚，事实上，在稳固的婚姻中你也会发现四骑士甚至是偶尔的情绪淹没。但是，当四骑士永久进驻你的婚姻，当任何一方常常感到被消极情绪淹没时，你们的婚姻关系就有大麻烦了。频繁感到被消极情绪淹没几乎不可避免地导致夫妻双方疏远，然后各自感到孤独。如果没有别人的帮助，这对夫妻将会以离婚收场，或者生活在一段死去的婚姻中。他们住在同一屋檐下，却各过各的生活，他们可能会共同完成一些活动，如参与孩子的游戏、举办宴会、欢度家庭假期等等，但是，他们在情感上已经感觉不到彼此间的联系了，他们已经放弃了这段婚姻。

第5个迹象：失败的感情修复尝试

四骑士和消极情绪淹没需要持续一段时间才能达到破坏婚姻的效果，但是，在倾听一段新婚夫妻之间的谈话后，我们经常能够预测他们是否会离婚。这是为何呢？答案在于分析夫妻间的分歧，通过分析，你就会对他们接着要朝哪个模式发展有了一个准确的判断。这一模式的关键部分取决于他们感情修复尝试是成功还是失败。感情修复尝试是夫妻双方作出的共同努力（如"让我们休息一下"、"等等，我需要冷静一下"），可以避免讨论中的紧张状态升级，踩刹车以阻止消极情绪淹没。

感情修复尝试能够挽救婚姻，不仅因为它缓和了夫妻间的紧张感，还因为它降低了压力等级，阻止心跳加速以及不让自己被消极情绪淹没。当四骑士控制着夫妻间的沟通时，他们甚至常常没有注意到要使用感情修复尝试，特别是当你觉得被消极情绪淹没时，你听不到对方示好的声音。

在一桩不幸的婚姻中，四骑士和感情修复尝试失败是交替出现的。夫妻之间的鄙视和辩护越多，被消极情绪淹没的频率就越高，他们也就越难听见并回应对方的修复尝试。由于没有听到感情修复尝试的呼声，夫妻间的鄙视和辩护会愈加严重，消极情绪淹没也更加显著，从而更难听到下一次感情修复尝试的呼声，直到最后，其中一方退出争吵。

这就是为什么我仅仅靠倾听夫妻间的讨论，就能预测他们是否会离婚的原因。感情修复尝试的失败是不幸婚姻的准确标识，靠单独出现的四骑士来预测离婚，预测的准确率只有82%，但是，当你把感情修复尝试的失败也算进去，这个准确率就高达90%。因为一些夫妻即便在争论中出现了四骑士，他们的感情修复尝试还是能够成功。在这种情况下（四骑士出现了，但夫妻间的感情修复尝试获得了成功），这些夫妻通常会拥有稳定、幸福的婚姻。事实上，争论中频繁出现四骑士，但能成功修复四骑士带来的伤害的 84% 的新婚夫妇，他们在接下来的 6 年中都维持了稳定、幸福的婚姻。但是，如果夫妻间不存在感情修复尝试，或者修复尝试的呼声没有被听到，他们的婚姻就危险了。

L O V E **爱情大数据** D A T A

感情修复尝试的失败是不幸婚姻的准确标识，靠单独出现的四骑士来预测离婚，预测的准确率只有 82%，但是，当你把感情修复尝试的失败也算进去，这个准确率就高达 90%。

在聪明的夫妻中，我听到了大量感情修复尝试成功的案例，每个人都有自己的方法，奥利维亚和纳撒尼尔伸出了他们的舌头，其他夫妻或大笑或微笑或说对不起，即使是一声恼怒的"嘿，别对我大喊大叫"或"你跑题了"都能缓和紧张局势。这些修复尝试都能使婚姻保持稳定，这是因为它们永远阻止了四骑士前进的步伐。

修复尝试的成功或失败与说服力无关，而与这桩婚姻的状态有关。幸福的已婚夫妇哈尔和朱迪给我上了一课。

哈尔是一个化学家，由于研究工作的性质，他常常到最后一分钟才发现自己不能按时回家吃饭，尽管朱迪知道哈尔不能控制自己的时间，但是晚餐缺一人的场面让她觉得很沮丧。当他们在我们的爱情实验室讨论这个问题的时候，朱迪向哈尔指出，在他回家之前，孩子们拒绝吃饭，因此，他们总是很晚才吃晚饭，她讨厌这样。于是，哈尔建议朱迪在饭前给孩子们吃些点心，朱迪不听，厉声对哈尔说："你觉得我一直在忙什么？"

哈尔意识到他把事情搞砸了，他刚才的话表明他对家中发生的事严重缺乏认识，更糟的是，他侮辱了妻子的智商。在不幸的婚姻中，这很容易引发一场唇枪舌剑。我静观事态的发展。由于所有其他证据表明他们是一对幸福的夫妇，我预感哈尔会使用一些良方妙计来修复，但哈尔只是给了朱迪一个傻傻的微笑，朱迪忍不住笑了，然后他们继续讨论这个问题。

哈尔的傻笑能起作用是因为他们的婚姻很幸福，但是，当奥利弗同黛娜谈论家务活的时候，奥利弗同样想用微笑缓和黛娜的态度，但却没起作用。在四骑士永久进驻的婚姻中，即便是最清晰、灵敏、有针对性的修复尝试也可能会惨败。

讽刺的是，与那些婚姻安稳的夫妻相比，我们在遇到麻烦的夫妻身上见到了更多的感情修复尝试。修复尝试失败的次数越多，这些夫妻越是不停地尝试，他们献上一个又一个的修复尝试，而所有这些尝试都没有起作用，这种场面实在令人感伤。是什么导致了这种差异？是什么预示了修复尝试会起作用？稍后我们将会知道，这与夫妻友谊的质量有关，与我在第1章中描述的"积极诠释"有关。

第6个迹象：糟糕的回忆

当一段夫妻关系被消极情绪包围时，不仅夫妻俩现在和将来的生活处在危险中，他们的过去也岌岌可危。当我采访一些夫妻的时候，我通常要问他们婚姻的历史，我再三发现，那些对他们的配偶和婚姻有着很深的负面看法的夫妻，常常改写他们的过去。当我问及他们恋爱、结婚、第一年的共同生活时，即使我不知道他们目前的感情状况，我也能预测到他们将来是否会离婚。

大部分夫妇是带着很高的期待步入婚姻殿堂的，身处幸福婚姻中的夫妻往往深情地回顾他们早期的生活，即使婚礼并不完美，夫妻两往往会记得那些精彩部分而不是失败之处。他们也是这么看待对方的，他们记得彼此早期是多么自信、见面时多么激动、多么喜爱对方，当谈到他们渡过的艰难时刻时，他们会称赞彼此的努力，会从安然渡过的苦难日子里汲取力量。

但是，当一桩婚姻进展不顺时，历史就会往坏的方面改写。妻子会记起在结婚典礼上，丈夫迟到了30分钟，或者丈夫注意到在预演晚餐上妻子一直同伴郎聊天、与他的朋友们"调情"。另一个糟糕的迹象是，你发现自己很难记得过去的事，过去变得无足轻重或让你痛苦，你索性遗忘了它。

彼得和辛西娅并不总是成天争论洗车或其他金钱问题，如果你看过他们的相册，你无疑会发现他们早期的生活过得很快乐，但是，他们早就忘了这些照片。当我要求彼得和辛西娅描述他们早期的生活时，他们会详细地告诉我他们恋爱与结婚期间的一些事实，但也只有这些。辛西娅说他们是在一家唱片店相遇的，她是那里的收银员，她从彼得信用卡的收据上得知了他的名字和电话，然后打电话过去问他是否喜欢他买的CD，接着他们开始第一次约会。

辛西娅说她被彼得吸引的首要原因是因为他将要上大学，她觉得彼得说话风趣，人也长得帅。"我认为事情的真相是我有一张信用卡。"彼得插了一句，这句挖苦的话跟他们目前因金钱而起的争吵有关。彼得本人很难记起当他们初次相遇时，辛西娅在什么地方吸引了他，他说道："嗯……（长时间的停顿）老实说我记不得了。我从来没有试着去确认某件事，我认为这对我来说将是相当危险的。"

当我问及他们过去喜欢的种种活动时，他们都想不起来了。"我们有没有出去野餐或做些别的事？"辛西娅问彼得，彼得耸耸肩膀表示怀疑。当我问他们决定结婚的缘由时，同样的空白感出现了。"我想结婚能巩固我们的关系，这似乎是一个合乎逻辑的进展，这基本就是我们结婚的主要原因。"彼得说。他回忆起他把戒指系在白玫瑰花束的白色缎带上，在餐厅里向她求婚。在他发出那声糟糕的轻笑之前，事情听起来很有希望。"我永远也忘不了那个情形，她看着戒指，开始微微颤抖，她注视着我问道：'我想你想要一个答案？'这不是我希望得到的反应。"彼得转过头对辛西娅说："当你说这句话时，你没有微笑或开心大笑，或者做任何动作，你只是面无表情，好像在说：'你这个白痴。'"

"噢，不。"辛西娅无力地说。

局面并没有得到改善。在他们的婚礼上，彼得得了肺炎，发烧到接近40℃。除了生病，彼得还能记起的就是后来与辛西娅和伴郎坐在一辆豪华轿车上，伴郎开了收音机，克鲁小丑合唱团（Mötley Crüe）的歌《一如既往的锁链》（Same Old Ball and Chain）在车中回响。辛西娅记得她很伤心，因为许多客人在参加晚宴后马上就离开了，彼得记得每个人都用勺子敲着酒杯，要他亲吻辛西娅。"那时我真的有些恼火。"彼得说。他总结了结婚当天的感受："那是悲剧性的一天。"辛西娅无精打采地笑着表示同意。

彼得和辛西娅之所以会有这么多扭曲的记忆，是因为他们之间的消极情绪太强烈了，这些消极情绪似乎是由石头浇筑而成，坚固无比。当四骑士在家中肆意横行、破坏夫妻间的沟通，从而导致消极情绪迅速发展时，夫妻双方就会从负面角度对配偶做的每一件事或曾经做过的事重新加以改写。

在幸福的婚姻中，如果丈夫答应把妻子的衣服拿去干洗但最后忘记了，妻子可能会这么想："噢，好吧，他最近压力很大，需要多休息。"她认为他的失误是偶然的，是由特殊的情况导致的。在不幸的婚姻中，同样的事件可能会让妻子产生这样的想法："他总是这么不体谅人，这么自私。"同样的道理，幸福婚姻中一个充满爱意的姿势被看作是夫妻之间爱与体贴的标志，如一天的工作结束后，妻子一边问候到家的丈夫，一边送上她的吻。但是在不幸的婚姻中，同样的行为会让丈夫产生这样的想法："她想从我这里得到什么？"

这些扭曲的认识解释了为什么米奇（我们研究的对象之一）会认为他的妻子莱丝莉给他买礼物、拥抱他甚至是给他打电话的背后，有着不可告人的动机。随着时间的流逝，米奇改写了他对自己婚姻的看法，他创造了一个负

KEY WORD 爱情关键词

问题婚姻的6大迹象

苛刻的开始、末日四骑士、被情绪淹没、身体语言、失败的感情修复尝试、糟糕的回忆。

面剧本。每当冲突出现，他总是自以为是并且义愤填膺。米奇对莱丝莉的负面看法使他处在苦闷中，一与莱丝莉发生冲突，米奇就觉得自己被消极情绪淹没，米奇对妻子以及他们婚姻的消极期望已经成为一种思维定式，他们最终离婚了。

行将结束的婚姻

当一段婚姻到了夫妻双方改写他们历史的份上，当他们的精神与肉体无法沟通，并且无法补救当前存在的问题时，这桩婚姻几乎注定要破裂。他们会发现，他们自己经常遭遇红色警报，这是因为他们总是期望斗争，婚姻对他们来说是一种折磨。可以理解的结局是：他们断绝了关系。

有时，婚姻行将结束的夫妻会向婚姻治疗师寻求帮助。他们的婚姻在表面上看来没有什么不对劲，他们既不争吵，也不互相鄙视、展开冷战，他们没有做任何事，他们心平气和、面无表情地谈论着他们的关系和冲突，经验不足的治疗师会轻易地认为这对夫妻的问题并不严重，但实际上，夫妻中的一个或双方已经对他们的婚姻没什么感情了。

有一些夫妻会以离婚来结束婚姻，有一些不会，他们会在同一个屋檐下各过各的生活。无论他们选择哪一条道路，他们都要经历婚姻生活的最后4个阶段，这4个阶段是婚姻的丧钟。

1. 把婚姻问题看得很严重。
2. 由于谈论这些事情似乎毫无用处，试着自己解决问题。
3. 开始各过各的生活。
4. 孤独感降临。

当一对夫妻走到婚姻的尽头时，他们中的一个或双方会有外遇。但是，外遇通常是一段正在死去的婚姻的征兆而不是原因，在夫妻任何一方出轨之前，这段婚姻的终结早就注定了。在绝大多数情况下，夫妻双方只有在陷入困境之后才开始为他们的婚姻寻求帮助，而警报信号通常在早期就出现了，只是他们不知道这些信号。这些信号包括：

1. 夫妻之间实际上相互说了些什么（谈话普遍以苛刻的方式开始，接着是四骑士的到来以及拒绝接受对方的影响）；
2. 夫妻之间感情修复尝试的失败；
3. 生理上的反应（出现消极情绪淹没）；
4. 对婚姻无处不在的消极看法。

这些征兆中的任何一个都说明夫妻间的情感已经疏远，在大多数离婚案例中，这些迹象的出现只是一个时间问题。

尽管这听起来有点凄凉，但我坚信有更多的婚姻能被拯救，而不是苟延残喘。只要帮助的方法正确，即便一段即将跌入谷底的婚姻也能起死回生。不幸的是，大多数处在这种阶段的婚姻都使用了错误的方法。好心的治疗师会给这些夫妻提供一大堆关于讨论分歧和改善沟通之类的建议，我从前也这样做过。起初，当我计算出离婚的概率时，我就认为我已经找到了挽救婚姻的钥匙，为了教导人们在未被四骑士制服、没有出现被淹没感的情况下怎样去讨论问题，我假定一切都是必需的。

但是，像我之前的许多专家一样，我也错了，在我开始分析是什么促成了幸福婚姻之前，我还没有破解密码，不能拯救婚姻。经过长达16年的大规模地研究幸福的已婚夫妇之后，我现在知道，修复婚姻或预测离婚的关键不在于你如何处理分歧，而在于当你们不争吵的时候，你们是怎样相处的。尽管我的7法则会指点你渡过危机，但是我的方法的基础是巩固夫妻之间的友谊，这才是所有婚姻的核心。

THE
SEVEN PRINCIPLES
FOR MAKING MARRIAGE
WORK

03

法则1 /**完善你的爱情地图**

爱他，就要了解他

The Seven Principles for Making
Marriage Work: A Practical Guide
from the Country's Foremost
Relationship Expert

幸福的婚姻
SEVEN PRINCIPLES
FOR
THE
MAKING MARRIAGE
WORK

罗里是一位儿科医师，他管理着儿童重症监护室。罗里在医院里深受人们爱戴，大家都亲切地称他为罗里医生。他话不多但为人热情、幽默、有魅力。他还是一个工作狂，平均一个月有20天睡在医院。罗里叫不出他小孩的玩伴的名字，他甚至不知道家里的狗叫什么，当有人问他房子的后门在哪里时，他会转身向妻子莉莎求助。

莉莎和罗里相处的时间不多，而且他似乎对她很冷漠，莉莎为此很苦恼。莉莎经常试着做些小动作，向罗里表明她对他的关切之情，但她的尝试只会让罗里觉得恼火。莉莎觉得罗里根本不重视她，不重视他们的婚姻。

直到今天，我还是被这对夫妻的故事所震惊，居然还有不知道自家狗的名字或者找不到家中后门的天才人物。在这对夫妻所面临的问题中，最根本的问题也许是罗里对他的家庭生活的惊人无知。罗里如此醉心于自己的工作，他的脑海中仅为妻子和家庭留下了一些微不足道的空间。

罗里狂妄的无知也许听起来有些怪诞，但我发现，许多已婚夫妇都患上了类似的（尽管没有这么明显）不关心他们配偶生活琐事的毛病。夫妻中的一方或双方对对方的乐趣、喜恶、恐惧与压力只有一个粗略的印象，丈夫或许热爱现代艺术，但是他的妻子却不能告诉你他为什么喜欢现代艺术，或者无法告诉你他最喜欢的艺术家是谁；而丈夫不记得妻子朋友的名字，或者不知道妻子讨厌的同事是谁，这种糟糕的表现也在不断伤害妻子的感情。

相反，高情商的夫妻能立刻熟知彼此的世界。我把这种充满丰富生活琐事的区域称为**"爱情地图"**（Love Map），这个术语是指你的大脑中存放所有关于配偶的相关生活信息的地方。这些夫妻为他们的婚姻制造了大量的认知空间。他们记得对方人生中的重要事件，当配偶世界中的事实或感受发生变化时，他们会及时更新这些信息。如果妻子为丈夫点了一份沙拉，她知道要让服务员在沙拉里放什么调料；如果妻子工作到很晚，丈夫会把她最喜欢的电视节目录下来，因为他知道妻子最喜欢哪一个节目，并且知道这个节目什么时候开始；他也许会告诉你妻子对老板的印象，会准确告诉你如何从电梯间走到妻子的办公室；他知道宗教对妻子很重要，但妻子实际上也持怀疑态度；她知道丈夫担心自己太像他的父亲，知道丈夫认为自己是个"无拘无束的人"。他们知道彼此生活中的目标、烦恼和希望。

KEY WORD
爱情关键词

爱情地图

你的大脑中存放所有关于配偶的相关生活信息的地方。夫妻间为婚姻制造的大量认知空间。

没有这样一个爱情地图，你就不能真正了解你的配偶，如果你不了解某个人，你如何能爱上他？

爱你，就是了解你

从彼此了解中不仅能产生爱情，还能产生平安渡过婚姻风暴的力量。彼此拥有详细的爱情地图的夫妻，能更好地处理应激事件与冲突。以第一个孩子的出世为例，它是导致夫妻不和与离婚的主要原因之一。在我们的新婚夫妇研究中，67% 的夫妻在首次为人父母时都有婚姻满意度急转直下的经历，但是，仍有 33% 的夫妻没有这种经历。事实上，这 33% 的夫妻中有一半的夫妻婚姻状况得到了改善。

LOVE **爱情大数据** DATA

67%的夫妻在首次为人父母时都有婚姻满意度急转直下的经历，但是，仍有33%的夫妻没有这种经历。而且，这33%的夫妻中有一半的夫妻婚姻状况得到了改善。

是什么把这些夫妻分成了两类？你猜对了，有无详细的爱情地图把这些夫妻区别开来。根据我的学生艾莉森·夏皮罗（Alyson Shapiro）对50对夫妻的研究，那些从一开始就拥有详细的爱情地图的夫妻，在第一个孩子出生后，他们的婚姻仍然很幸福。这些爱情地图紧跟在剧烈的动荡之后，保护着他们的婚姻，因为丈夫和妻子已经习惯不断更新对方的生活琐事，且能专心致志地关注彼此的感受和想法，所以他们从未偏离航道。但是，如果你没有深刻了解配偶就踏上婚姻之旅，当你的生活出现突如其来的重大改变时，你们的婚姻就很容易迷失方向。

麦琪和肯恩相识没多久就决定结婚、组织家庭，由于彼此的了解还不够深入，他们的关系可能不会长久，但是，他们用亲昵的言行弥补了这个缺陷。麦琪和肯恩不仅大致了解彼此的生活——他们的嗜好、最喜欢的运动等等，还了解彼此最深切的渴望、信仰和恐惧。无论他们多忙，都会优先考虑对方，总是确保抽时间陪对方一天。他们每星期至少出去吃一次晚餐，或者是待在家里聊天，不时谈论一些政治话题、天气以及他们的婚姻。

当他们的女儿爱丽丝出生的时候，麦琪决定辞去她计算机方面的工作，待在家里照顾小孩。麦琪自己对这个决定也感到很惊讶，因为她在工作中一直追求上进。然而，当她做了妈妈，生活的根本意义就发生了改变，她发现她愿意为爱丽丝作出巨大的牺牲。现在，麦琪想把他们为买摩托艇而存的钱，转到爱丽丝的大学基金里去。发生在麦琪身上的事也同样发生在许多初为人母的人身上，为人父母的经历影响如此深远，甚至会让你重新调整对自己的定位，改变你对原来很重视的东西的全部看法。

起初，肯恩对麦琪的变化感到困惑，他自认为很了解的这个女人正在他的眼前改变着，但是，由于他们常常保持着密切的联系，肯恩能够理解麦琪的想法和感受。当一个新生儿诞生，丈夫会掉队的情况层出不穷（详见第 9 章），丈夫跟不上妻子转变的步伐，他也许不能理解或者不高兴见到这种改变。肯恩一直优先考虑麦琪，因此他没有像很多初为人父的人那样，从母亲和孩子这个小圈子里抽身而去。最终，麦琪和肯恩共同度过了为人父母的转变过程，他们没有彼此忽视，也没有忽视他们的婚姻。

对那些没有详细的爱情地图的夫妻来说，孩子的出生只是导致他们迷失方向的生活事件之一。任何大的改变，从工作的变动到生病或退休，都有同样的效果，甚至单单是时间的流逝都能起到这个效果。你越熟悉了解对方，你就越容易与对方保持联系，好像生活就在你周围旋转一样。

T EST 爱情测试

A PRACTICAL GUIDE
FROM THE COUNTRY'S FOREMOST RELATIONSHIP EXPERT

爱情地图问卷

如实回答下列问题，你会知道自己爱情地图的质量。为了准确了解你们的婚姻是怎样运用第 1 个法则的，你和配偶都要回答下面的问题。

阅读每一个句子，在"正确"（T）或"错误"（F）项上画圈。

1. 能说出配偶挚友的名字。 T F
2. 知道配偶目前面临的压力。 T F
3. 能说出最近让配偶觉得恼火的人的名字。 T F
4. 能说出配偶的某些人生梦想。 T F
5. 非常了解配偶的宗教信仰和想法。 T F
6. 能说出配偶基本的人生哲学。 T F
7. 能列出一份配偶最不喜欢的亲戚的名单。 T F
8. 知道配偶最喜欢的音乐。 T F
9. 能列出配偶最喜欢的三部电影。 T F
10. 配偶了解我目前的压力。 T F
11. 知道配偶生命中三个最特别的时刻。 T F

12. 能说出配偶小时候遇到的最紧张的事情。　　　　　T　F

13. 能列出配偶人生的主要志向与期望。　　　　　　　T　F

14. 知道配偶目前主要的烦恼。　　　　　　　　　　　T　F

15. 配偶知道我有哪些朋友。　　　　　　　　　　　　T　F

16. 如果配偶买彩票中大奖，我知道对方想要做什么。　T　F

17. 能详细说出第一次遇到配偶时的印象。　　　　　　T　F

18. 会定期询问配偶世界中正在发生的一些事。　　　　T　F

19. 觉得配偶很了解自己。　　　　　　　　　　　　　T　F

20. 配偶了解我的期望与志向。　　　　　　　　　　　T　F

想知道你和伴侣的得分意味着什么吗？
扫码下载"湛庐阅读"App，
查看得分解析并了解
"婚姻教皇"约翰·戈特曼的更多作品。

没有什么礼物能比得上一对夫妻因熟悉了解彼此而生的愉悦之情。越来越了解对方不应是件苦差事，这就是为什么下面关于爱情地图的练习实际上是一个游戏！当你享受这个游戏的乐趣的时候，你也会扩大并深化你对配偶的了解。当你完成本章所有的练习时，你就会明白《爱你就是了解你》（To Know You Is to Love You）这首老歌的真谛。

◆ 爱情地图游戏

请和配偶带着笑容和娱乐精神一起玩这个游戏。你们玩的次数越多，就越了解爱情地图这个概念，知道如何把它运用到你们的婚姻中去。

第一步：每人准备一张纸、一支笔，两人一起从数字 1 到 60 中随机选取 20 个数字，并将这些数字竖着写在纸的左边。

第二步：下面有一个编好号码的问题清单，从你竖行排列的首个数字开始，按照这些数字找到相应的问题。每个人都要问配偶这些问题。如果配偶回答正确（由你评判），则得到相应问题后所标明的分数，而得 1 分；如果回答错误，两人都不得分。轮到你回答问题的时候，规则一样。你们两人都回答完各自的 20 个问题之后，比较你们的分数，得分最高的那个人就是赢家。

1. 说出我的两位挚友的名字。 （2）

2. 我最喜欢的乐队、作曲家或乐器是什么？ （2）

3. 我们第一次见面时我穿什么样的衣服？ （2）

4. 说出我的一种爱好。 （3）

5. 我是在哪里出生的？ （1）

6. 我现在面临的压力是什么？ （4）

7. 详细描述我今天或昨天做的事情。 （4）

8. 我的生日是哪天？ （1）

9. 我们的结婚周年纪念日是什么时候？ （1）

10. 我最喜欢的亲戚是谁？ （2）

11. 我最渴望但未曾实现的梦想是什么？ （5）

12. 我最喜欢的花是什么？ （2）

13. 让我感到最恐怖或最具灾难性的场景是什么？ （3）

14. 我最喜欢在什么时候做爱？ （3）

15. 哪些事情让我觉得自己很厉害？ （4）

16. 什么会让我性兴奋？ （3）

17. 我最喜欢吃什么？　　　　　　　　　　　（2）

18. 我最喜欢如何度过一个夜晚？　　　　　　（2）

19. 我最喜欢的颜色是什么？　　　　　　　　（1）

20. 我今生希望有哪些方面的自我提高？　　　（4）

21. 我最喜欢什么样的礼物？　　　　　　　　（2）

22. 我童年经历过的最美好的事情是什么？　　（2）

23. 我最喜欢的假期是哪一个？　　　　　　　（2）

24. 我最喜欢的安抚方式是什么？　　　　　　（4）

25. 除你以外，最支持我的人是谁？　　　　　（3）

26. 我最喜欢的运动是什么？　　　　　　　　（2）

27. 我喜欢用什么方式来打发时间？　　　　　（2）

28. 我最喜欢的周末活动之一是什么？　　　　（2）

29. 我最喜欢去什么地方度假？　　　　　　　（3）

30. 我最喜欢的电影是什么？　　　　　　　　（2）

31. 我生活中发生的一些重要事件是什么？我如何看待这
些事情？　　　　　　　　　　　　　　　（4）

32. 我最喜欢的锻炼方式有哪些？　　　　　　（2）

33. 我儿时最好的朋友是谁？　　　　　　　　（3）

34. 我最喜欢的一本杂志是哪本？　　　　　　（2）

35. 说出一位我主要的竞争对手或“敌人”的名字。（3）

36. 我认为我理想的工作是什么？　　　　　　（4）

37. 我最恐惧的是什么？　　　　　　　　　　（4）

38. 我最不喜欢的亲戚是谁？　　　　　　　　（3）

39. 我最喜欢的节日是什么？　　　　　　　　（2）

40. 我最有可能去读哪种书？　　　　　　　　（3）

41. 我最喜欢的电视节目是什么？　　　　　　（2）

42. 我最喜欢睡在床的哪边？　　　　　　　　（2）

43. 我最难过的事情是什么？　　　　　　　　（4）

44. 说出一位让我担忧或烦恼的人的名字。　　（4）

45. 我最担心的健康问题是什么？　　　　　　　　　（2）

46. 什么时候最让我感到尴尬？　　　　　　　　　　（3）

47. 我童年时最糟糕的经历是什么？　　　　　　　　（3）

48. 说出我最羡慕的两个人的名字。　　　　　　　　（4）

49. 说出我最主要的对手或"敌人"。　　　　　　　　（3）

50. 在我们都认识的人当中，哪一个是我最不喜欢的？（3）

51. 我最喜欢的甜点是什么？　　　　　　　　　　　（2）

52. 我的身份证号是多少？　　　　　　　　　　　　（2）

53. 说出一本我最喜欢的小说的名字。　　　　　　　（2）

54. 我最喜欢的餐厅是哪个？　　　　　　　　　　　（2）

55. 说出我的两个志向、希望或期望。　　　　　　　（4）

56. 我有没有秘密的野心？是什么？　　　　　　　　（4）

57. 我最讨厌吃什么？　　　　　　　　　　　　　　（2）

58. 我最喜欢的动物是什么？　　　　　　　　　　　（2）

59. 我最喜欢的歌曲是什么？　　　　　　　　　　　（2）

60. 我最喜欢哪个球队？　　　　　　　　　　　　　（2）

这个游戏，你喜欢玩多少次就玩多少次，你玩的次数越多，就越能理解"爱情地图"这一概念，越了解你自己和你的配偶。

爱情练习卡 EXERCISE CARD
制作自己的爱情地图

相信你对爱情地图这个概念已经有了更清楚的认识，现在是时候把注意力集中在你的以配偶日常生活为关注点的爱情地图上了，即使这些地图"都在你的脑海中"，但写下一些基本信息对你来说也是有帮助的。如果你（或你的配偶）认为你们目前的爱情地图有缺陷，或者过时了（这种情况经常出现），你或配偶就要花点额外的时间来做这个练习。把自己当作一名记者，利用下面的设计去采访对方。（如果配偶不在身边，你也能自顾自填写这个表格，但很明显，这个练习的好处就是信息分享。）你和配偶轮流充当询问者和回答者，然后把答案记下来。（最好是用一张纸，笔记本或日记本更好，你能用它来做这本书上的所有练习。）不要对配偶告诉你的事情妄下判断，不要给对方提建议。记住，你只是在执行实况调查任务，你的目的是倾听并了解你的配偶。

配偶生活中的人物表

朋友：＿＿＿＿＿＿＿＿＿＿＿＿＿＿＿＿＿＿＿＿＿＿

潜在的朋友：＿＿＿＿＿＿＿＿＿＿＿＿＿＿＿＿＿＿

对手、竞争者、"敌人"：＿＿＿＿＿＿＿＿＿＿＿＿

最近配偶生活中的重大事件

＿＿＿＿＿＿＿＿＿＿＿＿＿＿＿＿＿＿＿＿＿＿＿＿＿＿

即将到来的事件（配偶盼望的是什么？害怕的是什么？）

＿＿＿＿＿＿＿＿＿＿＿＿＿＿＿＿＿＿＿＿＿＿＿＿＿＿

配偶目前的压力

＿＿＿＿＿＿＿＿＿＿＿＿＿＿＿＿＿＿＿＿＿＿＿＿＿＿

配偶目前的烦恼

＿＿＿＿＿＿＿＿＿＿＿＿＿＿＿＿＿＿＿＿＿＿＿＿＿＿

配偶的期望与抱负（包括对自己和对其他人）

＿＿＿＿＿＿＿＿＿＿＿＿＿＿＿＿＿＿＿＿＿＿＿＿＿＿

　　尽管这个练习仅仅是简单描述了你配偶的生活，但是它能给你很大的启发。参加过我们讲习班的夫妻表示，这个练习给了他们很大的惊喜，帮助他们更好地了解自己的配偶。例如，在乔直截了当地问唐娜的期望与抱负之前，乔从来不知道唐娜渴望成为一名作家，不知道她讨厌目前银行的工作；而唐娜也不知道，乔最近动辄易怒是因为他对自己的新上司以及自己的工作表现比较担心，而不是因为他母亲的来访。

　　这个关于爱情地图的练习能够勾勒出你当前生活的粗略轮廓。然而，爱情地图不应该仅仅是广阔的，它还应该是深邃的。下面的练习能让你的爱情地图更加深邃。

◆ 我是谁

　　越了解彼此的内心世界，你们的夫妻关系就越深厚，回报也越丰厚。本调查问卷的设计目的，一方面是指导你做一些自我探索，另一方面是让你和配偶一起探索。即使你和配偶自认为了解对方（实际上可能不是），你们也可以做做这个练习，需要相互了解的地方总是很多。生活改变了我们，5 年后、10 年后，或者 15 年后，现在的你和当年在婚礼上宣誓的你可能不是同一人。

　　这个练习中的很多问题都很敏感，你要确保自己有足够的时间和私人空间诚实地回答这些问题。事实上，最好是把这个练习留到不被人打扰的时间段来做，比如无事可做、不用赶最后期限、没有电话要回、不需要照顾孩子（或是任何人）等，这些都是很好的答题时刻。你不太可能一口气做完这个练习，就算有可能，你也不要尝试这么做；相反，要把它分成几部分，在接下来的日子里和配偶一起慢慢做完。

　　尽可能坦诚地回答每个部分的问题，你的回答不必面面俱到，只要回答与你生活相关的部分即可。把答案写在你的日记本或笔记本上，如果觉得详尽地写下来很麻烦，你可以以大纲形式来写，但绝对不能不写，写答案这个过程对成功完成练习来说非常重要。当你们都完成了练习后，接下来要互换笔记本，与配偶分享你写下的东西。互相讨论对方写的答案，谈谈这些意外的收获对你的婚姻和深化你们之间的友谊有什么意义。

我的成功与奋斗

1. 生活中哪些事情让你感到特别自豪？写下你的那些精神胜利，那些超出当时预期的胜利，那些在某些阶段你甚至轻松地通过考验与磨难的胜利。这些胜利包括生存并战胜压力和胁迫的时期，那些也许对你仍然很重要的小事，你自己在儿时或不久前制造的挑战，感到强大、光荣和胜利的时期，维持一段美好的友谊等等。

2. 这些成功如何塑造了你的生活？它们如何影响你看待自我与自身能力的方式？它们如何影响你的目标以及你为之奋斗的事物？

3. 你在生活中所扮演的角色里，哪个角色和自豪感有关（也就是说，让你觉得骄傲、被表扬或赞扬）？当你还小的时候，你的父母有没有向你表示过他们为你感到骄傲？他们是怎样表示的？别人对你的才能如何反应？

4. 你的父母有没有向你表示过他们很爱你？他们是怎样表示的？在你的家庭里，你们经常表达爱意吗？如果不是，这种现象对你们的婚姻有什么影响和暗示？

5. 在你的婚姻中，哪个角色让你为自己的成就感到自豪？扮演好哪个角色需要你努力奋斗？你想让你的配偶认识了解你、你的过去和现在以及你的未来计划吗？你如何向对方展示自己的自豪感？

我受的伤害与治愈

1. 你经历的困难事件或艰难时期有哪些？写下你遭受的任何重大的心理侮辱与伤害，你的损失、失望、麻烦以及磨难，包括那些让你感到压力与威胁的时期，任何你觉得绝望或孤独的时期，也包括你小时候或成年时经历的严重的精神创伤，例如，不健康的关系、羞辱性的事件，甚至是骚扰、虐待、强奸或酷刑。

2. 你是如何从这些创伤中存活下来的？它们对你的长期影响是什么？

3. 你是如何变得强大并治愈自己的？你如何调整你的怨恨？你是如何振作并让自己恢复的？

4. 如果这种事情再发生的话，你会怎样保护自己？

5. 这些伤害以及你保护并治愈自己的方法是如何影响你现在的婚姻的？对你的这些方面，你想让你的配偶了解多少？

我的情感世界

1. 当你还是个孩子的时候，你的家庭成员是怎样表达下面这些情绪的？
   ◎愤怒　　　◎悲伤　　　◎恐惧　　　◎慈爱　　　◎互助

2. 在你的童年时期，你的父母有没有处理过特别的情感问题，如父母间的争吵、父母中一方心情抑郁或在感情上受到伤害。这对你的婚姻以及你的其他亲密关系（同朋友、父母、兄弟姐妹和孩子的关系）有什么影响？

3. 你对表达自己的情感，尤其是悲伤、愤怒、恐惧、骄傲以及爱意的看法是什么？它们中有哪些是你觉得难以表达的，或者是你难得从配偶身上看到的？

4. 在表达情感这个领域你与配偶存在哪些差异？这些差异的背后是什么？这些差异暗示了你什么？

我的使命与遗产

1. 想象你正站在墓地里看着自己的墓碑，现在写下你希望看到的墓志铭，以这样的话开头："这里躺着……"

2. 为自己写一篇悼词（不必写得很简短）。你希望人们怎样看待你的一生，怎样铭记你？

3. 现在写一份生活使命声明。你生活的目的是什么？它有什么样的意义？你准备怎样完成？你想努力争取什么？

4. 当你去世的时候，你希望留下什么样的遗产？

5. 你还有什么重大目标有待实现？这些目标可以是某些发明创造，或者是拥有一种特殊的体验，还可以是一些小事，如学弹班卓琴、爬山等。

我想变成谁

现在，花点时间反思你刚刚写下的答案。我们都卷入到变成那个我们最想成为的人的斗争中，在这场斗争中，我们都有恶魔需要征服。

1. 描述一下你想成为的那个人。

2. 你如何能最好地帮助自己成为那个人？

3. 在你变成那个人的过程中，你面临的斗争是什么？

4. 你不得不与自己身上的哪些恶魔作斗争？或者还在与哪些恶魔作斗争？

5. 你最想在哪些方面改变自己？

6. 你放弃的或是未能实现的梦想有哪些？

7. 你想让自己 5 年后的生活变成什么样子？

8. 你想成为的那个人有着什么样的故事？

　　上面所有的练习和问题将增强你的洞察力，帮助你开发出一幅关于配偶生活和世界的更为详细的爱情地图。想要更好地了解配偶并与其分享你的内在自我，这是一个长期的过程，事实上，这是一辈子的事。因此，记得不时重温这些练习，更新对自己和配偶的认识。平时想一些可以向配偶问的问题，比如"如果为我们家添置一样东西，你会选择添什么"，或者"这些天来，你觉得自己的工作如何"。我认识一个戴着兔八哥胸针的婚姻治疗师，他向夫妻们建议说，维持一段幸福婚姻的关键，就是定期询问："最近怎么样？"

　　但是，爱情地图仅仅只是第一步，幸福的已婚夫妇不能仅仅了解彼此，他们还要通过许多其他重要的方法在爱情地图的基础上增进知识。对已步入婚姻殿堂的人来说，他们不仅用爱情地图来表达他们对彼此的了解，还用它来表达他们的喜爱和赞赏，而这正是我第 2 个法则的基础。

THE
SEVEN PRINCIPLES
FOR MAKING MARRIAGE WORK

04

法则2 / 培养你的喜爱和赞美
"我欣赏，我坚持"

The Seven Principles for Making
Marriage Work: A Practical Guide
from the Country's Foremost
Relationship Expert

幸福的婚姻
SEVEN PRINCIPLES
THE
FOR
MAKING MARRIAGE
WORK

还记得罗里医生吗？那位爱情地图只有一张邮票大小的丈夫，他甚至不知道家里的狗叫什么名字。多年来，妻子莉莎容忍着他这个工作狂，但是，在某年的圣诞节，他们的关系发生了转折。当然，罗里那时正在工作，而莉莎装好圣诞餐，决定带着孩子们去医院。

当他们在休息室里一起吃东西的时候，罗里转过头来看着莉莎，脸上阴云密布，他告诉莉莎，他讨厌她不事先打个招呼就带着食物来医院。"你为什么要这么做？这实在太让人难堪了，没有哪位医生的妻子会这么做。"突然，一个住院医师打电话到休息室找他，当罗里拿起听筒时，他的脸色变得柔和起来，声音也变得热忱、温暖、友好，而当他挂上电话，转身朝向莉莎时，他的脸上再次布满怒容。莉莎心里有什么东西咔嚓一响，她已经受够了，很明显，她的丈夫能够和蔼待人，但对她却总是一张冷脸。莉莎收拾好东西，带着孩子们回家去了。

不久之后，莉莎开始晚上独自外出，没多久，罗里向莉莎提出离婚。但是，在离婚前他们作出了最后努力，决定试试婚姻咨询。咨询初期他们毫无进展。当咨询的第一个阶段，莉莎试图与罗里和解时，罗里无法积极回应莉莎的感情修复尝试。

不过，当这对夫妇同意在我的实验室里录制有点像《与宗毓华面对面》

（*Face to Face with Connie Chung*）的访谈时，我发现他们婚姻中隐藏着的希望。访谈者向罗里和莉莎问起他们早年的共同生活。罗里笑容满面地开始回忆他们的首次约会，他向提问者解释说，莉莎与他不同，她出身于一个传统的美国家庭，备受父母呵护，因此，她对约会这种事情一点经验也没有。罗里知道，要让莉莎与她的家人接受自己需要花上很长的时间，但是他愿意坚持下去。下面是他们回想起来的点滴瞬间：

> 罗里：我觉得她很紧张，我对她为什么紧张有一些了解，她在努力使
> 自己的行为符合某些传统习惯。因此，我知道我们俩要慢慢来。
> 我一点都不害怕。我估计这是5年恋爱马拉松长跑的一个阶段。
>
> 莉莎：你是说你在我们首次约会时有个5年计划？
>
> 罗里：也许这有点夸张，但是我知道我们的恋爱过程肯定比吃一顿午
> 餐的时间要长。
>
> 莉莎：哇！

当他们在讨论这个话题的时候，罗里和莉莎实际上是手牵着手的，莉莎喜气洋洋，因为罗里之前从未向她说过他为赢得她的芳心而作出的努力。这个小片段也许听起来并不那么激动人心（事实上，录像带上只播出了他们的一小段谈话），但是，对一个受过训练的观察者来说，这对夫妻的交谈中有很多能给他们婚姻带来希望的东西。罗里和莉莎对他们早期生活的美好回忆证明，在相互对立的表象之下，他们身上有一种我称之为"喜爱与赞美系统"（fondness and admiration system）的东西仍然闪烁着微光。这就意味着，他们各自都保留了一些最基本的感觉，觉得对方值得尊重、敬佩甚至喜爱。

KEY WORD
爱情关键词

喜爱与赞美系统

夫妻双方各自都保留了一些最基本的感觉，觉得对方值得尊重、敬佩甚至喜爱。

如果一对夫妻的喜爱与赞美系统仍然在起作用，他们的婚姻就可以挽救。我并没有暗示，复活一桩像罗里和莉莎一样麻烦的婚姻是件轻而易举的事，但是，这样的婚姻是可以挽救的。通过使用一些技巧（你将会在后面的

章节中找到这些技巧），罗里和莉莎的婚姻治疗师洛伊丝·艾布拉姆斯（Lois Abrams）告诉他们，他们还可以发掘出更多的积极情感，并利用这些情感来挽救婚姻。

两年之后，这对夫妻的生活发生了天翻地覆的变化。罗里调整了他的工作表，培养了一名住院医生，让后者接替他的大部分医务工作。现在，罗里每天晚上都同莉莎和孩子们吃晚餐，他和莉莎晚上也经常一起外出，特别是去参加当地的舞会。尽管罗里和莉莎经历了一些痛苦，但最终挽救了他们的婚姻。

对维持一桩有价值的、长久的感情生活而言，喜爱和赞美是两个非常重要的因素。尽管幸福的夫妻有时也会因配偶的性格缺点而感到怅然若失，但是，他们仍然能察觉到和自己结婚的那个人有值得敬重的地方。当夫妻双方完全没有这种感觉时，他们的夫妻关系也就走到了尽头。

从历史中寻找美好

恰如我们在罗里和莉莎夫妇身上所做的，**检验一对夫妻的喜爱与赞美系统是否仍在起作用，最好的方法通常是观察他们如何看待他们的过去**。如果你的婚姻正在遭遇大麻烦，你的配偶不太可能会就当前发生的事情对你大加称赞，但是，如果把注意力集中在过去，你经常能察觉到积极情感的余烬。

当然，有些婚姻做不到这一点，在这些婚姻中，夫妻间的对抗会像恶性肿瘤一样扩散开来，即便是追忆往事，夫妻间的正面回忆也会被破坏。我们见证了彼得和辛西娅婚姻的糟糕结局，彼得为洗车的事情同辛西娅争吵，他的鄙视和辛西娅的辩护毁坏了他们的夫妻关系。当用同样的问题来问彼得和辛西娅的早年时光时，我们很清楚地知道，他们的爱已远逝。他们只记得早期生活的个别片段，当我们问起他们约会时会做些什么时，他们先是各自给对方一个"帮我离开这儿"的眼神，然后就一言不发地坐在那里，绞尽脑汁地想着答案。当时喜欢辛西娅的地方，彼得现在一个也想不起来了，他们的婚姻已经不可救药。

L O V E　**爱情大数据**　D A T A

我发现，在那些能正面看待他们婚姻历史的夫妻中，有 94% 的人同样有可能拥有一个幸福的未来。当幸福的记忆被扭曲，这就预示着这桩婚姻需要帮助。

迈克尔和贾丝廷是我新婚夫妇研究中的另一对夫妻，他们与彼得和辛西娅的情况恰恰相反。当被问及婚姻的历史时，他们神采飞扬：婚礼非常"完美"，蜜月也"妙不可言"。他们的讲述不仅反映了他们对早期生活的积极感受，也显示了他们的记忆何其鲜活。

贾丝廷回忆说他们曾在同一所高中就读，迈克尔比她高几级。那时迈克尔是一位体育明星，贾丝廷疯狂迷恋着他，她从报纸上剪下他的照片并把它放在剪贴簿里。（在他们第四次约会的时候，她承认她做过这些事，并把剪贴簿拿出来给迈克尔看。）他们的正式会面是在几年后，贾丝廷趁着周末，跟着迈克尔的养姐（和贾丝廷是朋友）去大学看望他。

迈克尔马上意识到贾丝廷就是他的真命天女，但是他却担心她不喜欢他。贾丝廷咯咯地笑着，讲她在皮包里发现迈克尔偷偷塞的信的事。那时，周末快过完了，迈克尔写信是为了让贾丝廷明白自己对她的感觉。"在追求异性这件事情上，我从来都不主动，"迈克尔说，"她实际上是我追求的第一个女孩，这正是我觉得我们的恋爱与众不同的地方。"

他们回忆起从前的远足、长时间的交谈，回忆起当迈克尔还在上学的时候，他们每天写给对方的情书。迈克尔说，那些日子中唯一的不足之处是"不在贾丝廷身边，让我更加思念她"。贾丝廷说：

"我当时想：'上帝，如果我没有嫁给这个男人，别人一定会嫁给他的，我最好在我能够追到他的时候嫁给他。'"你能听到贾丝廷对迈克尔的眷恋、赞赏和钦佩。迈克尔说："我应该也考虑过其他的女孩，但我不想和她们在一起，我只想和贾丝廷在一起。我想与她成为合法夫妻，想让每一个人都知道她对我来说是何等特别。"贾丝廷回想起，当迈克尔的一个同伴埋怨她占了迈克尔太多时间时，迈克尔和她的团结一致。"他不明白，我情愿把一生的时间都给她。"迈克尔说道。

当你听说后来迈克尔与贾丝廷继续过着幸福生活的时候，你一点也不会觉得奇怪，因为当坏事来袭时，你对配偶和婚姻的固有的正面看法是一个功能强大的缓冲器，它能保护你们的婚姻不受太大的伤害。由于保留了美好的感觉，所以每次争论的时候，贾丝廷和迈克尔不会产生分居或离婚之类的偏激念头。

鄙视的解毒剂

"幸福的夫妻互相喜欢，如果他们不这样，一定不是幸福的一对。"这个观点起初看起来过于显而易见。但是，喜爱与赞美系统是很脆弱的，经不起太多打击，除非你始终意识到它们对维持夫妻友谊（任何幸福婚姻的核心）的关键作用。仅仅是提醒自己记住配偶的优点，正如你能抓住对方的缺点一样，你就能防止一桩幸福婚姻变质。原因很简单：喜爱和赞美是鄙视的解毒剂。如果你对配偶持有一种敬佩之情，当你与对方意见不一致的时候，你就不太可能会讨厌对方，因此，喜爱和赞美使夫妻免受末日四骑士的鞭挞。

如果你们彼此的喜爱与赞美之情消失殆尽，你们的婚姻就会陷入可怕的麻烦当中。若是没有这种认为配偶值得敬重的基本信念，那么，任何一桩有价值的夫妻关系基础何在呢？但是，类似罗里与莉莎的夫妇还有很多，这些夫妻的喜爱与赞美系统已经衰弱到几乎无法察觉的地步。尽管爱情之火看上去已经灭了，但是余烬仍在燃烧，要想拯救这种婚姻，关键的一步是鼓风煽火。

EST 爱情测试

A PRACTICAL GUIDE
FROM THE COUNTRY'S FOREMOST RELATIONSHIP EXPERT

喜爱与赞美系统问卷

为了评估你的喜爱与赞美系统的现状，请回答以下问题。

仔细阅读下面的句子，并在"正确"（T）或"错误"（F）项上画圈。

1. 我可以很容易地列出配偶最让我佩服的三件事。 　　T F
2. 当我们分开的时候，我常常深情地思念着我的配偶。 　　T F
3. 我常常能找到一些方法来告诉配偶"我爱你"。 　　T F
4. 我常常满怀深情地抚慰或亲吻配偶。 　　T F
5. 我的配偶真的很尊敬我。 　　T F
6. 在我们的夫妻关系中，我感到被人爱、被人关心。 　　T F
7. 我觉得自己被配偶接受并喜爱着。 　　T F
8. 我的配偶觉得我既性感又迷人。 　　T F
9. 配偶让我感到性兴奋。 　　T F
10. 我们的夫妻关系充满激情。 　　T F
11. 浪漫无疑仍是我们夫妻关系的一部分。 　　T F
12. 我真的为配偶感到骄傲。 　　T F
13. 我的配偶真的欣赏我的成就和才能。 　　T F
14. 我可以很容易地告诉你我为什么同现在的配偶结婚。 　　T F
15. 如果我有机会重新来过，我还会跟同一个人结婚。 　　T F
16. 没有向对方表达爱意就去睡觉，这种情况我们很少有。 　　T F
17. 当我进屋时，配偶很高兴看到我。 　　T F
18. 配偶欣赏我在婚姻生活中所做的事情。 　　T F
19. 大体上来说，我的配偶很喜欢我的性格。 　　T F
20. 我们对性生活感到大致满意。 　　T F

计分：每个"T"计 1 分。

　　10 分或 10 分以上：分数在这个区域内，表示你的婚姻很牢固。因为你高度重视对方，就有了一个保护你们夫妻关系不被任何仍然横亘于你们之间的消极事情压倒的屏障。恋爱中的人会高度重视对方，这对你来说似乎非常明显，但是，随着时间的推移，夫妻们会忘记一些他们彼此对对方的喜爱与赞美。记住，这种喜爱与赞美是一件值得珍惜的礼物。一次又一次地完成本章的练习，这会帮助你再次确认你对对方的积极感受。

10分以下：你的婚姻在这个方面还有待改善。不要为低分感到泄气，有许多这样的夫妻，他们的喜爱与赞美系统并没有完全死亡，而是埋藏在层层的消极事件、受伤的情感与背叛之下。通过激活深埋于地下的积极感受，你的婚姻将得到极大的改善。

如果你的喜爱与赞美系统已经瓦解，让系统重新建立的首要任务就是意识到这一系统的重要性。喜爱与赞美对维持一段长期幸福的夫妻关系来说非常重要，因为它们能避免鄙视（谋杀婚姻的末日四骑士之一）成为夫妻生活的主旋律。鄙视是一种腐蚀剂，随着时间的推移，它会损坏丈夫和妻子之间的纽带。与你们对彼此的固有的积极情感联系得越紧密，当你们有不同意见时，你们之间就越不太可能出现鄙视。

重建喜爱与赞美系统

重建或增强你的喜爱与赞美系统不是一件复杂的事，仅仅通过回想、谈论它们，即便是长期埋藏的积极情感也能被挖掘出来。你能做到这一点，只要你对自己的配偶稍作深思，想想配偶是因为什么让你珍惜。如果你感觉自己疏于练习，或者由于压力太大、怒气太盛，无法"自如地"训练这种情感，接下来的练习将会指导你怎么做。这些练习也许看上去很简单，但它们实际上有着巨大的功效。当你认识到并公开讨论配偶和婚姻的积极方面时，你们的联系就会更紧密。这种讨论能让你们更快地找到婚姻中存在的问题，让你们作出一些积极的改变。只要你愿意，这些练习可以随时做。这些练习并不是专门为婚姻出现危机的夫妻准备的，如果你的婚姻幸福稳定，那么做这些练习则是一个增添婚姻情趣的好办法。

爱情练习卡 EXERCISE CARD
"我欣赏……"

　　从下面罗列的词语中，圈出你认为配偶具有的三个特征，如果超过三个，你也只能在清单中选三个特征。（下次再做这个练习时，你可以选择另外三个。）如果你很难选出三个，则可以把"特征"一词理解得宽泛一点，哪怕你只记得配偶做的一件事与此特征有关，你都可以把这个特征选出来。

　　对自己选出的每个特征稍作思考，举出与该特征相符的实际事件，把这个特征和事件按照下面的格式写在你的笔记本或日记本上。

钟情	敏感	勇敢	聪明	细心
慷慨	忠诚	诚实	强壮	精力充沛
性感	果断	有创造力	有想象力	有趣
迷人	幽默	支持	滑稽	体贴
多情	有条理	足智多谋	喜欢运动	快乐
善于合作	得体	优雅	和蔼	顽皮
关爱	一位挚友	令人兴奋	节俭	计划满满
腼腆	脆弱	投入	善于表达	活泼
小心谨慎	保守	爱冒险	善于接纳	可靠
负责任	可信任	养育孩子	热心	有男子气概
仁慈	温柔	务实	朝气蓬勃	机智
无拘无束	美丽	英俊	富有	沉着
好伴侣	好父亲（母亲）	自信	爱护	可爱
柔弱	强大	灵活	通情达理	整个一糊涂蛋

1. 特征：_____

　　事件：_____

2. 特征：_____

　　事件：_____

3. 特征：_____

　　事件：_____

现在，与配偶分享你的答案，让对方知道这些让你高度重视的特征是什么。

在我的工作室里，我能立刻看到这个练习带来的好处，房间里充满了温暖的欢声笑语，那些在讨论之初不自然、尴尬地坐着的夫妇突然放松下来。只要看着他们，你就知道他们曾经失去的东西已经回来了，他们婚姻中保留的希望之光几乎触手可及。

Ⓔ XERCISE 爱情实践场

◆ 你们的婚姻史和婚姻观

通过谈论他们过去经历的幸福事件，大部分夫妻都获益匪浅。正是下面这个练习，帮罗里和莉莎重新修复了他们对对方的喜爱与赞美。与配偶共同完成这个问卷，它将再次让你和你们的早年岁月面对面，并且帮助你回忆起你们是如何结为夫妻，为何结为夫妻。

你们需要在没人打扰的情况下花几个小时来完成这个练习，可以叫一个密友或者亲戚充当提问者，或者你们也可以只阅读这个问卷，然后一起讨论。这些问题没有所谓的正确或错误答案，它们只是引导你回想起最初导致你决定与对方结婚的爱和想法。

第一部分：你们的婚姻史

1. 讨论一下你们是如何相遇并走到一起的。你配偶身上有什么特别之处吗？你们对彼此的第一印象如何？

2. 当你们第一次约会时，你记得最清楚的事情是什么？令你记忆深刻的原因何在？在结婚之前，你们花了多长时间来了解彼此？在你们互相了解的那个时期，你记得哪些事情？最精彩的事情有哪些？紧张的事情有哪些？哪类事你们会一起做？

3. 谈谈你们是怎么决定结婚的。茫茫人海中，是什么让你决定对方就是你想与之结婚的人？这是一个简单的决定吗，还是无比艰难？你当时陷入爱河了吗？趁这个时候好好谈谈。

4. 还记得你们的婚礼吗？互相谈谈你们各自对婚礼的印象。你们有没有度过蜜月？你还记得哪些事？

5. 婚后的第一年，你还记得什么？有没有你想要作出调整的地方？

6. 在为人父母的转变过程中，你们的表现如何？互相谈谈你们婚姻中的这段时光。这段时光对你们意味着什么？

7. 回首往日，你们婚姻中真正幸福的时刻是什么时候？作为一对幸福的夫妻，哪些时光让你们感到美好？这些年来，是否发生了改变？

8. 许多婚姻关系经历了大起大落，你认为你们的婚姻也是如此吗？你能描述一下这些时期吗？

9. 回首往日，你们婚姻中真正艰难的时刻是什么时候？你认为是什么原因让你们始终在一起？你们是如何渡过这些艰难时刻的？

10. 你有没有停下来专门花时间与你的伴侣一起，做那些曾经让你们感到快乐的事情？同你的另一半好好探讨一下。

第二部分：你们的婚姻观

11. 互相谈谈你为什么觉得有些婚姻很幸福而另一些则不然。一起讨论，看看你们熟悉的夫妻中谁是最幸福的，谁是最不幸的。这两桩婚姻有什么不同？你会怎样把自己的婚姻与这两桩婚姻进行比较？

12. 互相谈谈你们父母的婚姻。你认为父母的婚姻与你们的婚姻是非常相似还是有很大不同？

13. 为你们的婚姻史做一个图表，选取大起大落时发生的事件作为重要的转折点。对你和你的配偶来说，最幸福的时刻分别是什么时候？这么多年来，你们的婚姻是如何变化的？

　　大部分夫妻发现，一起回顾过去的日子会立即给他们的婚姻关系重新充电。通过回答这些问题，夫妻们常常回忆起最开始鼓励他们作出结婚决定的爱与美好的期望。这会给一些认为他们的婚姻已经到头的夫妻一丝希望之光，使他们为拯救自己的婚姻而努力奋斗。仅仅是一次又一次地重做上面的练习，也足以挽救、巩固你对对方的喜爱与赞美。但是，如果消极情感根深蒂固，那么这桩婚姻可能需要更长、更有计划性的方法。你将在接下来的练习中找到这个解决之道。

◆ 为期7周的喜爱与赞美系统课程

这个练习的目的是为了让你养成一种习惯：当你们变得疏远的时候，你能从积极的角度去看待配偶。如果你很愤怒、压力很大或者觉得与配偶感情冷淡，你可能更易于关注对方的消极特质，这会导致持续的苦恼，它反过来让你在婚姻中感受到更多的冷漠和孤立。这个练习能帮助你关注配偶的正面特质，抵消你关注消极特质的倾向，即使你们刚度过糟糕的一天。

接下来每天都要有一份正面的陈述或想法，你要把这当作一个任务来完成。在你和配偶相互疏远期间，你要想好每一个正面陈述并连续对自己重复几遍。在有些案例中，这种做法似乎对你的配偶或婚姻不起作用，尤其是在你的喜爱与赞美系统已经失效的情况下。记住，正面陈述不是用来描述当前情况下你们之间的典型情势。如果你能想起可以作为正面声明的某个瞬间或片段，你就要关注这段记忆。举例来说，如果你觉得这些天没有引起配偶的过多注意，那你就关注配偶身上吸引你的地方。想好每个正面陈述后，你也要确保自己能完成之后的简单任务。每天做这个练习，不管你们的夫妻关系或者你的配偶有何变化。即便你恰好发了一顿脾气或是觉得彼此之间很冷淡，你也不能停止这个练习。

尽管这个练习也许听起来有点傻气或者有点做作，但是它是以对复述正面想法的功效的广泛研究为基础的，这个方法是认知疗法的信条之一，它在帮助人们克服沮丧情绪方面已被证明非常有效。当人们陷入忧郁状态时，他们的想法就会变得混乱，他们会用一种极端否定的眼光去看待任何事情，这恰好加剧了他们的绝望感。但是，如果经过一段时间的训练，他们故意让自己习惯以一种不同的、正面的方式去思考，那么，他们的绝望感就会消失。

这个练习是一个给婚姻提供相同希望的试验，你真正要做的是以一种更积极的方式去看待配偶和你们的关系。像任何练习一样，如果你常常做，你的语言（更重要的是你的想法）将变成你的第二天性。

注意：因为大多数夫妻都选择周一到周五这段时间来做练习，所以下面这个时间表细化为周一到周五。你可以更改实际的日期，以便同你的日程安排相契合，只要保证练习是以 5 天为一个周期即可。

第1周 THE FIRST WEEK

星期一　想法：我真的很爱我的配偶。
　　　　任务：列出一个你发现的配偶的可爱之处。

星期二　想法：我可以轻松地说出我们婚姻中的美好时光。
　　　　任务：选取一段美好时光并作出评价。

星期三　想法：我可以很容易地想起我们婚姻中浪漫、特别的时刻。
　　　　任务：选取这样一个时刻，回想一下。

星期四　想法：在生理上，我被配偶所吸引。
　　　　任务：想一个配偶身上你喜欢的身体特征。

星期五　想法：配偶有着让我为之自豪的特殊品质。
　　　　任务：写下一个让你感到自豪的品质。

第2周 THE SECOND WEEK

星期一　想法：在这段婚姻中，我感觉到了真正意义上的"我们"而不
　　　　　　　是"我"。
　　　　任务：想出一件你们都喜欢做的事。

星期二　想法：我们有大致相同的信仰和价值。
　　　　任务：描述一个你们共有的信仰。

星期三　想法：我们有共同的目标。
　　　　任务：列举其中一个目标。

星期四　想法：配偶是我的挚友。
　　　　任务：配偶知道你的哪些秘密？

星期五　想法：在这段婚姻中，我获得了很多支持。
　　　　任务：想出一个配偶非常支持你的事件。

第3周 THE THIRD WEEK

星期一　想法：我的家是一个可以获取支持、减轻压力的地方。
　　　　任务：举一个配偶帮你减压的事例。

星期二　想法：我能毫不费力地回忆起我们初次见面的情景。

任务：把第一次会面发生的事写在纸上。

星期三 想法：我记得很多关于决定我们是否结婚的细节。
任务：用一个句子来描述你记得的细节。

星期四 想法：我能回忆起我们的婚礼和蜜月。
任务：描述一件发生在这期间的你喜欢的事。

星期五 想法：我们公平地分担家务活。
任务：描述一下你定期做家务活的情形。如果你没有做你应做
的家务活，挑一件你想要承担的事情（如洗衣服）。

第4周 THE FOURTH WEEK

星期一 想法：我们计划得很好，并且有共同掌控生活的感觉。
任务：描述一件你们一起计划的事情。

星期二 想法：我为这段婚姻感到自豪。
任务：举出两件你对这段婚姻感到自豪的事。

星期三 想法：我为我的家庭感到自豪。
任务：回忆一个你特别为此感到自豪的时刻。

星期四 想法：我不喜欢配偶身上的某些缺点，但是我能与这些缺点和
平相处。
任务：在这些小缺点中，你能适应的一个缺点是什么？

星期五 想法：这段婚姻比我见过的大多数婚姻好多了。
任务：想想你知道的一桩糟糕的婚姻。

第5周 THE FIFTH WEEK

星期一 想法：能与配偶相遇，我真的是太幸运了。
任务：列出一个与配偶结婚的好处。

星期二 想法：婚姻有时需要奋斗，但为之奋斗是值得的。
任务：回想一个你们一起成功渡过的艰难时刻。

星期三 想法：我们之间浓情蜜意。
任务：今晚为你的配偶准备一个惊奇的礼物。

星期四 想法：我们由衷地对对方感兴趣。
任务：回想一些你们做过的或是说到过的有趣的事情。

星期五　　想法：我们彼此是很好的伙伴。

　　　　　任务：计划一次郊游。

第6周THE SIXTH WEEK

星期一　　想法：我的婚姻中有许多美好的爱。

　　　　　任务：回想一个你们共同参加的特别旅行。

星期二　　想法：配偶是个有趣的人。

　　　　　任务：准备向配偶问一些你们都感兴趣的事情。

星期三　　想法：我们能很好地回应对方。

　　　　　任务：给配偶写一封情书并寄给对方。

星期四　　想法：如果再让我选择一次，我仍然会和这个人结婚。

　　　　　任务：计划一个结婚周年（或其他）旅行。

星期五　　想法：我们的婚姻中充满了相互尊重。

　　　　　任务：考虑一起参加一个培训班（帆船运动、交际舞等），或
　　　　　　　　者告诉你的配偶最近对方做的哪些事让你很钦佩。

第7周THE SEVENTH WEEK

星期一　　想法：在这段婚姻中，性爱大致是（或者可以是）让人非常满
　　　　　　　　意的。

　　　　　任务：为你们俩安排一个激情之夜。

星期二　　想法：我们一起走过了很长的人生路。

　　　　　任务：回想所有你们俩作为一个团队共同完成的事情。

星期三　　想法：我认为我们可以平安渡过任何风暴。

　　　　　任务：回想一段你们渡过的艰难时刻。

星期四　　想法：我们很喜欢对方的幽默感。

　　　　　任务：租个喜剧片一起看。

星期五　　想法：配偶很可爱。

　　　　　任务：好好打扮一番，一起参加一个优雅的晚会。如果你不喜
　　　　　　　　欢参加这种活动，可以计划另外一种你喜欢的晚间外出
　　　　　　　　活动。

到第 7 周结束时，你可能会发现你看待配偶和婚姻的视角已经很积极了。

赞美对方只会给你的婚姻带来好处。但是，为了确保收益的继续，你需要让你的尊敬与喜爱系统运转起来。在下一章里，通过学会把尊敬与喜爱当作修复感情或使感情再生的基础，你就能做到这一点。

THE
SEVEN PRINCIPLES
FOR MAKING MARRIAGE WORK

05

法则3 / 彼此靠近而非远离

你们的关系够紧密吗？

The Seven Principles for Making
Marriage Work: A Practical Guide
from the Country's Foremost
Relationship Expert

在我们爱情实验室录制的所有片段中，没有哪个录像片段会让里面的人获得奥斯卡奖。我们存档录像里全是这样的景象：丈夫朝落地窗外看，说，"哇！看那艘船。"妻子从杂志中抬起头来说，"是啊，还记得吗？它看起来像我们去年夏天看到的那艘纵帆船。"丈夫"嗯"了一声表示同意。

你可能认为，没完没了地观看这些录像是极其无聊的事，但是，我的感觉恰恰相反。当夫妻们经常以这种方式聊天时，我肯定他们的幸福婚姻将会继续保持下去。这些简短的交流，实际上说明了丈夫和妻子正在沟通，他们正在向对方靠近。在准备离婚或婚姻生活不幸福的夫妻中，这种短暂的交流时间是非常少的。通常情况是，妻子甚至不会从杂志中抬起头来看一眼，即使她这么做了，她的丈夫也不会认同她所说的。

好莱坞极大地扭曲了我们对浪漫的看法，曲解了使激情燃烧的是何物。看着亨弗莱·鲍嘉（Humphrey Bogart）把眼中含泪的英格丽·褒曼（Ingrid Bergman）拥在怀中，这会让你的心怦怦直跳，但是，现实生活中的浪漫是靠相互保持联系这种看似非常平淡的方法激起来的。在琐碎的日常生活中，它每时每刻都促使你知道自己是受到配偶重视的。这听起来可能很滑稽，但事实上浪漫就是在这些平常小事中累积出来的：一对夫妻在逛超市，妻子问道："我们的洗衣液用完了吗？"丈夫不是冷漠地耸耸肩表示不知道，而是回答说："我不知道。为了以防万一，我去拿一桶。"你知道配偶这一天工作不顺心，如果你在上班的时候，能抽出一分钟时间给他的语音信箱留言，鼓励对方，这时，浪漫就开始累积了。当你的妻子一早醒来告诉你"我昨晚做了一个噩梦"，你不是说"我没时间听"，而是说"我赶时间，但你现在可以跟我说一说，晚上我们再仔细聊聊"，浪漫又开始累积了。所有这些例子中，丈夫和妻子都选择了互相靠近，而不是彼此远离。为了赢得配偶的关心、喜爱、幽默对待或支持，结了婚的人都会定期作出**"沟通尝试"**，而对方要么互相靠近，要么转身而去。只有彼此靠近，才能联结感情、增进浪漫、迸发激情、拥有美妙的性生活，它是这一切的基础。

KEY WORD
爱情关键词

沟通尝试

任何希望同对方进行情感沟通的行为都可称为沟通尝试。可能是一个问题、一个手势或是轻轻的身体接触。

因此，在爱情实验室里，我最喜欢的场景是任何一个好莱坞电影都会在剪辑时剪掉的镜头。我知道这些小片段里富含深意：他们周末是一起读报，还是各自安静地待着？他们吃午餐的时候会聊天吗？我带着疑问去看他们，因为我知道，那些彼此靠近的夫妇会保持情感投入并守住他们的婚姻。

每桩婚姻之所以会有不同的结局，原因在于夫妻的"感情储蓄"不同。那些互相靠近而不是远离的夫妻就好像是在往"感情银行"存钱，当出现危机，或者他们面临着严重的生活压力或冲突时，这些感情储蓄就能起到缓冲作用。由于他们已经把所有这种友好行为都存进感情银行，当冲突产生时，他们更能体谅对方，维持对对方的正面看法，即使在艰难时刻，他们的婚姻也不会破裂。

往感情银行存钱，得到的最大回报不是夫妻在遭遇压力时它能起到缓冲作用，正如我所说的，在各种生活小事上靠近配偶也是浪漫持久存在的关键。许多人认为，把他们和配偶重新连接在一起的秘诀是烛光晚餐，或者是在海边度假，但真正的秘诀是在每天的日常琐事中靠近配偶。只有那些因在生活琐事上保持接触而持有爱情火种的夫妻，在外面度过一个浪漫夜晚时才能再

幸福的婚姻
SEVEN PRINCIPLES
THE
FOR
MAKING MARRIAGE
WORK

次燃起激情的火焰。这让我们很快想到贾丝廷与迈克尔，在一间烛光餐厅里，这对夫妻带着愉悦的神情回忆着他们的婚礼和恋爱。但是，对坐在相同位置上的彼得与辛西娅而言（这对夫妻就洗车等问题存在不同意见），这个夜晚很可能糟糕透顶，整个晚上都充斥着指责、反驳或者是难堪的沉默。

EST
爱情测试

拥有浪漫的婚姻，你们准备好了吗？

如果想对你现在婚姻的浪漫程度（或将来的浪漫程度）有一个清楚的认识，请回答以下问题。

阅读每一个句子，并在"正确"（T）或"错误"（F）上画圈。

1. 我们喜欢一起做些小事情，如一起叠衣服或看电视。　　　　T　F
2. 在我闲暇的时候，我期待与配偶一起度过。　　　　T　F
3. 下班回来时，配偶很高兴看到我。　　　　T　F
4. 配偶通常会饶有兴趣地倾听我的观点。　　　　T　F
5. 我真的很喜欢和配偶讨论事情。　　　　T　F
6. 配偶是我最好的朋友之一。　　　　T　F
7. 我想配偶会把我当挚友看待。　　　　T　F
8. 我们喜欢互相交流。　　　　T　F
9. 当我们一起外出时，时间过得飞快。　　　　T　F
10. 我们总是有很多话想和对方说。　　　　T　F
11. 我们在一起的时候很开心。　　　　T　F
12. 我们在精神上彼此融合。　　　　T　F
13. 我们基本的价值观往往是一致的。　　　　T　F
14. 我们喜欢用同样的方式一起消磨时间。　　　　T　F
15. 我们的确有许多共同爱好。　　　　T　F
16. 我们有许多共同的梦想和目标。　　　　T　F
17. 有很多事情我们两个人都喜欢做。　　　　T　F
18. 即使我们的爱好稍有不同，我对配偶的爱好也很感兴趣。　　　　T　F
19. 无论我们一起做什么，我们通常都会觉得很愉快。　　　　T　F
20. 当配偶某天过得很糟糕时，会告诉我。　　　　T　F

计分：每个 "T" 计 1 分。

10 分或 10 分以上：恭喜你！分数在这个区域内，表示你的婚姻很稳固。由于常常与配偶共同面对生活中的诸多琐事，你积累了一笔巨额的感情储蓄，它能支撑你渡过婚姻中的任何沟沟坎坎，阻止麻烦靠近。你可能很少想起这些微不足道的时刻——你们一起在超市购物、叠衣服，或是在工作期间互相打电话问候对方，但是，正是这些时刻构成了一桩婚姻的心脏与灵魂。你的感情储蓄越有盈余，你们之间的浪漫就越能得以延续，你就能渡过艰难时刻、抵御坏情绪和重大的生活变故。

10 分以下：你的婚姻在这方面还有待改善。在日常生活中，通过学会在微不足道的时刻多向你的配偶靠近，你不但能使你的婚姻变得更稳定，还能让你的婚姻变得更浪漫。每次你努力倾听并回应配偶，帮助对方，你就能使你的婚姻生活一点点好转。

多向对方靠近的第一步是意识到这些平淡时刻的重要性，这不仅关系到你们婚姻的稳定，还关系到浪漫感的持续。对许多夫妻来说，只要认识到不该把日常的相互交流视作理所当然，只要做到这一点，他们的婚姻就会出现天翻地覆的变化。要提醒自己，与去巴哈马群岛度假两周相比，互相帮助会让你们的婚姻更强韧、更有激情。后面的内容会让你在你们的共同生活中向对方靠近变得更容易、更自然。

感情储蓄

你的脑袋里始终要有一笔账，要清楚你在生活琐事上与配偶进行了多少情感交流，这能使你的婚姻获益匪浅。但是，对一些夫妻来说，如果能让他们的感情储蓄变成"真的"，这个概念的效果会更好。绘制一个简单的分类账本，一天当中每向配偶靠近一次，就给自己计 1 分，这样你就能把感情储蓄变成真切可见的数字。当配偶在说话时，你可能不用把你每一次的点头赞许都记录下来，但是，你该把诸如"上班给他打电话，看看会议进行得怎么样了"和"把她的车开去洗车场清洗"这类事情包括进去。

要小心，不要把这种行为变成一种竞争或是补偿，跟踪对方的账户余额，监视谁为谁做了些什么，这样做违背了这个练习的目的。这个练习关注的是你要怎样做才能改善你的婚姻，而不是关注配偶应该做什么但却没有做。这意味着即便你觉得配偶很难相处或是有敌意，你也要试着向配偶靠近。

把存款加起来，减去所有的支出（"忘记给他买袜子了""回家晚了"），你就能计算出你的每日余额或是周余额。为了让这个练习起作用，即便在你不在乎或是远离你的配偶时，你都要坦诚地面对自己。你感情储蓄的盈利越多，你越有可能看到你婚姻的改善，然而，如果积极的变化没能在一夜之间出现，你也不要惊讶。如果你已经没有向对方靠近这个习惯，你也许应该花点时间来看看这个练习的好处。你面临的一个挑战是注意配偶在什么时候靠近你，这也是你配偶面临的挑战。在一项研究中，研究人员在夫妇们的家里对他们进行近距离的观察，结果发现，观察员们观察到的夫妻双方为彼此做的所有积极的事情，幸福的夫妻们几乎全部注意到了，然而，不幸的夫妻对配偶示爱意图的注意还不到 50%。

L O V E **爱情大数据** D A T A

夫妻双方为彼此做的所有积极的事情，幸福的夫妻们几乎全部注意到了，而不幸的夫妻对配偶示爱意图的注意还不到 50%。

尽管你不想让你的分类账本成为竞争的焦点，但是，知道对方在你生活的哪些方面做了投入，这能让你从更多的情感联系中获益。这是有道理的，只有这样，你才会把自己的精力集中在那些会产生巨大影响的地方。后面是一张需要夫妻一起做的活动清单，从洗衣服到打保龄球，无所不包。选择三件你最希望和配偶一起做的事。如果你和配偶已经在一起做某事，但是你希望经常做，或者希望配偶在做这个事的时候投入更多感情，你也可以把这件事选上。例如，你最近每天早晨和配偶一起看报纸，但是你希望配偶能多跟你讨论新闻而不只是默默地看，你就可以把这个事情选上去。

1. 下班后与家人重聚，谈谈这一天是怎么过的。

2. 拟定购物单，购买日用百货。

3. 做饭。

4. 打扫房间、洗衣服。

5. 一起上街买礼物或衣服（给自己、孩子或是朋友）。

6. 两人单独（不带孩子）在外面吃早午餐或是晚餐，或是去你最常去的地方或酒吧。

7. 早晨一起看报纸。

8. 互相帮助对方完成自我完善计划（如上学习班、减肥、锻炼、找份新工作）。

9. 计划并举办一个聚会。

10. 在工作的时候，互相打电话或想想对方在做什么。

11. 在一个浪漫的僻静处待上一晚。

12. 工作日里一起吃早餐。

13. 一起去参加宗教活动。

14. 收拾院子、维修房子、保养汽车。

15. 完成社区工作委员会分派的工作（如当志愿者）。

16. 一起锻炼身体。

17. 周末郊游（如野餐、兜风）。

18. 每天花时间和孩子待在一起，如睡觉前、做家庭作业的时候。

19. 带孩子出去玩（如去公园、博物馆、吃大餐）。

20. 参加学校活动（如家长会）。

21. 与亲戚保持联系、花时间与亲戚相聚（如父母、岳父母、兄弟姐妹）。

22. 招待远道而来的客人。

23. 一起旅行。

24. 一起看电视或电影。

25. 订外卖。

26. 与朋友夫妇进行双重约会。

27. 参加体育活动。

28. 参与自己喜欢的活动（如打保龄球、去游乐园、骑自行车、徒步旅行、慢跑、骑马、野营、划独木舟、航海、游泳）。

29. 在火堆旁一起交谈或阅读。

30. 听音乐。

31. 跳舞、去听音乐会、去俱乐部或者剧院。

32. 为孩子举办生日宴会。

33. 送孩子上学。

34. 出席孩子的运动会或是表演会（独奏会、舞台剧等等）。

35. 付账单。

36. 写信或写卡片。

37. 处理家庭中的医疗相关问题（带孩子去看医生、看牙医、看急诊）。

38. 在家工作时，也通过某种方式让两人产生联系。

39. 参加社区活动（如小型拍卖会）。

40. 参加晚会。

41. 一起开车上下班。

42. 庆祝孩子生活中的重大事件（如满月、毕业）。

43. 庆祝生活中的重大事件（如升职、退休）。

44. 玩电脑游戏。

45. 对孩子的游戏时间进行监督。

46. 计划度假。

47. 一起规划你们的将来。

48. 遛狗。

49. 一起大声朗诵。

50. 下棋或是玩纸牌。

51. 一起表演短剧。

52. 周末一起做事。

53. 做与爱好相关的活动（如画画、雕刻、作曲）。

54. 商量喝什么（如酒、咖啡或茶）。

55. 找个清净的时间两人好好谈一谈。

56. 进行哲学探讨。

57. 参加葬礼。

58. 帮助他人。

59. 一起找新房子或公寓。

60. 新车试驾。

现在，把你的三个选择与对方分享，这样你们俩都会知道怎样才能更好地靠近对方。注意，在我们举办的讲习班中，做这个练习是该课程的一部分，我们发现，有时这个练习能引起冲突。例如：当提到制订周末计划时，迪克说他希望蕾妮能做更多的周末计划，但蕾妮声称她已经做了很多周末计划。为了避免这种情形出现，要记住这个练习确实是一个互相奉承的好机会，你真正想告诉配偶的不就是"我是这么爱你，所以我希望你也更爱我"吗？因此，一定要从精神层面来谈论你的请求。与其对配偶过去没有做到的事表示不满，还不如把心思集中在现在你想要做的事情上。要这样说："在聚会上，如果你能大部分时间都和我待在一起，我会很高兴。"而不是说："你总是把我晾在一边。"

当你们俩都知道配偶选的是哪三件事，并保证要先做到其中一件事时，这个练习的真正好处就显露出来了。夫妻之间要达成一个牢靠的协议，事实上，在讲习班里，我们称之为"契约"。有些夫妻发现，把这些契约以书面形式记录下来，效果会更好，如："我，温蒂，同意参加比尔每周一到周四的遛狗活动。"这个方法听起来可能有点死板、过于正式，但这种协议的方式通常会起到效果，它表达了对你的要求的尊重，因为配偶愿意满足你的要求，所以你感到放心、高兴。这个练习能增进你们之间的浪漫之情，也就不足为奇了。

减压谈话

虽然前面列举的几乎所有的日常活动都能增加你的感情储蓄，但我们找到了其中最有效的活动，即"下班后与家人重聚，谈谈这一天是怎么过的"。"亲爱的，你今天过的怎样？"这种对话可以帮助每个人处理来自婚姻生活之外的压力。根据我的同事尼尔·雅各布森（Neil Jacobson）博士的研究，学会这种交谈对婚姻的长远健康来说非常关键。雅各布森本人也从事婚姻治疗，他发现导致婚姻问题复发的关键因素之一，是来自你生活其他领域的压力是否影响了你们的关系。那些遭受婚姻生活之外的压力蹂躏的夫妻，他们的婚姻问题往往会旧病复发，而那些能互帮互助对付这种压力的夫妻，则会拥有一桩牢固的婚姻。

许多夫妻会无意识地进行这种能使人平静下来的交谈，谈话可能发生在餐桌上，也可能是在孩子睡觉之后。但有时，频繁地交谈并不能达到期望的效果，它反而增加了你的压力，因为配偶并不能认真地听你说。在这种情况下，不管你是一个倾诉者还是一个提供意见的人，你最终会感到非常沮丧。这时你要改变自己这种频繁交谈的沟通方式，确保交谈能让你冷静下来。

作为一个发起谈话的人，你要考虑聊天的时间。有些人还没进门就想开始倾诉，但是，另外一些人在准备交谈之前，需要先一个人静一静。因此，要等到两人都想说话的时候再进行交谈。

选一个特殊的日子，花 20~30 分钟进行这种交谈。记住基本原则：可以谈论任何你想到的事情，除了你们的婚姻。这不是讨论你们之间的任何冲突的时候，就你生活中的其他区域而言，这是一个让你们在情感上互相支持的机会。

这个练习需要积极倾听。**积极倾听是婚姻问题治疗中的经典技巧，也是首选技巧。**积极倾听的目的是让你在不做评判的情况下，换位思考，去聆听配偶的观点。这是个好方法，但是它经常不起作用，因为只有当彼此发完牢骚时，夫妻们才会想起这个方法。夫妻之间很难做到积极倾听，即使做到了，也常常像美国国税局查账一样不痛不痒。当配偶对你进行狂轰滥炸时，你不感到害怕、受伤或是抓狂，几乎是不可能的。

但是，我发现，如果你在讨论中不是配偶针对的对象，那么使用这样的倾听技巧会非常有效。在这种情景下，你感到无拘无束，你会乐意支持并理解你的配偶。只有这种情景下的交谈，才能让你感受到更多的爱和信任，下面我们就详细介绍如何进行这样的交流。

1. 轮流说。夫妻双方每人扮演 15 分钟的倾诉者。

2. 不要主动提供意见。如果迅速为配偶遭遇的困境提出解决之道，对方可能会觉得你把问题淡化了或是不关心这个问题（你本来想帮忙，结果却事与愿违），好像是在说："这并不是一个大问题，为什么你不……"因此，当**你帮助配偶减压时，基本原则是：理解必须先于建议**。你必须让配偶知道，在你提出解决方法之前，你完全理解并同情对方遇到的困境。大多数情况下，配偶跟你谈论这些根本不是叫你想出一个解决方法，你只要做一个好的倾听者就行，或是提供一个哭泣时可以依靠的肩膀。

当提到这个规则时，我发现一个重大的性别差异：与男人相比，女人对别人给出的建议更敏感，也就是说，当妻子向丈夫诉说她的烦恼时，如果丈夫试图立刻给她出主意，妻子的反应通常很消极，妻子希望听到的不是丈夫的建议，相反，她想听到的是丈夫能对她的遭遇表示理解与同情；男人对别人即刻给出的解决方法更加宽容，因此，妻子也许可以直接说出自己的真知灼见。尽管如此，当向妻子诉说工作上的困难时，男人更喜欢得到妻子的同情，而不是解决问题的建议。

在讲习班里，当我告诉那些夫妻，他们的职责是提供支持而不是解决对方的问题时，他们的解脱感几乎是显而易见的。特别是男人，当妻子不高兴的时候，他们陷入了思考，他们认为处理问题是自己的职责。一旦他们认识到提供解决之道不是自己的责任，而且这通常也不是妻子想要的，他们身上的重担就卸下来了。不用给配偶提供建议就能增加自己的感情储蓄，这似乎好得令人难以相信，但事实就是如此。

3. 表示你真的感兴趣。不要心不在焉或东张西望，要把注意力放在配偶身上，要提问题，要有眼神交流，要适时点头，要说"嗯"、"啊"之类的话。

4. 表达你的理解。让配偶知道你同情对方："真糟糕！我也觉得压力太大了，我知道你为什么会有这样的感觉。"

5. 站在配偶那边。这就意味着，即使你认为对方的观点不太合理，你也要支持对方。不要站在对立面，这会让配偶觉得反感或沮丧。

如果你妻子的老板鲍勃因她迟到了 5 分钟而狠狠批评了她，你不能说："哦，好吧，也许鲍勃今天过得很糟糕。"你也千万不要说："你以后不要迟到就好了。"相反，你要说："这太不公平了。"这话不能算作不诚实，此时此刻，你只能这么说。当配偶向你寻求感情支持而不是寻求建议时，你的职责不是作出道德判断或者是告诉对方要怎么做，你的职责是告诉对方："宝贝，你好可怜。"

6. 表达一种"我们一致对外"的态度。如果配偶感觉自己是在独自面对一些困难，你要表示你们是休戚与共的，要让对方知道你们是在共同面对这个问题。

7. 表达爱慕之情。拥抱配偶，把胳膊搭在配偶的肩膀上，说"我爱你"。

8. 正视你的情感。让配偶知道你理解对方的感受。可以说："是的，这真的太糟糕了，我也很担心，我明白你为什么会为此感到生气。"

这里有两个简短的关于减压谈话的例子，这些例子会告诉你什么该做，什么不该做。

不该做的 Don't：

汉克：今天，我同埃塞尔开了一场糟糕的会议，她总是质疑我的学识，还打算告诉老板她怀疑我的能力，我恨死她了。

万达：我认为这是你反应过度的又一个例子（批评）。我见过埃塞尔，她是个很有主意的人，也很通情达理。也许你只是对她担忧的东西太无动于衷了（站在敌人的一边）。

汉克：这个女人就是和我过不去。

万达：这是你臆想出来的，你真得改改这个毛病了（批评）。

汉克：算了，不说了。

该做的 Do：

汉克：今天，我同埃塞尔开了一场糟糕的会议，她总是质疑我的学识，
　　　还打算告诉老板她怀疑我的能力，我恨死她了。

万达：真不敢相信她是这样的人！太卑鄙了，真能搬弄是非（我们一
　　　致对外）！你怎么回应她的（表示真的感兴趣）？

汉克：我说她就是和我过不去，她不会成功的。

万达：她能让任何人变成偏执狂，真不幸你要和她打交道（表达爱意），
　　　我真想找她算账（我们一致对外）。

汉克：我也想，不过还是算了吧，只要不理她就好了。

万达：你老板知道她是什么样的人，其他同事也都知道。

汉克：这倒是真的，老板根本没听她对我的评价。她到处说除了她每
　　　个人都不称职。

万达：她一定会适得其反的。

汉克：希望是这样，不然就太恶心了。

万达：这确实让人不爽！我懂这种感觉（证明情感）。你知道吗，她的
　　　丈夫也讨厌她。

汉克：真的吗？

万达：我听说是。

汉克：我的天！

　　下面是一些特定情景，当你的配偶发牢骚时，这组练习能帮助你在实践
中成为好的支持者。

1. 你妻子的姐姐冲你妻子大喊大叫，因为你妻子没有把两个月前借她
   的钱还给她。你妻子对姐姐的这种态度感到既气愤又伤心（她确实
   欠了姐姐的钱）。

   你会说：

2. 你的丈夫在回家路上收到一张超速罚款单。"那竟然是一个超速监视区！"他喊道，"每个人都会开到 80 迈。为什么只有我收到罚单？"

你会说：

3. 在参加一个重要的工作面试时，你的妻子迟到了。现在她很担心自己因此得不到这份工作。"真不敢相信我会这么蠢。"她抱怨自己说。

你会说：

4. 你的丈夫向老板请求升职，但被拒绝了，他气愤地离开了老板的办公室。现在他担心老板会拿这个事情针对他。

你会说：

参考答案

1. "她让你感到伤心和愤怒，这可真糟糕。"（或者是："可怜的孩子。"）

2. "太气人了！这太不公平了！"（或者是："可怜的孩子。"）

3. "你一点都不蠢，任何人都可能会出这种状况。"（或者是："可怜的孩子。"）

4. "我明白你的感受。"（或者是："可怜的孩子。"）

最后需要注意的是，没有比你的配偶更了解你的人了，有时，配偶提出的建议恰好是你正在寻找的建议。当你觉得有压力时，最好是和配偶谈谈你们俩都喜欢的其他话题。如果配偶大声抱怨他没有得到升职，你可以这么说："显然，你被这件事搅得心烦意乱。我要怎样做才能帮到你呢？你想让我做个倾听者，还是你想让我为你下一步该怎么做出谋划策？"

如果你们每天进行这种谈话，它虽然不能给你带来实际帮助，但是对你的婚姻十分有益。你会带着"配偶是站在自己这一边"这个坚定的信念继续前行，而这也是恒久友谊的基础之一。

正如彼此靠近带来温暖一样，当配偶反其道而行之时，你会觉得配偶在伤害你、拒绝你。夫妻双方互相疏远常常并非出于恶意，而是由于不在乎。在很多情况下，认识到微不足道的时刻的重要性，多多关注彼此，就足以解决这种问题。但有时，夫妻之间的冷漠有更深层次的原因，例如，夫妻中的一人粗暴拒绝了另一人，可能根本原因是因一些积压的冲突而起的敌意。但是，我发现，若夫妻中的一方时常觉得另一方联系不够紧密，这常常是因为他们各自对亲密感和独立性的需求不一致。

婚姻就好像是跳舞，有时你觉得自己被所爱的人吸引，有时你又需要抽身而退，恢复你的自主意识。在这个区域，"正常"需求的范围很广阔，有些人对联系有着更强烈、更频繁的需求，有些人则渴求独立。即使夫妻分别站在这个需求的两端，他们的婚姻也能够运行，只要他们能理解他们有这种感受的原因，并能尊重彼此的差异。然而，如果他们不能做到这一点，受伤害的感觉就很可能越来越强烈。

如果你觉得今天配偶在细小的事情上冷落了你，或者配偶对亲密感的理解要让你窒息，那么，你能为你们的婚姻做的最好的事情就是把它讲出来。一起面对这些问题，会让你们更深入地了解彼此，给予对方真正需要的东西。

XERCISE 爱情实践场
A PRACTICAL GUIDE
FROM THE COUNTRY'S FOREMOST RELATIONSHIP EXPERT

◆ 当配偶不靠近你的时候该怎么做

如果你最近感到受另一方的冷落，或者是被配偶对亲密的需求所淹没，你们俩需要完成下面的练习，然后分享各自的答案。这些问题没有固定答案，它们只是一个供你与配偶进行讨论的出发点。这种方法的基本要求是，当夫妻在细微的事情上疏远对方时，真相往往不止一个，你们两个人的观点都很合情合理。一旦你理解并认识到这一点，就会发现重新建立两人之间的联系不过是自然而然的事。

这一周我觉得：

1. 有防备心	很多	肯定有	有一点	没有
2. 受伤	很多	肯定有	有一点	没有
3. 生气	很多	肯定有	有一点	没有

4. 悲伤	很多	肯定有	有一点	没有
5. 受到误解	很多	肯定有	有一点	没有
6. 被批评	很多	肯定有	有一点	没有
7. 担心	很多	肯定有	有一点	没有
8. 愤愤不平	很多	肯定有	有一点	没有
9. 未被赏识	很多	肯定有	有一点	没有
10. 没有吸引力	很多	肯定有	有一点	没有
11. 有厌恶感	很多	肯定有	有一点	没有
12. 没有支持	很多	肯定有	有一点	没有
13. 想要离开	很多	肯定有	有一点	没有
14. 似乎我的观点并不重要	很多	肯定有	有一点	没有
15. 我不知道我的感受	很多	肯定有	有一点	没有
16. 孤独	很多	肯定有	有一点	没有

这些感受是由什么引发的？

1. 我感到被排斥。	很多	肯定有	有一点	没有
2. 我对我的配偶来说不重要。	很多	肯定有	有一点	没有
3. 我觉得配偶对我很冷淡。	很多	肯定有	有一点	没有
4. 我明确感到被拒绝。	很多	肯定有	有一点	没有
5. 我被批评。	很多	肯定有	有一点	没有
6. 我感受不到配偶的爱。	很多	肯定有	有一点	没有
7. 我觉得我的配偶不再吸引我。	很多	肯定有	有一点	没有
8. 我的尊严受到了损害。	很多	肯定有	有一点	没有
9. 我的配偶专横跋扈。	很多	肯定有	有一点	没有
10. 我根本说服不了我的配偶。	很多	肯定有	有一点	没有

你已经知道是什么导致这种情况的出现，现在是时候看你的情绪反应是否源于你的过去了。查看你对本书第 57 页的练习"我是谁"的回答，看看能不能找到早期的创伤或行为与当前情况之间的联系。下面的核对表能为你搜寻过去与现在之间的联系提供方便。

我最近对婚姻的感觉来自：

◎ 小时候家里人对待我的方式

◎ 上一次婚姻关系

◎ 过去我遭受的伤害、艰难时刻或精神创伤

◎ 我的根深蒂固的恐惧和不安全感

◎ 我还未解决或是放在一边的事情

◎ 我尚未实现的希望

◎ 过去别人对待我的方式

◎ 我自己一直琢磨的事

◎ 我担心的古老的"噩梦"或"灾祸"

　　看了对方对上述问题的回答后，我想你们会明白，你们之间的许多分歧和"事实"无关。我们都是复杂的动物，我们的行动和反应是被各种各样的观点、想法、感受与回忆所支配的。也就是说，姑且不论你对事实的描述是对是错，真实是主观的。这就是为什么你的配偶对过去一周的看法与你的看法会大不相同。在笔记本上简短描述一下你的观点，然后描述一下配偶的观点。

　　认为疏远和孤单的出现全是配偶的错，有这样的错误想法是很自然的事情。事实上谁都没有错。为了打破这个模式，你们必须承认你们两个人都制造了问题（不管这问题起初是多么小）。要做到这一点，你要阅读下面的清单，把所有适用于你的、导致你们疏远或是最近觉得透不过气的事情画上圈。

1. 我一直很紧张、很烦躁。	肯定是的	也许有一点
2. 我没有时常表示对配偶的欣赏。	肯定是的	也许有一点
3. 我一直过于敏感。	肯定是的	也许有一点
4. 我一直过分批评配偶。	肯定是的	也许有一点
5. 我并未和配偶分享太多自己的内心世界。	肯定是的	也许有一点
6. 我一直很沮丧。	肯定是的	也许有一点
7. 我承认自己有点性急。	肯定是的	也许有一点
8. 我对配偶不够深情。	肯定是的	也许有一点
9. 我不是一个很好的倾听者。	肯定是的	也许有一点

10. 我觉得自己有点像个无辜受害者。　　　　肯定是的　　　也许有一点

总的来说，我对现在的情况应负的责任是：

_____

我将来怎样才能让这种情况变得更好？

_____

为了避免这个问题，配偶可以作出哪些努力？

_____

上面的练习能帮你更擅长向对方靠近，帮你增进与配偶之间的友情。夫妻之间的深厚友谊会成为避免冲突的有利屏障，它也许不能事先阻止每一次争吵，但是，它可以防止你们因意见分歧而破坏关系。友谊发挥此作用的方法之一是通过平衡夫妻间的权力。当你尊重对方时，即使你并不同意对方的观点，你通常也能欣赏它。当夫妻间的权力不平衡时，婚姻出现大量的烦恼几乎是不可避免的。

我的下一个法则主要讨论如果夫妻中一方不愿同另一方分享权力时会发生什么，以及如何战胜这种困难。尽管控制欲在丈夫身上更常见，但是，也有很多妻子很难心甘情愿地满足丈夫的愿望，因此，我的第四个法则适用于每一个人。

THE
SEVEN PRINCIPLES
FOR MAKING MARRIAGE
WORK

06

法则4/让配偶影响你

"亲爱的，你说了算！"

The Seven Principles for Making
Marriage Work: A Practical Guide
from the Country's Foremost
Relationship Expert

杰克正在考虑购买一辆蓝色二手本田，买下这辆车似乎很划算，卖家菲尔只开了一个月，因为公司突然把他调去伦敦工作才不得不卖。杰克喜欢这辆车的操控性能和动力性能，但对这辆车的最新型音响系统并不感兴趣。杰克准备做这个交易，但他在付款前想找个机修工来检查一下。"为什么？"菲尔说，"这确实是一辆新车，它只跑了300公里，你可以拿到制造商的保修单。"

"没错，"杰克说，"但是我答应过妻子，没有检查之前，我是不会把车买下来的。"

菲尔咄咄逼人地瞪了杰克一眼。"你让你妻子告诉你怎么买车？"他问道。

"是的，"杰克说，"难道你不是吗？"

"哦，不。我不这样——过去不这样。我离婚了。"菲尔说。

"哦，"杰克轻笑说，"也许这就是你为什么会离婚的原因。"

杰克把车交给机修工去检查，发现车的后保险杠需要更换，杰克最终决定不买菲尔的车。更重要的是，菲尔这种对女人的态度，杰克从来不会买账。杰克把妻子看成是自己的决策伙伴，他尊重妻子，尊重她的意见和感受。他明白，为了让他的婚姻幸福美满，他不得不与妻子分享汽车的驾驶座。

曾经有段时间，对于一个丈夫来说，菲尔的大男子主义不是一种缺点。但是，我们的数据表明，情况不再是这样了。在我们对130对新婚夫妇的长时间研究中，我们发现，即使是在婚后的最初几个月里，与那些抗拒妻子影响的男人们相比，接受配偶影响的男人们拥有更幸福的婚姻，他们离婚的可能性也比较小。从统计数字上看，当男人不愿意同他的配偶分享权力时，他婚姻破裂的可能性是81%。

L O V E 　 **爱情大数据** 　 D A T A

与那些抗拒妻子影响的男人们相比，接受配偶影响的男人们拥有更幸福的婚姻，他们离婚的可能性也比较小。当男人不愿意同他的配偶分享权力时，他婚姻破裂的可能性是81%。

显然，组建或破坏一桩婚姻需要两个人的力量，因此，我们不能把责任都推到男人身上。这一章的目的不是去责骂、痛击或是鄙视男人，妻子应该尊重丈夫，这当然也很重要。但是，我的数据表明，绝大部分妻子，甚至是那些婚姻不稳定的妻子都做到了这一点。这并不意味着她们不会生气甚至鄙视她们的丈夫，这只意味着，通过让丈夫为她的意见和感受出谋划策，妻子允许丈夫影响她的决策，但男人常常做不到礼尚往来。

"亲爱的，你说了算"？

一些媒体错误地使用"亲爱的，你说了算"来概括我对"接受配偶影响"的研究：《周六夜现场》（*Saturday Night Live*）拙劣地模仿这个研究，拉什·林堡（Rush Limbaugh）嘲弄它，《政治不正确》（*Political Incorrect*）的主持人比尔·马厄（Bill Maher）挑剔它。报纸上的一幅漫画让我大笑不已：萨达姆·侯赛因的妻子叫萨达姆去清理垃圾，萨达姆不干，直到他妻子拿起一挺机关枪指着他的头，萨达姆才最终说道："好的，亲爱的。"

我们的研究并未指出，男人应放弃他们所有的个人权力，让妻子统治他们。但我们发现，从长远来看，最幸福稳固的婚姻是那些丈夫尊重妻子，不反对分享权力，与妻子共同做决定的家庭。当夫妻两人意见不一致时，这种家庭中的丈夫会积极寻找他们的共同点，而不是一味地固执己见。

为了得出这些结论，我们有目的地观看了当这些新婚夫妻讨论到某个可能引起冲突的话题时的情形，也观看了他们讨论恋爱史时的情形。分析数据时，我们发现了一个极具震撼力的重大性别差异：尽管妻子有时向丈夫表达了愤怒或其他消极情绪，但是她很少通过增强消极情绪来回应她们的丈夫，她们大部分人不是试着缓和自己的不快就是与丈夫同样生气。如果丈夫说："你不听我的!"妻子通常会说："对不起，我现在在听了。"（缓和消极情绪的修复行为）或者说："我发现听你的很难!"这表明妻子跟丈夫一样生气，但不会更加生气。

但是，65%的男人不会采取上述两种方法中的任何一种，相反，他们的回应加剧了妻子的消极情绪。他们是通过一种特别的方式做到这一点的，即抛出一个末日四骑士（批评、鄙视、辩护或冷战）。如果妻子说："你不听我的!"丈夫要么无视妻子说的话（冷战），要么为自己辩护（"我听了"），要么批评妻子（"我不听你的是因为你说的话都是废话"），要么鄙视妻子（"为什么浪费我的时间"）。利用某个末日四骑士让冲突升级是男人抗拒妻子影响的标志。

丈夫宁愿用四骑士盖过妻子的话、摧毁她的观点，也不愿注意她的感受。不管怎样，这种方法都会导致婚姻不稳定，即使丈夫并不经常以这种方式来回应妻子，他们婚姻破裂的可能性还是高达81%。

尽管在起冲突的时候，妻子和丈夫要避开四骑士这一点非常重要，但更重要的是，当男人利用某个四骑士来扩大冲突时，要意识到四骑士对婚姻的危害。我们的数据没能解释为什么会出现这种差异，但一般说来，女性更愿意接受丈夫的影响，这也许能解释我们研究结果中的性别差异。因此，尽管这一结论能让夫妻双方意识到要避免用这种方式导致冲突升级，但最重要的是要让丈夫意识到，他这么做的时候，就为他们的婚姻带来了更多风险。

反抗的迹象

我见过很多怒气冲冲的丈夫，也同很多愤怒的电台脱口秀主持人争辩过，这让我知道有些男人明目张胆地拒绝与他们的妻子分享权力。即使是在性别平等的时代，仍旧有些男人粗鲁地拒绝考虑妻子的任何意见。当他们做决定时，从来不会考虑妻子的感受或想法。

有些男人声称，宗教信仰要求他们掌控婚姻，也要求他们支配自己的妻子，但是，我知道没有哪种宗教说男人应该恃强凌弱。我不提倡某种涉及男人与女人角色的精神信仰体系。我们的研究包括那些相信男人应该成为家庭主心骨的夫妻，也包括那些持男女平等观念的夫妻。在这两种婚姻里，高情商的丈夫弄明白了一件大事：如何传达敬意与尊重。世界上所有的与人生相关的论点都与爱配偶、尊重配偶的理念相协调，而这就是"接受配偶影响"的内涵。你真的想作出一些让你妻子感觉自己不受尊重的决定吗？这真的与宗教信仰是一致的吗？不是的。

这让我想起一位同事，他叫达纳·凯尔（Dana Kehr），摩门教的一位主教。传统的摩门教教义赞扬父权制，认为家庭中的一切决定应该由丈夫来做。但是，凯尔与他的妻子有婚姻情商，凯尔认为他的信仰与接受妻子影响之间没有任何冲突。他告诉我："我不会作出一个她不同意的决定，这对她很不尊重。我们会不停地交谈，直到我们两人都同意，然后我再作决定。"凯尔直觉地认识到，除非两人彼此尊重，不然婚姻不会幸福。无论你信仰哪种宗教体系，这都是事实。

在许多情况下，我怀疑那些抗拒妻子影响的男人们甚至没有意识到自己的这种倾向。那些认为自己是女权主义者、与妻子相处融洽的男子都有点名不副实。

查德是一名勤奋的软件工程师，如果你抽象地问他对性别角色的看法如何，他会毅然地站在男女平等这一边，但是，在他和妻子玛莎刚刚搬进去的新家里，事情可不是这样的。一天晚上，他宣布说那个星期四他要工作到很晚，玛莎提醒他，她的母亲星期五要过来看他们，她希望他能帮忙打扫房子，准备好客房。"和你在一起我真的很烦！"玛莎直率地说，"难道你忘了我母亲要来吗？为什么不调整你的工作安排呢？"

"为什么你不记得我有个大项目要做呢？我没法改变我的工作安排，我必须得工作，也许甚至整个周末都要工作。"查德说。他的回答是火上浇油，他起先没有回应玛莎的抱怨，而是自我辩护，反过来抱怨玛莎，为什么她不记得他的工作安排。然后他暗示他的工作时间会比他一开始说的要长，借此来威胁她，这确实是一种挑衅行为。

玛莎非常愤怒，她朝他说了很多偏激的话，然后跑出了房间。查德觉得自己被欺负了，毕竟，他不得不工作。像往常一样，玛莎的愤怒似乎无处不在，查德的心在狂跳，头也嗡嗡作响，他被消极情绪淹没了，这让他很难清楚地思考问题或者想出一个解决方案，他想的全都是如何逃避妻子的不公正和无理取闹，没心情去寻找一个妥协的方案。查德觉得自己受了委屈，于是拿出一瓶啤酒，打开了电视。当玛莎回到房间想和他谈谈时，他装作没看见。当玛莎开始哭泣时，查德宣称自己要早一点睡，离开了房间。

在这个场景中，肯定有许多地方处理不恰当。玛莎以苛刻的方式开始谈话，完全没把查德往妥协的道路上引，但玛莎的这种反应是有原因的，她妈妈住在加拿大，玛莎很少回去看她。玛莎为她妈妈的这次来访准备了一个月，她多次告诉查德，能带她妈妈参观他们的新房子她是多么兴奋，她妈妈终于能和外孙们相处一阵子了。

当查德淡淡地说他会工作到很晚时，他甚至没有想到这会对他岳母的来访造成影响。玛莎知道查德压根儿记不起她母亲要来，即使记得这事，也会觉得和工作相比，岳母的来访显得没那么重要。查德总是不先同玛莎商量就自己做决定。正如玛莎所说，因为查德过去总爱沉浸在"自己的世界"，当他一宣布他的决定时，玛莎就气不打一处来。

通常，一对夫妻这样的争吵中，有太多可以指责与反指责的地方，往往很难找到根本原因。但是，在玛莎与查德的案例中，线索是显而易见的，争吵的根本原因是查德不愿意接受妻子的影响。当玛莎变得消极时（"和你在一起我真的很烦"——直截了当的抱怨），查德通过扩大冲突来回应她，好战和第三位骑士"辩护"登场了。玛莎火冒三丈，而查德觉得自己被消极情绪淹没，他开始冷战，于是，第四位骑士也出现了。他们的婚姻正如急转直下的瀑布，朝着离婚的方向而去。

想一想，如果查德没有为自己辩护，而是向玛莎道歉，承认他被工作压得喘不过气来，因而忘记了她母亲的即将来访，玛莎和查德的感受会有什么不同？或者，如果这一次争吵过后，查德能做出一些感情修复行为，玛莎或许仍然会感到不舒服，但她不会觉得自己不受重视。如果查德任凭玛莎发泄她的怒气，不为自己辩护或是变得好战，玛莎也许会冷静下来，然后他们会一起解决这个问题。

接受配偶的影响并不意味着从不向配偶表达消极情感。婚姻能在大量的愤怒、抱怨甚至是批评里存活下来。压抑自己对配偶的消极情感对你的婚姻不但没好处，而且对你的血压也没好处。如果妻子只有小小的不满，做丈夫的不是把话说得和缓些，或者顶多以同等强度回应妻子的消极情绪（吼回去、抱怨等等），而是对妻子的不满报以接二连三的反击，事情就闹大了。

任何一个不想接受妻子更多影响的男人，都应该考虑接受妻子影响的诸多好处。研究表明，与那些丈夫不反对妻子对自己施加影响的婚姻相比，丈夫不愿同妻子分享权力的婚姻早晚会终结，不幸福的可能性是前者的 4 倍。我们一次又一次地看到，当丈夫同妻子分享权力时，末日四骑士就不太可能在婚姻生活中出现。很大一部分原因是因为妻子即使心烦意乱的时候，也不太可能用一种苛刻的方式去指责丈夫。如果妻子没有被丈夫激怒、挫败或羞辱，她更会倾向于开始一场没有批评或蔑视的艰难讨论。

L O V E **爱情大数据** D A T A

与那些丈夫不反对妻子对自己施加影响的婚姻相比，丈夫不愿同妻子分享权力的婚姻早晚会终结，不幸福的可能性是前者的 4 倍。

另一个原因是，这些婚姻如此成功是因为它们有一个可供妥协的坚实基础。毕竟，你越是认真地听取配偶的话，并考虑对方的意见，你就越有可能找到一个让你们俩都满意的解决方法。如果你对配偶的需求、意见或价值观充耳不闻，你就是想妥协也没机会。

丈夫能从妻子身上学到什么

也许最重要的是，当一个丈夫接受妻子的影响时，通过巩固与妻子的友谊，丈夫那开明的态度也给他的婚姻增添了更多希望。这样他就更容易遵循前三个法则，即完善他的爱情地图、加强喜爱与赞美、把靠近配偶当作一件自然而然的事。

这种情况的出现，不仅仅是因为没有频繁的权力争斗从而使婚姻生活变得更愉快，还因为这样的丈夫愿意向妻子学习。毫无疑问，女人能教给男人许多关于友谊的知识。在这方面，戴夫·巴里（Dave Barry）在《男人大全》（*The Complete Book of Guys*）一书中认为，男人与女人有着巨大的差异。巴里详细讲述了每年他和妻子同老友们聚会的事情，女人们一见面，立刻你一言我一语，展开一场热烈的关于她们内心感受的交谈，而男人们则一起看体育比赛。男人们偶尔也会有点情绪化——通常是在决定订哪种口味的比萨时。聚会结束后，巴里的妻子会说一些这样的话："乔治做了截肢手术，但现在看来他已经适应了，真令人惊讶！"而巴里则假装他当然注意到乔治失去了一条腿。这个故事也许有些夸张，但是很有趣，因为它揭示了一个基本道理，即与男人相比，女人更倾向于谈论和理解他人的感受。

我不是说所有的女人在情感上都比男人高明、比男人有更好的人际技巧，也有许多女人对交际的微妙之处一无所知，对他人也不太敏感。但是，女人的情商通常比她们的丈夫更高有一个简单的理由：女人有着获取这些技能的巨大先机。在观察任何一个游乐场里的儿童时，你会从他们的行动上看到契机。小男孩关注的是游戏本身（通常是奔跑追逐游戏），不是他们彼此的关系和他们的感受，但是，对小女孩来说，感情是首要的，如果有人哭着说"我不再是你的朋友"，游戏就会冷冷地收场，而游戏是否会再次开始，取决于两个女孩子是否言归于好。

> 即使一个小男孩与一个小女孩玩同一个玩具，性别差异也很明显。4 岁的内奥米和她最好的朋友埃里克分享一个玩具娃娃，内奥米想假装这个娃娃是她和埃里克的孩子，他们打算把娃娃带给朋友们看（以人际关系为基础的游戏）。埃里克陪内奥米演了大概 10 分钟，就开始掌控游戏。"嘿，内奥米，这个孩子死了！"埃里克叫道，"我们必须立刻送他去医院。"他爬上一辆想象出来的救护车，掉头往医院开。"慢点，慢点！"内奥米劝他不要开得太快。突然，他们俩变成了外科医生，挽救了婴孩的生命。（埃里克想让内奥米扮演护士，但是她拒绝了，她认为女孩子也可以成为外科医生！）宝宝得救后，游戏继续按内奥米的想法进行，他们要把孩子带给朋友们看。

内奥米和埃里克的游戏风格都非常有趣，讨人喜欢，但一个明显的事实是，由于关注的是人与人之间的关系，"女孩子气"的游戏为婚姻和家庭生活作了更好的准备。一般说来，男孩子的游戏单里甚至不包括以婚姻关系和家庭为主题的游戏。想想看，虽然缺了新娘服装，幼儿园的换装角落是不完美的，但是，你在换装区里永远看不到新郎装。

男孩和女孩游戏风格的不同源自哪里呢？由于这几乎存在于每一种文化中，所以我怀疑它主要是由生物学而不是社会方面的因素导致的。但是，无论是先天因素还是后天因素造成了这些差异，它们的作用都是不可否认的。由于孩子的游戏强调社交互动和情感，在童年结束之前，女孩子接受了大量的情感教育，而男孩子学会了如何踢球。一个男孩在玩耍时与他人合作和迅速解决冲突的经历，会给他将来在会议室或是施工现场工作时带来好处。但是，如果它是以牺牲理解妻子观点背后隐藏的情感为代价得到的，这好处就会成为他婚姻的负累。

随着年龄的增长，男孩很少同女孩玩，因此，男孩失去了向女孩学习的机会，在培养上的差异也进一步扩大。在幼儿园期间，男孩与女孩是好朋友（如内奥米和埃里克）的比例是35%，到他们7岁的时候，这一比例几乎骤然跌至零。从那时起一直到青春期，这两种性别很少或者几乎没有任何联系。

这是一个世界性的现象，人们对这种自愿隔离有很多解释。埃莉诺·麦科比（Eleanor Maccoby）博士是斯坦福大学的心理学家，她提出了一个有趣的理论，这个理论与我关于"接受配偶影响"的研究结果相吻合。麦科比发现，即使是在年龄很小的时候（1岁半），小孩子一起玩时，男孩只会接受其他男孩的影响，然而女孩却能平等地接受女孩和男孩的影响；5~7岁的时候，女孩子受够了这种状况，不再想着要同男孩子玩；从7岁一直到青春期，我们的文化（实际上是所有的文化）没能提供正式的机会以确保男孩和女孩继续接触。

随着内奥米和埃里克的长大，他们俩对家务活的知识差异愈发明显。一旦某对情侣住到一起或是订婚，准新郎会突然陷入一个他或许非常陌生的世界。在百老汇戏剧《为穴居人辩护》（*In Defense of the Cave Man*）中，一个男人说，当他第一次结婚时，他看见妻子在打扫浴室，于是问妻子："我们要搬家了吗？"在他单身的日子里，只有在搬家的时候，他和室友才会费心打扫浴室。许多年轻的丈夫发现，他们要从妻子身上学习很多关于收拾房子的知识。

在任何一家家居店，你都可以看到年轻的未婚男性脸上典型的惊讶表情。他既不知道也不关心塔夫绸与印花棉布之间的差别，所有的瓷器和银器样式对他来说都非常相似。萦绕在他脑海的是：逛家居店好麻烦。还有，如果他突然转身，将会造成 10 000 美元的损失，因为所有的货架都是用玻璃做的，货架间隔大约半米；也许店家这么摆放就是为了吓吓他这样的男人。他对此会如何反应？如果他能很快听到自己说："嘿，这个样式真好。"一个高情商的丈夫就诞生了。

高情商的丈夫

我们关于新婚夫妇的研究数据表明，很多丈夫是通过前面提到的方式作出改变的。在我们的研究对象中，35% 的男人可归入这一类。几十年前的研究表明，这个数字过去要低一点。由于这种类型的丈夫能够尊重他们的妻子，他也就愿意从妻子身上学习更多的情感知识。他能了解妻子的世界，了解他的孩子和孩子的朋友。他可能不会像妻子那样，用同样的方式表达情感，但是，他会学习如何在情感上与妻子更好地沟通。当他这么做时，他就作出了选择，表明了对妻子的尊重。当他在看球赛而妻子想说说话的时候，他会关掉电视听她说话。他把"我们"放在"我"之上。

我相信，高情商的丈夫是社会演化的下一步，但这并不意味着他们在性格、教养或道德品行上比其他男人优秀，这类丈夫只是弄明白了一些关于婚姻的非常重要的问题。这些问题就是：如何尊敬妻子，如何向妻子传达他对她的尊重。

由于修改了成功的定义，这种新型丈夫会优先考虑他的家庭生活而不是他的工作。与之前的丈夫们不同，他自然而然地会在他的日常生活中执行前三个法则：绘制一份详细的关于妻子的爱情地图；保持对妻子的喜爱与赞美；通过在日常事件中关注妻子，他向她表达了赞美与喜爱之情。

高情商的丈夫所做的事情不仅对他的婚姻有好处，他的孩子也受益匪浅。研究表明，能接受妻子影响的丈夫往往也是一位杰出的父亲，他熟悉孩子们的生活，知道他们有哪些朋友，害怕什么。由于他能正视自己的情感，他会教孩子们尊重自己的感受，尊重自己，他也可以为孩子们关掉自己想看的球赛，因为他想让孩子们记忆中的父亲是爱和他们玩的。

家里有这样一位新型丈夫和父亲，生活就会变得更有意义，变得丰富多彩，而家庭的美满幸福则让男人更富创造性，工作更有效率。由于丈夫和妻子联系紧密，不仅当妻子感到困扰的时候，她会去向丈夫求助，当她高兴的时候，她也会和丈夫分享她的快乐；当城市被一场美丽的初雪惊醒时，他的孩子们会跑到他身边，要求一起去赏雪；当他活着的时候，家人会关心他，当他去世的时候，家人会为他的离去而悲痛不已。

另外一种类型的丈夫和父亲则比较悲惨。他要么用愤怒来回应男人权力的损失，要么觉得自己像个无辜的受害者；他要么变得更加专制，要么退到一个孤独的壳中，保护他仅剩的一点东西；他没能给予他人更多的尊重，因为他忙着寻找他应得的尊重；他不会接受妻子的影响，因为他害怕任何进一步的权力损失。因为他不能接受别人的影响，他也没有太大的影响力。结果，当他活着的时候，没有人关心他；当他去世的时候，没有人为他哀悼。

变化：从男人当家到男女平权

尽管在传统的婚姻中，也有善于接受妻子影响的男人，但事实是，"夫妻权力分享"是一个比较新的概念，它是在过去几十年间发生的巨大社会变动之后出现的。"掌权当家"曾经是丈夫的行为准则，但是时代已经发生变化了。

或许这一切听起来像是在走女权主义路线，但这的确是事实。现在，有超过 60% 的已婚女性在外工作，男人作为唯一经济支柱的现象正在逐渐减少。日益增多的女性工作岗位不仅让女性有了自己的收入和经济地位，还让她们有了自尊心。如今，我们见到的夫妻之间的大量核心问题都与性别角色的变化有关，妻子常常抱怨丈夫仍然没有做他那份家务活，仍然不愿照看孩子。这不仅是年轻夫妇的问题，我们在结婚 40 年或 60 年的夫妻身上也看到了同样的问题。愿意接受妻子影响的丈夫会拥有一个幸福的婚姻，而不愿接受妻子影响的丈夫，他们的婚姻则会风波迭起。正如一个不幸的丈夫指出的："我和琼·克莉佛①结婚，但她却变成了墨菲·布朗②，这不公平，我没有料到事情会变成这样。"

有些男人不能适应丈夫角色的转变是可以理解的。数个世纪以来，人们期望男人照顾他们的家庭，这种责任感和权力通过许多非常微妙的方式一代代从父亲手中传给儿子。因此，丈夫角色的改变对许多男人来说是一项挑战。

一些男人或许会反抗他们妻子的影响，因为他们仍然相信性别角色的剧变只是昙花一现，或是认为事情走向极端之后很快就会恢复原来的态势。但是，有科学证据证明，我们生活在一个文化转型的时代，转变不可逆转。人类学家佩姬·桑迪（Peggy Sanday）博士是宾夕法尼亚大学的教授，她专门研究并比较全世界的采猎文化。表面上看，我们的生活似乎跟桑迪研究的人群大不相同，但是，人的本性是基本一致的。桑迪发现了某些要素，这些要素能决定一种文化是男权文化还是男女平等文化。桑迪也研究了文化朝某个方向转变时留下的信号。

根据桑迪的研究，男权社会的特征如下：

1. 食物匮乏，生活艰辛，周围的环境中潜藏着种种危险。

---

① 电影《反斗小宝贝》（*Leave It to Beaver*）中的人物，以既温柔又严格的方式养育两个儿子，是一个 20 世纪 50 年代家中完美主妇的母亲形象。——译者注

② 电视剧《墨菲·布朗》（*Murphy Brown*）的女主角，在 FYI 新闻电视网当记者，也是一位单亲妈妈，自私、顽固、性格急躁，但精明干练、有魄力。——译者注

2. 大型动物的肉差不多总是比其他食物更珍贵，猎杀大型动物差不多全部是男人干的活。

3. 男人不用分担照顾和抚养婴儿的任务，他们也许会照料孩子，但不是婴儿。

4. 在这种文化的神圣象征中，女性的图像非常有限，尤其是在它的创世神话中。

桑迪发现，含有这些要素的文化是最极端的、也是由绝大多数男性统治的文化。当这些要素向另一个相反的方向转变时，这种文化也会向男女平等模式转变。在男女平等的文化模式中，男人和女人共同分享权力。考虑以下几点，我们文化中发生的转变则不足为奇：

1. 食物充足，环境状况良好，强制执行的法律使大部分人感到相对安全。

2. 男人不再是唯一的养家糊口之人或是寻找食物的"猎人"。

3. 许多男人希望参与照料和抚养婴儿，陪妻子上产前课程的男性数量急剧增长。孩子出生的时候，他们在一旁守候，并且分担给孩子换尿布、喂食及洗澡的任务。星期天去公园散步，你可能会看到背着婴儿袋、推着婴儿车的年轻父亲。很多女人觉得男人在照顾婴儿上还做得不够多，但是很明显，男人的态度已经有所改变。

4. 在我们文化的神圣象征中，女性图像的影响力量逐渐增强。在天主教中，崇拜耶稣基督的母亲圣母玛利亚的人越来越多。不仅崇拜的人增多了，玛利亚的角色也发生了巨大的改变，她从一个圣灵的被动接受者变成一个在遇到天使加百利后，勇敢积极地选择做母亲的人。她代表那些恳求者，用爱、怜悯与理解来抚慰他们。

当然，不是所有的婚姻都变得更加平等，许多男人仍然脱离家庭生活，然而，越来越多的人正在寻求指点以应对这场变革。在目睹有组织的男性运动日益普及之后，现在，人们在华盛顿游行不是要求政治变革，而是要为他们在家庭中的新角色立下誓言。无论你对这些团体的看法如何，它们的存在都是社会关系发生巨大变化的征兆，而这种变化让许多男人感到迷惘、不知所措。

男人面临的挑战是如何应对这场伟大的变革。我们的研究明明白白地指出，唯一有效的方法是接受变革，而不是对其表示愤怒与敌意。根据丈夫是否愿意接受妻子的影响，我们一次次地把幸福的夫妻同婚姻不稳定的夫妻区别开来。

学会让步

或许这两种丈夫的根本差异是，"新型"丈夫知道，在日常生活中，他常常要通过向妻子让步来获取胜利。当你驾车穿越任何一座现代城市时，你会遇到一些令人沮丧的瓶颈路段和意想不到的路障，它们挡住了你的去路。你可以采取以下两种办法来对付这些让人难以忍受的状况：一种方法是把车停下，义愤填膺地坚决要求移开这讨厌的障碍物；另一种方法是绕过去。前一种方法最终会让你气得心脏病发作，而第二种方法（我称之为向胜利让步）会让你回到自己的家。

丈夫向胜利让步的经典例子是普遍存在的"马桶盖问题"。当丈夫便后没有把马桶盖盖上时，即使妻子只需花千分之一秒的时间就可以把盖子盖上，她的典型反应仍然是火冒三丈。对许多女人来说，竖起的马桶盖是男性权力意识的象征，因此，男人只要把马桶盖盖上就能赢得妻子的好感。当把马桶盖盖上时，聪明的丈夫会笑着赞许自己的精明。

接受配偶的影响不仅是一种应有的态度，它也是一种可以磨炼的技能，前提是你能注意到你和配偶是怎样联系的话。在你的日常生活中，如果你能接受妻子的影响，这就意味着通过遵循前面三章的建议和练习，幸福婚姻的前三个原则在你身上起作用了。遇到冲突时，关键是要愿意妥协。找到配偶的要求中你能妥协的地方，冲突就能得到解决。例如，查德把玛莎惹怒了，因为他在玛莎母亲约定要来拜访的日子里工作到很晚。查德可能没法向玛莎妥协，因为平常的工作量已经很大了，他没法提前完成更多工作。但是，他或许可以调整工作时间。比如，查德或许可以推迟到星期五晚上再工作，这样他至少可以帮玛莎为她母亲的来访做好准备，或者玛莎和母亲可以周六带着孩子们去参加足球训练（这一直是查德的任务），这样查德就可以利用这段时间完成一些工作。

如果尽管做了很大的努力，男人还是没法在某个特定的问题上接受妻子的影响，这就表明某个未注意到的、无法解决的问题正在阻碍他的尝试。在这种情况下，关键是利用第10章的建议，学会处理无法解决的问题。

> 蒂姆和凯拉这对夫妻是我们的研究对象，他们就面临着这种左右为难的困境。他们经常因为蒂姆的朋友巴迪而争吵。凯拉不喜欢巴迪，认为巴迪不是他们的朋友。巴迪失业了，还经常和他的同居女友打架，打闹之后他会喝得醉醺醺地来找蒂姆，然后，"砰"的一声瘫倒在他们客厅的沙发上。凯拉害怕巴迪会带坏蒂姆，她还把巴迪时常在他们家出现视作一种入侵和威胁。但是，无论凯拉怎么劝说，蒂姆坚决认为这是他的家，他可以邀请任何他想邀请的人。当凯拉不赞同他的这一想法时，蒂姆就实行冷战，这让凯拉非常生气，她开始吵闹。蒂姆指责她才是那个有问题的人而不是巴迪，凯拉被蒂姆的态度弄得火冒三丈。就像凯拉看到的，蒂姆不承认他的家也是凯拉的家，他也拒绝承认他必须和凯拉共同决定谁是他们家的贵客。

当我采访蒂姆和凯拉的时候，发现蒂姆不愿接受凯拉的影响似乎是他们问题的核心，尤其是自从蒂姆承认他在这个问题上没有妥协的余地之后。然而，当我问蒂姆，他和巴迪的友谊对他意味着什么时，我发现这里面还有更多的故事。蒂姆解释说，他和巴迪从孩提时便是朋友了，上高中的时候，蒂姆的父母经历了一场痛苦的离婚，蒂姆的家庭生活分崩离析，他在巴迪家的沙发上度过了无数个夜晚。蒂姆认为他现在有责任帮助这个曾经帮助过他的朋友。他觉得凯拉是在让他抛弃巴迪，他觉得这么做很丢人。他不担心巴迪会带坏他，他相信自己是一个稳重的已婚男人，他以自己能帮助朋友而感到自豪。

L O V E   **爱情大数据**   D A T A

引发棘手婚姻问题的人 80% 多是妻子，而她们的丈夫却试图回避这些问题。这不是婚姻不幸的征兆，大部分幸福的婚姻也有同样的情形。

蒂姆对巴迪谈得越多，问题也就越清晰，他和凯拉是在同他们婚姻中一个永久性的问题（他们对友谊与忠诚的看法）搏斗。在认识到这一点并一起面对这个问题之后，情况就发生了改变。蒂姆不再认为他有权在家里想干什么就干什么，凯拉承认是蒂姆"得寸进尺"的态度而不仅是巴迪的出现，让她非常生气。凯拉告诉蒂姆，她真的很佩服他对友人的忠诚，这也是她喜欢他的一点，她只是担心巴迪利用他。蒂姆也承认巴迪是一个"瘾君子"。通过确定他们讨论的问题是一个永久性的问题，并且同意和凯拉共同解决这个问题，蒂姆事实上接受了妻子的影响。最后，他们同意巴迪可以继续把他们的客厅当作临时住处，但是不能像以前一样长住。

要让蒂姆接受妻子的影响，先得弄清楚他们之间总是绕不过的问题的核心是什么。但是，在大多数情况下，让丈夫接受妻子影响的关键是，丈夫首先愿意同妻子分享权力，然后能在生活中不断实践这一想法。丈夫可以从问答游戏开始，这会让你知道你对妻子影响的接受程度。当然，妻子也可以玩这个游戏。你们俩越是愿意接受对方的影响，你们的婚姻就会越融洽。完成下面这些有趣的练习，这可以帮助你提高与他人分享权力的能力。

T EST
爱情测试

接受配偶影响问卷

阅读每一句话并在"正确"（T）或"错误"（F）上画圈。

1. 在一些基本问题上，我对配偶的意见很感兴趣。　　　　　　**T** **F**

2. 即使我们的意见不一致，我也常常能从配偶身上学到很多东西。

　　　　　　　　　　　　　　　　　　　　　　　　　　　T **F**

3. 我希望配偶觉得自己说的话对我真的很重要。 　T　F

4. 一般而言，我希望配偶能感觉到自己在婚姻中很有影响力。
　　　　　　　　　　　　　　　　　　　　　　　　T　F

5. 我能听取配偶的意见，但有一定限度。 　T　F

6. 我的配偶有许多基本常识。 　T　F

7. 即便有分歧，我也会试着向配偶传达我的尊重。 　T　F

8. 如果我努力说服配偶，我最终会成功。 　T　F

9. 我不会立刻拒绝配偶的意见。 　T　F

10. 讨论问题时，配偶不够理性，不值得认真对待。 　T　F

11. 我相信在我们的讨论中从彼此身上学到很多。 　T　F

12. 我的话很有说服力，我常常能在和配偶的争论中获胜。 　T　F

13. 做决定的时候，我觉得我有很大的发言权。 　T　F

14. 配偶经常有好点子。 　T　F

15. 在解决问题方面，配偶经常给我很大帮助。 　T　F

16. 即便我不同意配偶的意见，我也会努力充满尊敬地聆听。 　T　F

17. 我的解决问题的点子常常比配偶的要好。 　T　F

18. 站在配偶的立场上，我通常也能赞同某些东西。 　T　F

19. 配偶常常太情绪化。 　T　F

20. 在婚姻生活中，重大决定需要由我来做。 　T　F

计分：

除第 5、8、10、12、17、19、20 题外，其余每个 "T" 选项算 1 分。

第 5、8、10、12、17、19、20 题选 "T" 选项的，要扣 1 分。

6 分或 6 分以上：分数在这个区域内表明你的婚姻很稳固，你愿意与配偶分享权力，这是高情商的婚姻的标志。

6 分以下：你的婚姻在这个方面还有待改善，你不太能接受配偶的影响，这会导致婚姻变得非常不稳定。改善这种状况的第一步是弄清楚接受对方的影响意味着什么。如果你仍然不明白和配偶分享权力的重要性，请再仔细阅读这一章。下一小节会告诉你具体怎么做。

情景演练

下面的例子是我所研究的夫妻们面临的一系列普遍状况，试着想象这些情景，想象你和妻子也是有这种冲突的人。（如果是妻子在做这个练习，需要根据问题的既定情景相应地转换性别。）你越是逼真地把自己置于每一种情景中，这个练习就越有效。在这些情景中，无论你把配偶的反应想象得多么消极，你都要把这种消极性看作是她对这个问题的重要性的强调，而不要把它看作是对你的攻击。也就是说，你要回应配偶所传达的信息，而不是她说话的语气。假定它传递的是你可以轻易同意的合理请求，在你的笔记本上用一句话描述这个合理的请求（在某些场景中，需求是隐含的，而不是直接说出来的）。然后写下那些你要说的、表达你的合作意愿的话。这些练习没有正确答案，但是，你可以在后面找到每个场景中最有效的答复范例。

> **例子**：当你下班后疲倦地回到家，你想先吃晚饭，然后看看电视。但是，你的妻子在家里忙碌了一整天，她希望出去走走。这天晚上，她很生气，说你不体谅她，无视她想出去走走的需求，你说你太累了，晚上不想做任何事。她吼道："那我呢？如果我不能出去走走，和其他人接触接触，我会疯掉！"
>
> 妻子要求中合理的部分：离开家，出去走走。
>
> 你说：你在家待得这么难受，我也很难过。不如这样，我们在家先吃一顿惬意的晚餐，这样我也能休息一会儿，然后我们再出去吃些甜点，你觉得怎么样？

1. 你和妻子最近相处得不太好，部分原因是你认为她花钱太多。现在她正要求你接受昂贵的婚姻咨询服务，而你向她指出，在削减其他方面的开支之前，你们根本没有钱来支付咨询费用。你的妻子说："我不同意，我们一定要接受婚姻咨询，这就好像要借钱去过一个必要的假期一样，我们必须这样做！"

妻子要求中合理的部分：

你说：

2. 自从妻子离职以来，你就要求她打扫房间，在你回到家的时候准备好晚饭。今晚你回来后发现，洗好的衣服没叠，晚饭也没有准备好。你向她抱怨，她说："你从来没有留意我这一天干了多少活，你体会不到为了让这个家维持运转需要做多少事。"

妻子要求中合理的部分：

你说：

3. 最近，你爱去当地的酒吧和几个朋友一块喝酒，你和妻子经常为此争吵。今晚你在酒吧时，她不停地给你打电话，说如果你不立刻回家，她就会去酒吧找你。当你终于回到家时，她哭着说："与其把你所有的空闲时间花在和朋友们泡吧上，为什么你就不能带我去跳舞呢？"

妻子要求中合理的部分：

你说：

4. 星期六的下午，你的妻子在打扫房间，她告诉你房子有些地方需要修缮。你觉得她不愿意在其他方面节省开支来支付修缮房子的费用。她说："你总认为我需要的东西不重要，而如果你需要什么东西，你就会找到所需的钱。"

妻子要求中合理的部分：

你说：

5. 过去几天里，你的妻子一直抱怨你在与她做爱的时候不够多情和体贴。今晚做爱后，你妻子说她不满意，希望你能多抚摸她。你告诉她你不习惯用这种方式做爱，她说："我明白你的感受，但是我们得学会如何使对方更兴奋，我也会设法帮助你。"

妻子要求中合理的部分：

你说：

6. 你下班后回到家，首先要做的是让自己舒服起来，你会喝点饮料、看看报纸、脱下你的鞋子和袜子。有时你会把客厅弄得有点乱，但是当你吃完晚饭，有了更多的力气之后，你通常会把客厅收拾干净。有一天晚上，你没有收拾客厅，你的妻子说："你把东西扔得到处都是，真让我抓狂！我也很累，我不喜欢跟在你屁股后面捡东西，为什么你不能在吃晚饭之前就收拾好呢？"

妻子要求中合理的部分：

你说：

7. 最近手头有点紧，因此你和妻子商量了一个对策：每次买东西前都要一起商量。今晚你回到家，你的妻子说她买了一些新灯泡，院子里的灯刚刚坏了，需要换掉。她说之所以事先没跟你商量，是因为情况紧急，除非灯一直亮着，不然她晚上觉得不安全。你告诉她这些灯也许很必要，但是你买不起，她说："不管我们买得起买不起，我们都需要这些灯。"

妻子要求中合理的部分：

你说：

8. 为了给妻子一个惊喜，你决定买辆新车。当她看到这辆车时，她感到非常烦躁，说："这太可怕了！我绝不会开它，把它退回去！"

妻子要求中合理的部分：

你说：

9. 你刚刚下班回家，感觉很疲倦，你还得去一趟五金店。你的妻子在家带孩子，她说孩子们把她折腾了一天，她让你带着孩子们去五金店，这样她就能单独待一会儿了。

妻子要求中合理的部分：

你说：

10. 你喜欢熬夜，熬夜时要么工作，要么看电视，而你的妻子想在晚上 11 点时准时睡觉。某天晚上 10 点半左右，她来到你看电视的房间叫你回去睡觉。她说每次都是她睡着了你才去睡觉，这让她很恼火，因为她希望多和你做爱。

妻子要求中合理的部分：

你说：

参考答案

1. 妻子要求中合理的部分：你们的婚姻需要帮助。

   你说：我也觉得改善我们的婚姻是一件非常重要的事，或许婚姻咨询会对我们有所帮助。让我们想一想该怎样才能削减其他方面的开销，以便支付咨询费用吧，这样我就能不担心钱的问题了。

2. 妻子要求中合理的部分：欣赏她为维持家庭运转而做的工作。

   你说：对不起，你说得对，我没有留意你做的工作，让我们重新开始，我会欣赏你做的那些工作。也许我可以帮你叠衣服，你最近太累了，要不我们今天晚上出去吃。

3. 妻子要求中合理的部分：你空闲时要多陪陪她。

   你说：好主意！我们去麦克酒吧跳舞吧，我们一起跳到天明，就像过去那样。

4. 妻子要求中合理的部分：房子有些地方需要修缮。

   你说：也许你是对的。你认为我们需要修缮哪些地方呢？

5. 妻子要求中合理的部分：希望你集中精力，让她兴奋起来。

   你说：谈论这个话题对我来说很尴尬，但是我会试着听取你的意见，告诉我你想要我怎样抚摸你。

6. 妻子要求中合理的部分：你要在晚餐之前收拾好客厅。

   你说：对不起，好的，我这就收拾。（然后就去做。）

7. 妻子要求中合理的部分：买院子里的灯泡是应该做的。

   你说：你说得非常对，我们需要这些灯，你把灯买回来是好事，但是下次买东西之前我们是不是应该商量一下呢，就像我们经常做的那样？

8. 妻子要求中合理的部分：不要用买一辆车来给她惊喜。

   你说：我们需要谈谈这辆车，告诉我你为什么突然不开心。

9. 妻子要求中合理的部分：想休息下，暂时不用照看孩子。

   你说：好的，孩子们，我们去散步吧，路上每人都能吃到冰激凌！

10. 妻子要求中合理的部分：多做爱。

    你说：好主意，你能穿上丝绸睡衣吗？我喜欢和你做爱。

完成这个练习后，你对婚姻关系中的"给予"有了更好的理解，下一步是在你自己的婚姻中要习惯"给予"，并与配偶分享更多权力。接下来这个有趣的练习会让你学会与配偶一起做决定。你在做这个练习的时候，要记得这个练习的目的是让你们双方都变得有影响力，并且能互相接受对方的影响。

◆ 幸存者游戏

　　想象你乘坐的游轮恰好沉没在加勒比海，当你醒来的时候，你发现自己处在一个炎热的荒岛上，你们夫妻二人是唯一的幸存者。你们中的一人受伤了。你不知道这是什么地方，人们可能会知道船只失事的消息，但是不能确定。暴风雨就要来了，你决定在这个荒岛上生存一段时间，还要确保自己被救援队发现。海滩上的船只残骸上有一堆东西，这些东西对你有帮助，但你只能携带 10 件东西。

你的任务

　　第一步：根据你们的生存计划，各自从下面的存货清单中选择自己认为需要留下的最重要的 10 件东西，这些东西的等级次序是根据它们对你的重要性来排列的，最重要的东西排第一，次一级重要的东西排第二，依此类推。这个练习没有正确答案或错误答案。

船上的存货

1. 两套换洗衣服

2. 短波与调频二波段收音机

3. 40 升淡水

4. 炊具

5. 火柴

6. 铲子

7. 背包

8. 厕所手纸

9. 两顶帐篷

10. 两个睡袋

11. 刀

12. 带帆的小救生筏

13. 防晒霜

14. 烤箱和信号灯

15. 长绳

16. 两个对讲机

17. 足够 7 天食用的冷冻脱水食品

18. 1/5 瓶威士忌酒

19. 照明弹

20. 指南针

21. 地图

22. 一把六发子弹的枪

23. 50 盒避孕套

24. 装有青霉素的急救箱

25. 氧气罐

第二步：互相展示自己的清单，一起拟出一个你们都同意的含有10件东西的清单。这就意味着你们要互相讨论，要作为一个团队去思考，共同解决问题。在讨论问题的时候，你们俩都要有影响力且能得出最终结果。

制订好清单后，开始对游戏的情况进行评价。你们俩都要回答下面的问题。

1. 你认为自己对配偶的影响有多少效果？

    a）完全没有效果   b）若有若无

    c）有一点效果   d）非常有效

2. 你配偶对你的影响有多少效果？

    a）完全没有效果   b）若有若无

    c）有一点效果   d）非常有效

3. 你们中有人试图支配另一人吗？或者你们有没有互相竞争？

    a）很多   b）有一点

    c）很少   d）完全没有

4. 你生过闷气或是打过退堂鼓吗？

    a）很多   b）有一点

    c）很少   d）完全没有

5. 你的配偶生过闷气或是打过退堂鼓吗？

    a）很多   b）有一点

    c）很少   d）完全没有

6. 你觉得过程有趣吗？

    a）完全没有   b）很少

    c）有一点   d）很多

7. 作为一个团队，你们合作愉快吗？

    a）完全没有   b）很少

    c）有一点   d）很多

8. 你感到躁动不安或愤怒了吗？

    a）很多   b）有一点

    c）很少   d）完全没有

9. 你的配偶感到躁动不安或愤怒了吗？

    a）很多   b）有一点

    c）很少   d）完全没有

10. 你们俩都觉得自己的意见被采纳了吗？

    a）完全没有   b）很少

    c）有一点   d）很多

计分：a＝1 分，b＝2 分，c＝3 分，d＝4 分，计算你的总分。

如果你的总分超过 24 分，说明你在接受对方的影响和团队合作方面做得很好；如果总分是 24 分或是低于 24 分，表明你的婚姻在这方面还需进一步改善。

如果你不太能接受配偶的影响，你能为你的婚姻做的最好的事情就是，承认这个问题并和配偶讨论它。没有人能在一夜之间就改掉旧习惯，但是，如果你能对导致你不能和配偶分享权力的部分婚姻问题负责，这种行为本身就能给你的婚姻带来巨大飞跃。由于你的改变，你的配偶在改善婚姻的问题上也会感到轻松，会重新乐观起来。下一步是让配偶加入你的保卫婚姻事业中来，你们一起战胜这个问题，提醒对方要温和地指出你不经意间的专横、自我辩护和无礼之处。

由于 7 个法则是互相关联的，你越是努力学习其他几个法则，和他人分享权力这条法则对你来说就会变得更容易。当然，你越是熟练地接受他人的影响，你就越容易遵循其他的法则。分享权力的意愿与尊重他人的意见是妥协的前提，出于这个原因，越是善于接受他人的影响，它就越能帮助你更好地处理婚姻冲突（如何解决冲突集中在法则 5 和法则 6）。正如你所看到的，几乎所有的夫妻都会经历两种主要的分歧，当你在处理任何一种分歧时，接受配偶影响将会是你成功的基石。

THE
SEVEN PRINCIPLES
FOR MAKING MARRIAGE WORK

07

两种婚姻冲突
陷入僵局型 VS 可以解决型

每一桩婚姻都是两个个体的观点、个性怪癖和价值观的结合，因此，即使是在幸福美满的婚姻中，夫妻同样需要应付大量的问题，这也没什么好奇怪的。有些冲突只是因芝麻小事而起，对婚姻影响不大，但另一些冲突似乎极度复杂，对婚姻的影响也非常大。很多夫妻常常陷入冲突当中，或者他们为了保护自己而彼此疏远。

尽管你也许觉得你的情况是独一无二的，但是，我们发现，所有的婚姻冲突，从世俗的烦恼到家庭大战，都可以分为两类：一类冲突是可以解决的，另一类冲突是永远存在的。后者意味着，它们会以这样那样的形式永远出现在你的生活中。一旦你能辨别并确定你们的各种分歧，根据冲突所属的类型，你就能制订相应的应对策略。

永久性的问题

不幸的是，婚姻生活中的绝大部分冲突都是永久性的。准确地说，这个比例是 69%。4 年来，我们一再对这些夫妻进行跟踪调查，发现他们还在为同样的问题争论不休，好像过去的不是 4 年，而是 4 分钟。他们换了新衣服、改了发型、胖了（或瘦了）几斤、多了（或少了）几条皱纹，但是，他们仍然在进行同样的争论。下面是一些常见的幸福夫妻生活中的永久性问题：

1. 梅格想要一个孩子，但唐纳德说他还没准备好——他也不知道何时能准备好。
2. 瓦尔特希望经常做爱，但丹娜却不这么想。
3. 克里斯干家务活很马虎，而且经常忘记完成他应做的那份活，除非苏珊不断地说他。但只要苏珊一唠叨，他就很生气。
4. 托尼想把孩子们培养成天主教徒，而杰西卡是犹太人，她想让孩子接受她的信仰。
5. 安吉认为罗恩对儿子太严格了，但罗恩认为他的做法是正确的，应该教导他们的儿子用正确的方法做事。

L O V E　**爱情大数据**　D A T A

不幸的是，婚姻生活中的绝大部分冲突都是永久性的。准确地说，这个比例是 69%。

尽管他们之间存在分歧，这些夫妻仍然对他们的婚姻感到满意，因为他们已经想出办法来对付这些无法改变的难题，这些难题无法打败他们。他们学会把问题悬而不论，还能幽默地调侃它。

梅琳达和安迪这对夫妻是我们的研究对象，因为安迪不愿与家人一起出去郊游，夫妻二人经常在这个问题上起冲突。但是，在和我谈论这个问题的时候，他们并没有生气，他们只是友好地讲述发生的事。安迪告诉我争吵结束时他总爱说一句话，梅琳达也知道他要说什么，过来插话，模仿安迪那种腔调："好吧，我会去。"然后安迪还添上一句他的口头禅："好吧，当然，你说了算，亲爱的。"

"我们仍然会继续这样做。"梅琳达向我解释说。安迪低声轻笑，补充了一句："我们还是认同好的方面的，是吗？"梅琳达和安迪没有解决他们的问题，但是他们学会了带着这个问题生活并能轻松地谈论它。

另一对幸福夫妻卡门和比尔，他们面临的永久性问题是，他们对井井有条的程度有不同的看法。卡门有着军事教官般的纪律性，而比尔是一个典型的心不在焉的教授。因为卡门的缘故，比尔努力去想他把东西放到哪儿去了；因为比尔的缘故，当东西不见了的时候，卡门尽量不去唠叨他。比如说，当卡门在回收箱一叠半米高的报纸下面找到上个月的电话账单时，她一般会温和地取笑比尔的漫不经心，除非她那天压力很大，在这种情况下她可能会大发脾气。等她发完脾气之后，比尔会给她泡一大杯热巧克力以示悔过，然后他们继续快乐地过日子。也就是说，他们在不断地解决这个问题，大部分时间里他们都做得很好，有时这个问题会得到缓解，有时它会恶化，但是，因为他们注意到这个问题并能就此进行沟通，所以他们之间的爱不会被他们之间的分歧所破坏。

这些夫妻从直觉上懂得这些问题是他们婚姻生活中不可避免的一部分，就像人上了年纪，无法避免患上一些慢性疾病一样。这些问题就像关节炎、颈椎病、腰腿疼，也许会让我们苦恼，但是，我们也有办法来对付它们。我们可以避免问题恶化，还可以想出一些策略和惯常程序来对付它们。丹·怀尔（Dan Wile）是一名心理学家，他在《蜜月之后》（*After the Honeymoon*）一书中很好地说明了这一点："当你选择了一位长期的生活伴侣时，你不可避免同时也选择了一系列特殊的无法解决的问题，你会同这些问题斗上10年、20年或50年。"

婚姻的成功取决于你选择了多少你能对付的问题。怀尔写道：

保罗和爱丽丝结婚了，爱丽丝喜欢在晚会上纵情玩乐，而保罗是个腼腆的人，他讨厌这样。但是，如果保罗和苏珊结婚，甚至在他们参加晚会之前，他就会和苏珊打起来，因为保罗总是迟到而苏珊讨厌等人。苏珊觉得男人等女人是理所当然的，她对这个问题非常敏感；而保罗会把苏珊的抱怨看作是她试图支配他，他对这一点非常敏感。如果保罗和盖尔结婚，他们甚至不会去参加晚会，因为他们仍然会被前一天关于保罗不帮忙干家务活的争吵而搅得心烦意乱。对盖尔来说，当保罗不帮忙干活时，她觉得自己被抛弃了，这正是她敏感的地方；而对保罗来说，盖尔的抱怨其实是她企图支配他，他对这一点很敏感。

在不稳定的婚姻中，像这样的永久性问题最终会终结他们的婚姻关系。夫妻们没能有效地解决问题，而是陷入了僵局，他们一再地谈论某个问题，但他们只是挑起了问题，却没能解决它。因为他们毫无进展，他们越发感到受伤、失望，感到被对方拒绝。当他们争吵的时候，末日四骑士出现的次数会增多，而幽默与爱意会减少，他们会变得更加固守自己的立场。渐渐地，他们会觉得疲惫不堪，开始慢慢把这个问题所涉及的内容都孤立或封闭起来。但实际上，他们在情感上已经开始相互疏远，他们正在朝着平行线般的生活和不可避免的孤独迈进，而这两者是婚姻的丧钟。

僵局的迹象

如果你不确定你们在一个永久性的问题上是陷入了僵局还是很好地处理了它，下面的检查清单会帮助你核实情况。陷入僵局的特征是：

- 冲突让你觉得自己被配偶拒绝。

- 你们不停地谈论它，但却毫无进展。

- 你们变得固守自己的立场且不愿退让。

- 当你们讨论某个话题时，你最终会觉得自己受到了更多的挫折和伤害。

- 你们在谈论某个问题时缺乏幽默或是没有感情。

- 随着时间的推移，你们变得越来越顽固，在交谈时会诋毁对方。

- 这种诋毁会让你们更加固守自己的立场，变得更加偏激，观点越来越极端，越来越不愿妥协。

- 最终你在情感上疏远对方。

如果你非常熟悉上面描述的痛苦，不用着急，无论你在某个问题上是多么顽固，有一个办法可以让你走出僵局。就像你后面将看到的，当我们讲到第 6 条法则的时候，你需要做的是拥有探索这些隐藏的问题的动力和意愿。走出僵局的关键，是发现并与对方分享你生活中重要的个人梦想。我发现，得不到回应的梦想是每个陷入僵局的冲突的核心，也就是说，无休止的争吵说明你们之间有一些深刻的分歧，在你把这些问题放到合适的位置之前，先要解决那些分歧。

可解决的问题

与不可解决的问题比较起来，这些可解决的问题或许听起来相对简单，但是，它们同样能让夫妻二人痛苦不堪，因为，问题可以解决并不意味着它得到了解决。一个可以解决的问题导致夫妻关系过度紧张，是因为这对夫妻还没有学会用有效的方法来战胜这个问题。不应责备他们，因为婚姻指南或婚姻治疗师给出的很多关于解决冲突的建议，都不太容易掌握和运用。大部分策略都集中在确认配偶的观点和学着成为一个好的倾听者上面。这种策略没什么不好的，但是，不管在什么时候，对大多数人来说，要做到这两点都是一件很难的事，尤其是在他们感到痛苦的时候，要做到这两点更是难上加难。

我的使婚姻幸福的第 5 条法则，能直接解决这些可以解决的问题，根据我对高情商的夫妻如何正确处理分歧的研究，我总结出了第 5 条法则，提供了一个解决冲突的替代方法。以下是 5 点建议：

1. 确定你的讨论是以一种温和的方式开始，而不是以苛刻的方式；
2. 学会有效地使用感情修复尝试；
3. 在紧张的讨论中，监测你的生理变化，以便知道你被消极情绪淹没时身体发出的警告信号；
4. 学会如何妥协；
5. 变得越来越能容忍对方的缺点。

依照以上的方法，你将发现，可以解决的问题已经不再干扰你的幸福婚姻了。

辨别分歧

如果你和配偶的冲突是根深蒂固的，那你们的分歧是属于陷入僵局型还是可以解决型，可能不是显而易见的。确定问题属于可以解决的方法是，与永久性的、陷入僵局的问题相比，它们似乎不那么棘手，给人精神上的痛苦也不那么强烈，让人不那么紧张。这是因为，当你和配偶讨论可以解决的问题的时候，你注意的只是一个特殊的两难之境或状况，没有什么潜在的冲突来激发你们的争吵。

> 蕾切尔和埃莉诺两人都抱怨她们的丈夫车开得太快。埃莉诺就这个问题同她的丈夫丹讨论了很多年，丹总是说她反应过度。丹提醒说，他开车从未出过事故，他不是一个胆大妄为的司机，而是一个自信的司机。埃莉诺说，她不明白为什么丹不愿改变他的驾驶习惯，这样她坐在车上就不用那么紧张了。最后，埃莉诺大声控诉丹的自私，控诉他不关心他是否会害死他们两个等等。每次他们为这事争论时，他们都觉得自己受到了更多的挫折和伤害，变得更加固执己见，彼此都说了许多辱骂性的话，丹指责埃莉诺不信任他，埃莉诺则谴责丹不在乎她。

对埃莉诺和丹来说，超速驾驶成了一个他们可能从来没有得到完全解决的永久性问题，因为他们在这个问题上的分歧表示他们之间存在着更深一层的冲突，他们实际上是在讨论如信任、安全、自私之类的大问题。为了避免持续不断的争论破坏他们的婚姻，他们需要弄清这种争论对自己真正意味着什么，只有他们弄明白了问题背后的矛盾，才能有效地处理。

> 对蕾切尔和她的丈夫杰森来说，在超速驾驶上的分歧是一个可

以解决的问题。每天早上，他们一起从郊区开车到匹兹堡市中心上班，蕾切尔认为杰森车开得太快了，杰森说他必须开快，因为蕾切尔早上要花很长时间来准备，如果他不通过开快车来弥补她的磨磨蹭蹭，他们上班就会迟到。蕾切尔说她早上要花很长时间是因为杰森第一个洗澡并且要洗很长时间。另外，他还总是不收拾早餐盘子，任由它们摆在桌上，当她忙着洗盘子的时候，他就在车上按喇叭催她。每一个工作日的早晨，他们都会为冲澡时间和家务进行一番唇枪舌剑，当杰森把蕾切尔送到她的办公室时，杰森已经开始冷战，而蕾切尔则在哭泣。

这对夫妻的驾驶难题是一个可以解决的问题，因为，对于开车的人来说，这是依情况而定的，只有在他们去上班的时候才会发生这种情况，它不会影响他们生活的其他领域。与埃莉诺和丹不同，这对夫妻没有互相中伤，他们讨论的不是杰森的自私或蕾切尔的不信任，而仅仅是在讨论开车以及他们早上的日常惯例。通过学会用一种更有效的方法来同对方谈论这个问题，他们就能迅速达成妥协。他们可以抛开埋怨，制订一个可以让他们按时上班的时间表，而不用去拟定一个彼此满意的最高车速。也许他们可以把闹钟调快15分钟，或者要么蕾切尔先洗澡，要么杰森记得洗盘子。

但是，如果不能在这个问题上达成妥协，他们很可能会更加憎恨对方，更加坚持各自的立场。他们的冲突会加剧，冲突本身也会承担更多的象征意义，换句话说，这个冲突会发展成为一个陷入僵局的、永久性的问题。

下面是对各种各样的婚姻冲突情景的描述，对于每一种情形，你都要指出它包含的冲突是可解决的还是永久性的，在相应的框中打钩。

1.克里夫和琳恩商定，每天晚饭后由克里夫把厨房的垃圾拿出去倒掉。但是，克里夫最近让工作中的一项即将到期的重要任务搅得心烦意乱，忘记清理厨房垃圾了。琳恩最终要么自己扔垃圾，要么任由垃圾放在那儿。到了早晨，公寓闻起来像一个垃圾场，琳恩生气了。

　　□可解决的　　　　　　□永久性的

2. 爱丽丝希望少花点时间和约尔在一起，多花点时间与她的朋友们在一起。约尔说这让他觉得被她抛弃了，爱丽丝说她需要自己的空间。约尔似乎非常需要爱丽丝，而爱丽丝却被他的这种需求弄得喘不过气来。

　　□可解决的　　　　　□永久性的

3. 英格丽希望盖瑞能把困扰他的事情说出来而不是生闷气，但是，当盖瑞试着告诉英格丽，他是因她做的一些事而感到不快时，英格丽就开始数落盖瑞如何惹起这些事的。英格丽要求盖瑞不要一次性提这么多事，盖瑞说既然讨论这些事情对他来说很艰难，那么当他谈论这些事情的时候，他希望得到奖赏，即他希望艾米能向他道歉，而不是批评他的交流方式。

　　□可解决的　　　　　□永久性的

4. 每个星期一晚上，赫莲娜都会和她的朋友们一起度过，乔纳森希望她能和他一起参加交际舞培训班，但是，这个培训课程只在星期一晚上开课，赫莲娜不想放弃这个她与女伴们一起玩乐的晚上。

　　□可解决的　　　　　□永久性的

5. 彭妮抱怨罗杰希望她把照顾小宝宝的任务揽下来。罗杰说他也想做更多，但是，他白天要工作，在给宝宝换尿布、洗澡等诸如此类问题上不像她一样有经验，所以他希望她多做一点。而且不论何时，当罗杰试着帮忙的时候，比如宝宝哭了，他把孩子抱起来，彭妮总是告诉他抱孩子的方式是错的，这让他很生气。最终，罗杰告诉彭妮，照看孩子的事情她一个人干就好了。

　　□可解决的　　　　　□永久性的

6. 吉姆是位全职工作者，西娅是位家庭主妇，吉姆希望西娅在操持家务上能更有条理，比如多做清洁，更好地利用早晨的时间，这样孩子们就能按时上学等等。吉姆在提建议时表现得洋洋自得，高人一等，这让西娅觉得家里的混乱无序是由她的性格缺陷造成的。无论吉姆何时提起这个话题，西娅总是觉得自己被攻击了并为自己辩护。她说这是一个家，不是一座军营，她说他应该对这些问题放松要求，因为他的这些要求是不合理的。对于这个问题，他们已经争论了 4 年。

　　□可解决的　　　　　□永久性的

7. 无论布莱恩与艾丽莎何时有分歧，布莱恩总是迅速提高嗓门。当他冲她吼叫时，艾丽莎感到巨大的压力，她要求布莱恩停止叫喊。布莱恩说当他感到不安的时候，他不觉得大喊大叫有什么错。艾丽莎开始哭泣，她告诉他她受不了。他们最终发现，他们是在为布莱恩的大喊大叫争吵，而不是就某个问题有分歧而争吵。

　　□可解决的　　　　　□永久性的

8. 自从他们的孩子出世，科特觉得艾琳把自己从她的生活中挤出去了。艾琳坚持一个人照料孩子，而且似乎没有时间陪他。艾琳想得更多的是她的童年时代，当艾琳只有两岁的时候，她的父母就离婚了，她被父母安排在两边亲戚家住了很多年。她告诉科特，她不希望他们的孩子觉得自己被父母遗弃，就像她母亲对她做的那样。但是，科特觉得艾琳背叛了自己，因为科特一直爱着艾琳的原因之一，就是她会像母亲般关爱着他。现在艾琳所有的关爱都给了孩子，因此科特觉得自己被骗了。

　　□可解决的　　　　　□永久性的

9. 奥斯卡刚刚从他的祖母那里继承了5 000美元，他想用这笔钱来买一套家庭健身器材，但玛丽认为应该把这笔钱存起来付房子的首付。奥斯卡说这笔遗产用来付首付还差得太远，为什么不用它来买他们立刻就能享用的东西呢？但玛丽认为钱财要一点一滴地积累，而且他们必须要一直尽可能地存钱。

　　□可解决的　　　　　□永久性的

10. 安妮塔认为伯特在给服务生、出租车司机付小费时显得太过吝啬，她为此感到不快。在她的想象中，一个强壮、性感的男人应该是一个慷慨大方的人，当她在这点上对伯特感到失望时，她会非常看不起他。而伯特认为安妮塔出手太大方了，这让他不安，对伯特来说，金钱代表着安全感，代表他对自己生活的控制，因此，放弃任何钱财对他来说都是一件很难的事。

　　□ 可解决的　　　　　□永久性的

参考答案

1. **可解决的**。克里夫仅仅是这两天没有清理厨房垃圾，而且他这么做是有特殊原因的。他最近工作压力很大，因此才忘记倒垃圾，这个原因不会在更深的层次上影响他和琳恩的关系。解决这个问题的方法有很多，可以写张纸条贴在冰箱门上提醒他倒垃圾，还可以暂时调整家务安排，由琳恩去倒垃圾，直到克里夫完成他的工作。

2．**永久性的**。这个问题表明，爱丽丝和约尔在性格上有根本差异，他们对亲密感和联系感的需求也有着很大差异，这种差异是不可能改变的，他们需要去适应它。

3．**永久性的**。英格丽与盖瑞在谈论某一问题的时候并不存在困难，他们的困难是如何进行交流。这与某个特殊的状况无关，而是无论他们何时有分歧，这个问题都会出现。

4．**可解决的**。赫莲娜和乔纳森能够用许多种方法来解决这个问题：他们可以一周去上舞蹈课，一周让赫莲娜与女友们出去玩；也许郝莲娜的朋友们会愿意换个晚上出去玩；或者乔纳森能找到另一家在其他晚上或周末开课的舞蹈课；也可能他们中的一个会爽快地同意不给对方施加压力。

5．**可解决的**。罗杰只要花更多时间与儿子待在一起，他就会学会如何更好地照顾孩子。彭妮需要往后退几步，让罗杰以他自己的方法来照顾孩子。由于这个问题与他们中任何一个人的深层需求无关，因此，通过协商，这个问题很容易得到解决。

6．**永久性的**。这个问题开始可能仅仅与打扫房间和条理化有关。也许吉姆和西娅对零乱、污垢，以及如何安排生活，有着不同的容忍度，但是，由于他们在如何持家问题上没能找到妥协方案，他们会继续为这些分歧而争论。西娅会觉得她的丈夫不重视或不尊重她的作用，而吉姆觉得，西娅没有通过让家庭很好地组织化，从而实现婚姻的目的。这场争论成了他们憎恨之情的发泄地，而不是讨论家务管理。

7．**永久性的**。布莱恩和艾丽莎有着不同的情感风格。布莱恩的情绪往往是不稳定的，他容易激动，且会在产生分歧的时候发泄他的情绪。艾丽莎喜欢安静、理性地讨论问题，当布莱恩开始冲她喊叫时，她感到不知所措，而且她很快觉得自己被消极情绪淹没。情感风格是一个人性格的一部分，他们中的任何一个都不可能改变，但是，通过意识

S EVEN PRINCIPLES
FOR
THE
MAKING MARRIAGE
WORK
幸福的婚姻

到并互相尊重彼此的情感风格，他们能找到一种他们俩都感到满意的解决冲突的方法。

8. **永久性的**。核心问题是艾琳和科特有着截然不同的情感需求，他们婚姻中的巨大变化是由孩子的出生造成的，这个变化一出现，就会让他们彼此的需求不同步。

9. **可解决的**。奥斯卡和玛丽在存钱问题上有着不同的观点，但他们因金钱而起的冲突还没有泛化，这仅仅是一件关于奥斯卡要如何处理遗产的简单的意见分歧。因此，他们可能会找到一种直截了当的妥协方法，例如，他们可以把一半钱用来买健身器材，把另一半钱存起来。

10. **永久性的**。金钱对伯特和安妮塔而言有着截然不同的意义，由于金钱的象征意义通常根植于童年的经历，因此，伯特不可能会自然而然地变成一个给很多小费的人，而安妮塔也不会突然学会使用优惠券。但是，如果他们一起努力解决这个永久性的问题（尤其是安妮塔因这个问题而看不起她的丈夫），这个问题将不再是他们关系中的痛处。

T EST 爱情测试

婚姻冲突评估问卷

你已经充分了解了可解决的问题和永久性的问题之间的区别，现在是时候用这种方法来给你的婚姻问题分类了。这样做是要让你知道可以用哪些方法来对付这些问题。下面列出了 17 个常见的导致婚姻冲突的原因，对于每一个原因，你都要指出它在你的婚姻生活中是属于永久性的问题、可解决的问题还是目前不成问题，并在相应的框中打钩。如果是属于可解决的问题或永久性的问题，请阅读题下对该问题的各种描述，看看你们的问题主要出现在哪个方面。

1. 我们情感上互相疏远。

　　□ 永久性的　　　　□ 可解决的　　　　□ 目前不成问题

以下是这个大问题的几个具体方面，看看你们是否有这方面的问题。

● 我们仅仅在互相讨论的时候有困难。

● 我们彼此的情感联系较少。

- 我觉得这理所当然。
- 我觉得配偶目前不能理解我。
- 我的配偶（或我）心不在焉。
- 我们很少在一起。

评论：_____

_____

_____

2. 非婚姻内的压力（如工作紧张）给我们的婚姻带来了影响。
   □ 永久性的　　　　□ 可解决的　　　　□ 目前不成问题

以下是这个大问题的几个具体方面，看看你们是否有这方面的问题。

- 我们没能一直互相帮助对方减轻日常压力。
- 我们没有共同谈论这些压力。
- 我们没能以一种有帮助的态度一起讨论压力。
- 对于我的压力与焦虑，配偶不会以理解的态度去倾听。
- 配偶把工作或其他方面的压力发泄在我身上。
- 配偶把工作或其他方面的压力发泄在孩子或其他事物身上。

评论：_____

_____

_____

3. 我们的婚姻越来越不浪漫，越来越没激情，爱情的火焰正在熄灭。
   □ 永久性的　　　　□ 可解决的　　　　□ 目前不成问题

以下是这个大问题的几个具体方面，看看你们是否有这方面的问题。

- 配偶不再对我说甜言蜜语。
- 配偶很少向我表达爱意或赞赏。
- 我们很少抚摸对方。
- 配偶（或我）感受不到浪漫。
- 我们很少相依而睡。
- 我们只有在少数几个时刻比较温柔或是有激情。

评论：_____

_____

_____

4. 我们的性生活有问题。

　　□ 永久性的　　　　□ 可解决的　　　　□ 目前不成问题

以下是这个大问题的几个具体方面，看看你们是否有这方面的问题。

● 做爱的次数比较少。

● 我（或者配偶）对性生活不太满意。

● 我们在讨论性方面的问题上存在困难。

● 我们双方在性事上有不同的需要。

● 做爱的欲望降低了。

● 我们的性爱没有多少浓情蜜意。

评论 : _____

　　　　_____

　　　　_____

5. 我们不能很好地处理某个重大变化（如孩子的出生、失业、搬迁、
　 生病或所爱之人去世）。

　　□ 永久性的　　　　□ 可解决的　　　　□ 目前不成问题

以下是这个大问题的几个具体方面，看看你们是否有这方面的问题。

● 我们在如何处理事情上有着截然不同的观点。

● 这个事件导致配偶疏远我。

● 这个事件使我们变得急躁。

● 这个事件导致很多争吵。

● 我担心的是事情会如何结束。

● 我们现在的立场大不相同。

评论 : _____

　　　　_____

　　　　_____

6. 我们不能很好地处理有关孩子的重大问题（包括是否要孩子）。

　　□ 永久性的　　　　□ 可解决的　　　　□ 目前不成问题

以下是这个大问题的几个具体方面，看看你们是否有这方面的问题。

● 我们对孩子有着不同的期望。

● 我们对管教孩子有不同看法。

● 我们对如何培养孩子有不同看法。

- 我们在如何亲近孩子方面存在问题。
- 我们不能很好地谈论这些问题。
- 这些分歧中有许多紧张与愤怒的成分。

评论：_____

_____

_____

7. 我们的婚姻不能很好地处理涉及双方家人或亲戚的重大问题或事件。

☐ 永久性的　　　　☐ 可解决的　　　　☐ 目前不成问题

以下是这个大问题的几个具体方面，看看你们是否有这方面的问题。

- 我觉得自己不被配偶的家庭所接受。
- 我有时在想，配偶究竟属于哪一个家庭。
- 我觉得我不被自己的家庭所接受。
- 对可能发生的事，我们都很紧张。
- 这个问题导致了很多让人恼怒的事。
- 我担心的是事情会如何结束。

评论：_____

_____

_____

8. 我们中的一人在外与人调情，或者有了外遇之类的事。

☐ 永久性的　　　　☐ 可解决的　　　　☐ 目前不成问题

以下是这个大问题的几个具体方面，看看你们是否有这方面的问题。

- 这个问题是许多痛苦的源泉。
- 这方面的问题会制造不安全感。
- 我应付不了谎言。
- 重新建立信任是很难的事。
- 有一种被背叛的感觉。
- 不知道如何去治愈它。

评论：_____

_____

_____

9. 我们之间发生了不愉快的争吵。

　　☐ 永久性的　　　　☐ 可解决的　　　　☐ 目前不成问题

以下是这个大问题的几个具体方面，看看你们是否有这方面的问题。

● 现在争吵的次数更多了。

● 似乎是在没缘由地争吵。

● 生气与易怒已经悄悄地进入我们的婚姻中。

● 我们已经陷入互相伤害的泥沼。

● 我最近觉得不被对方尊重。

● 我觉得对方在批评我。

评论：_____

　　_____

　　_____

10. 在基本目标、价值观或期望的生活方式上，我们存在分歧。

　　☐ 永久性的　　　　☐ 可解决的　　　　☐ 目前不成问题

以下是这个大问题的几个具体方面，看看你们是否有这方面的问题。

● 我们的生活目标出现了分歧。

● 在一些重要的信念上，我们出现了分歧。

● 在闲暇时的兴趣爱好上，我们出现了分歧。

● 我们似乎想从生活中得到不同的东西。

● 我们在朝不同的方向发展。

● 我不太喜欢与配偶在一起时的我。

评论：_____

　　_____

　　_____

11. 我们的婚姻中发生了许多令人非常不安的事件（如暴力、吸毒、外遇）。

　　☐ 永久性的　　　　☐ 可解决的　　　　☐ 目前不成问题

以下是这个大问题的几个具体方面，看看你们是否有这方面的问题。

● 我们之间出现了身体暴力。

● 存在酗酒或吸毒的问题。

● 这个问题把我们的婚姻变得出乎我的最初设想。

● 我们的婚姻"协议"正在改变。

● 我发现配偶的一些要求让人不安或者令人恶心。

● 现在我对这段婚姻有点失望。

评论：_____

_____

_____

12. 我们不能很好地作为一个团队来做事。

　　□ 永久性的　　　□ 可解决的　　　□ 目前不成问题

以下是这个大问题的几个具体方面，看看你们是否有这方面的问题。

● 我们过去常常互相分担更多的家务活。

● 我们似乎背道而驰。

● 在干家务活和照顾孩子方面，配偶没有公平地分担相应的任务。

● 我的配偶没有家庭财政大权。

● 我觉得自己是一个人在管理这个家庭。

● 配偶不是很体贴。

评论：_____

_____

_____

13. 我们在分享权力和接受配偶影响方面存在困难。

　　□ 永久性的　　　□ 可解决的　　　□ 目前不成问题

以下是这个大问题的几个具体方面，看看你们是否有这方面的问题。

● 在我们做决定的时候，我显得无足轻重。

● 配偶变得越来越盛气凌人。

● 我的要求越来越多。

● 配偶变得很被动。

● 配偶有点稀里糊涂，在我们的婚姻生活中没有发挥作用。

● 我开始更加关心是谁在管事。

评论：_____

_____

_____

14. 我们不能很好地处理家庭财政方面的问题。

　　□ 永久性的　　　　□ 可解决的　　　　□ 目前不成问题

以下是这个大问题的几个具体方面，看看你们是否有这方面的问题。

● 我们中的一人赚钱不多。

● 我们在如何花钱上存在分歧。

● 我们有财政压力。

● 花钱时，配偶更关心自己的兴趣，而不是我们的兴趣。

● 我们没能共同处理我们的财政问题。

● 没有详细的财政计划。

评论：_____

_____

_____

15. 这些天来，我们在一起时不怎么愉快。

　　□ 永久性的　　　　□ 可解决的　　　　□ 目前不成问题

以下是这个大问题的几个具体方面，看看你们是否有这方面的问题。

● 我们似乎没有多少时间来娱乐。

● 我们试着去享受在一起的时光，但是我们似乎并未享受到多少乐趣。

● 我们太强调乐趣了。

● 这些天，工作占据了我们所有的时间。

● 我们的兴趣大不相同，没有什么有趣的事情我们喜欢一起去做。

● 我们计划做一些有趣的事情，但是这些事情从来没有发生过。

评论：_____

_____

_____

16. 这些日子以来，我们在宗教问题上靠得不够近。

　　□ 永久性的　　　　□ 可解决的　　　　□ 目前不成问题

以下是这个大问题的几个具体方面，看看你们是否有这方面的问题。

● 我们的信仰不一致。

● 对于宗教问题与宗教价值，我们的看法不一致。

● 对于特定的教堂、清真寺或犹太教堂，我们有不同的看法。

● 对于宗教问题，我们没能很好地交流。

● 我们在精神世界的成长和转变方面存在问题。

● 我们在家庭和孩子方面存在宗教问题。

评论：＿＿＿＿＿＿＿＿＿＿＿＿＿＿＿＿＿＿＿＿＿＿＿

＿＿＿＿＿＿＿＿＿＿＿＿＿＿＿＿＿＿＿＿＿＿＿＿＿

17. 我们在成为社区的一分子和共同建设社区上存在冲突。

　　□ 永久性的　　　　□ 可解决的　　　　□ 目前不成问题

以下是这个大问题的几个具体方面，看看你们是否有这方面的问题。

● 对于加入朋友圈或是其他团体，我们有不同看法。

● 对于构成社区的各个机构，我们的关注程度不一样。

● 对把时间花在社区的各个机构上，我们有不同意见。

● 对于参加某些项目或是为慈善组织工作，我们有不同意见。

● 在为他人服务的事情上，我们有不同看法。

● 对于是否在我们的社区服务中担任领导角色，我们有不同的看法。

评论：＿＿＿＿＿＿＿＿＿＿＿＿＿＿＿＿＿＿＿＿＿＿＿

＿＿＿＿＿＿＿＿＿＿＿＿＿＿＿＿＿＿＿＿＿＿＿＿＿

　　计分：这17个问题涵盖了不同的领域，数一数每个问题你选取的具体争端的数目，如果你选择的数目超过两个，表明你的婚姻在这个领域存在重大冲突。对于那些可解决的问题，你将在第8章找到解决问题的建议。如果你的一些问题属于永久性的问题，请参考第10章给出的建议。毫无疑问，你会发现你的婚姻和大多数婚姻一样，要同时处理这两种类型的问题。

解决所有冲突的关键

　　在后面的章节中，我们会为你介绍一些解决婚姻问题的具体方法。无论你的婚姻问题是永久性的还是可解决的，这些方法都能帮上忙。但首先，我们要说一些总体性的意见，有效处理每一种问题的基础都是一样的：向你的配偶表示你基本能够接受对方的性格。人类的天性决定了，除非你觉得对方理解你，否则你几乎不可能接受对方的建议。因此，如果你想解决问题，在你要求配偶改变开车、吃饭或是做爱方式之前，你必须让配偶觉得你理解对方。如果你（或者你们双方）觉得被对方评判、误解或拒绝，你们不可能处理好婚姻问题。这个规则既适用于大问题，也适用于小问题。

如果你能从自己的角度去思考，你可能会非常容易地承认这一事实。比如说，当你希望配偶能为你提供一个建议，以解决你和老板之间的分歧时，如果配偶立刻开始批评你，坚持认为老板是对的，你是错的，并且无论如何，向老板挑衅都是你有毛病时，你可能会非常后悔跟配偶提起这个事。在大多数情形下，你可能会为自己辩护，你会感到愤怒、生气、受伤害或五味杂陈，而你的配偶可能会真诚地对你说："我只是想帮你忙。"

"你是个差劲的司机，在你害死我们俩之前，能不能开慢一点呢"和"我知道你很喜欢开快车，但你超速驾驶时，我真的很害怕，你能不能开慢一点呢"，这两种说话方式差别很大。或许第二种方法费时要多一点，但是，既然它是唯一能起作用的方法，多费一点时间也是值得的。事实上，只有人们感到自己被别人喜欢和接受时，他们才会改变自己的行为。当人们觉得自己被别人批评、厌恶，不被别人赏识时，他们就不可能改变，相反，他们会觉得自己被攻击，从而努力保护自己。

成年人能从儿童发展研究中学到一些这方面的知识。我们现在知道，要培养孩子拥有积极的自我形象和有效的社交技能，关键是让他们知道我们理解他们的感受。当我们承认他们的情感（"这只小狗吓到你了""你哭是因为你现在很难过""你听起来很生气，让我们谈一谈吧"），而不是轻视或粗暴地对待他们的情感（"害怕这样一只小狗是很愚蠢的""坚强的孩子不应该哭泣""家里不允许发脾气，回到你的房间，平静下来再出来"）时，孩子们就会朝最理想的状态成长和改变。你不但要让一个孩子知道自己的感受是有道理的，你还要让他知道，即便在他难过、脾气暴躁或害怕的时候，你也能接受他，这能让孩子自我感觉良好，从而使他朝积极的方向成长和改变成为可能。这对成年人来说也是一样的，为了让婚姻得到改善，我们需要感觉到自己被配偶接纳。

我从研究中学到的另一个重要经验是：**在所有的争论中，无论争论的问题是可解决的还是永久性的，没有人永远是对的**。在婚姻冲突中，没有绝对的真实，只有主观的真实。在接下来的练习中，通过分析你与配偶最近的一场争论（可以是针对可解决的问题，也可以是永久性的问题），希望能帮助你认识到这个道理。

XERCISE 爱情实践场

◆ 你们最近的一次争吵

参考你们最近的一次争吵，回答下面的问题。你可能会发现，这个练习与第 91 页的练习（"当配偶不靠近你的时候该怎么做"）非常相似，这是因为这些状况都是在我称之为"主观真实"的情形下出现的。也就是说，当你和配偶不同步时，对"发生了什么事"和"为什么会发生这种事"，你们很可能看法不同。无论你们的冲突是永久性的还是可以解决的，即使你们的观点截然不同，你也会发现，越尊重对方的观点，就越容易处理这个冲突。

下面的问题没有标准答案，可以帮你们一起开始心灵探索之旅。

在这次争吵中，我感到：

1. 自我辩护。	很多	肯定有	有一点	没有
2. 受伤害。	很多	肯定有	有一点	没有
3. 愤怒。	很多	肯定有	有一点	没有
4. 悲伤。	很多	肯定有	有一点	没有
5. 被误解。	很多	肯定有	有一点	没有
6. 被批评。	很多	肯定有	有一点	没有
7. 担心。	很多	肯定有	有一点	没有
8. 不被欣赏。	很多	肯定有	有一点	没有
9. 没有吸引力。	很多	肯定有	有一点	没有

10．厌恶。	很多	肯定有	有一点	没有
11．不被认可。	很多	肯定有	有一点	没有
12．像是被抛弃。	很多	肯定有	有一点	没有
13．好像我的意见无足轻重。	很多	肯定有	有一点	没有
14．我不知道我的感受是什么。	很多	肯定有	有一点	没有
15．孤独。	很多	肯定有	有一点	没有

这些感受是由什么引起的？

1．我觉得自己被排除在外。	很多	肯定有	有一点	没有
2．对配偶来说，我无足轻重。	很多	肯定有	有一点	没有
3．配偶对我很冷淡。	很多	肯定有	有一点	没有
4．我的确感到自己被配偶排斥。	很多	肯定有	有一点	没有
5．我被配偶批评。	很多	肯定有	有一点	没有
6．我对配偶没感觉。	很多	肯定有	有一点	没有
7．我觉得配偶不吸引我。	很多	肯定有	有一点	没有
8．我的尊严受到损害。	很多	肯定有	有一点	没有
9．配偶盛气凌人。	很多	肯定有	有一点	没有
10．我根本不能说服我的配偶。	很多	肯定有	有一点	没有

既然你已经知道这个事件是由什么引发的，现在是时候来看看你的情感反应是否源于你的过去了。查看你做的第 57 页"我是谁"这个练习的答案，看看早期的创伤或行为与当前的状况是否有联系。按下面的核对表逐一排查。

最近这次争吵源于 ：

◎ 我在成长的家庭里被对待的方式。

◎ 前一次婚姻。

◎ 过去的伤害、艰难时刻或我曾遭受的创伤。

◎ 我内心深处的恐惧和不安全感。

◎ 我尚未解决或搁在一边的事件。

◎ 我尚未实现的希望。

◎ 过去其他人对待我的方式。

◎ 我自己一直在思考的事情。

◎ 让我担心的过去的"噩梦"或"灾难"。

在看完彼此的答案之后，我希望你能明白，人是一种复杂的动物，我们的行动与反应受到各种各样的观念、想法、感受与回忆的影响。换句话说，真实是主观的，这就是为什么无论你们谁对，配偶对这场争论的看法都与你不同。

相信争吵的原因全在于你配偶，全是对方的错，这是很自然的事。为了打破这一模式，你们俩都要承认自己在制造冲突中各自起了一些作用。为了做到这一点，阅读下面的清单，选择适合你的情况。

1. 我最近觉得压力很大而且容易发脾气。　　　肯定是的　　也许有一点

2. 我最近没有向配偶表达我的欣赏之情。　　　肯定是的　　也许有一点

3. 我最近过度敏感。　　　肯定是的　　也许有一点

4. 我最近过分挑剔。　　　肯定是的　　也许有一点

5. 我没有让配偶充分了解我的内心世界。　　　肯定是的　　也许有一点

6. 我最近非常沮丧。　　　肯定是的　　也许有一点

7. 我承认我最近脾气不好。　　　肯定是的　　也许有一点

8. 我没有经常向配偶表达爱意。　　　肯定是的　　也许有一点

9. 我最近不是一个很好的倾听者。　　　肯定是的　　也许有一点

10. 我觉得自己有点像个无辜受害者。　　　肯定是的　　也许有一点

总的来说，我对这种混乱局面该负的责任是：

_____

我将来怎么把情形变得好一点？

_____

为了避免下一次争论，配偶可以做些什么？

_____

如果在做完这个练习之后，你和配偶仍然觉得很难接受对方的观点，那么请一起多做做第 4 章的练习（"为期 7 周的喜爱与赞美系统课程"），或许能帮助你们解决这个问题。我发现，长期维持幸福婚姻的夫妻能够喜欢彼此（从小缺点到所有的一切）是因为他们的喜爱与赞美系统很强大。我和同事罗伯特·利文森及劳拉·卡斯滕森（Laura Carstensen）在旧金山对一些老年夫妇进行了研究，发现许多夫妇都精于此道。这些夫妻已经结婚很多年了，

有一些已经超过了 40 年，在他们的婚姻之旅中，他们学会把配偶的缺点和怪癖看作是配偶性格中一个有趣的部分。

例如，一位妻子笑着说，她的丈夫永远不会停止做一个达格伍德①——总是迟到，总是紧赶慢赶。针对这个问题，这位妻子找到了一些方法，比如，每当他们要去机场的时候，她告诉他的起飞时间总是比实际时间早半个小时。他知道她在骗他，他们都对此付诸一笑。同时，这位丈夫会带着娱乐的心情看待妻子每周一次的疯狂采购，即使她的购物风格让账单变得无比混乱——她差不多总是要退还一半商品。

这样的夫妻已经学会把他们配偶的缺点变得更容易接受，因此，尽管他们会向对方表达各种情绪（包括生气、发怒、失望和伤心），他们也向对方表示了他们内心深处的喜爱和欣赏。无论他们讨论什么问题，都会"毫无保留"地向对方表达自己的喜爱和尊重。

有些夫妻做不到这一点，有时是他们因过去的分歧而无法原谅彼此，这样很容易招致怨恨。为了让婚姻幸福地前行，你需要原谅对方，忘记过去的怨恨；尽管这很难做到，但这样做是值得的，当你原谅配偶时，你们俩都会受益。怨恨是一种沉重的负担，正如莎士比亚在《威尼斯商人》中写道，宽恕是"两次祝福，它不但给幸福于受施的人，也同样给幸福于施与的人"。

---

① Dagwood Bumstead，美国著名卡通人物，一个爱妻爱家的宅男。——译者注

THE
SEVEN PRINCIPLES
FOR MAKING MARRIAGE WORK

08

法则5 / 解决可解决的问题

以温和开场，用妥协收场

The Seven Principles for Making
Marriage Work: A Practical Guide
from the Country's Foremost
Relationship Expert

夫妻之间理应互相尊重，接受彼此的意见，这是解决双方之间分歧的良好基础，然而很多夫妻在设法说服对方或解决分歧时，都没能这么做。其实，若不是大呼小叫或愤怒的沉默，谈话本可以富有成效。如果这听起来与你的情形相似，而且你能肯定你想解决的问题属于可解决的问题，那么，解决这个难题的关键，是要学会一种新的解决冲突的方法。

一种流行的、由许多婚姻治疗师提倡的解决冲突的方法，是一边专心倾听对方在说什么，一边站在对方的角度去想问题，然后把你换位思考看到的两难之境和对方谈谈。如果你能做到的话，这倒是个不错的方法，但是，正如我已经说过的，很多夫妻，包括许多非常幸福的夫妻，都做不到。我们的研究发现，很多拥有令人艳羡的、充满爱意的婚姻的夫妻，他们在争论的时候并没有按照专家提出的这种方法进行交流，但是，他们仍然能够解决彼此的冲突。

通过研究这些夫妻如何解决他们的冲突，我得出一种在充满爱意的婚姻中解决冲突的新模式。我的第 5 条法则要起作用，需要采取下列几个步骤：

1．以温和的方式开始。

2．学会提出和接受感情修复尝试。

3．自我安抚和互相安抚。

4. 妥协。

5. 容忍对方的缺点。

这些步骤几乎无需训练，因为我们差不多已经拥有这些技能了，只是不习惯在婚姻中使用它们。从某种程度上看，我的第 5 条法则可以归结为"要有好的态度"，也就是说你要像尊敬你的客人一样尊敬你的配偶。如果一位客人忘了拿伞，我们会说："嘿，你忘了拿伞。"我们永远不会这样说："你是怎么回事？老是忘记拿东西，做事带着脑子行不行？我算什么，我是你的跟屁虫吗？"我们对客人的感受很敏感，如果客人把酒洒了，我们会说："没事，你要不要再来一杯？"而不会说："我最好的桌布让你毁了，别指望你能做好任何事！"

还记得罗里医生吗？这个医生讨厌妻子在圣诞节的时候把饭带到医院来吃，当住院医师打电话给他时，他对同事的态度却非常友善。这并不是一个偶然的现象，在一场激烈的争吵中，电话铃响，丈夫或妻子一拿起电话就变得笑容满面："噢，是的，能一起吃午饭实在是太棒了。没问题，就定在星期二。""啊，没能得到那份工作，你一定非常失望……"在通话结束之前，愤怒、严厉的配偶突然转变成一个温柔、理性、体谅、富有同情心的人，但是，一挂上电话，对方立即变成一个怒容满面、斤斤计较的人。事情并非一定要弄成这样。

第 1 步：以温和的方式开始

如果幸福的婚姻与不幸的婚姻之间有什么相似之处的话，那就是，两种环境中的妻子都比丈夫更有可能提出某个棘手的问题，并推动问题的解决。但是，在两种婚姻中，妻子提出问题的方式却有很大的区别。还记得黛娜吗？一开始讨论家务活问题，她就痛斥她的丈夫奥利弗。一分钟不到，她就开始讥讽并批判他提出的每一条建议："你以为你有了工作任务表就会好好干活吗?""我认为你干得很不错嘛,一到家就四处溜达,或是躲到浴室里不出来。"

让我们把黛娜苛刻的开始与贾丝廷的做法比较一下。贾丝廷和迈克尔过得很幸福,但她面临着与黛娜相同的问题:迈克尔不做他应做的那份家务活。最让贾丝廷感到烦心的是,最后总是她自己叠衣服,她讨厌这样。下面是她和丈夫在爱情实验室里有关这个话题的讨论。

> 贾丝廷:好吧(深呼吸),家务活。
>
> 迈克尔:好吧,每次干家务活,我都肯定会清理厨房的柜子和桌子(自我辩护)。
>
> 贾丝廷:嗯,你是干了(感情修复尝试)。
>
> 迈克尔:嗯。(他开始放松,贾丝廷的感情修复尝试很成功。)
>
> 贾丝廷:我觉得有时候,你好像正好留下那么一点点东西,衣服堆成一堆(温和的开始)……
>
> 迈克尔:是的,我甚至没想到洗衣服的事情(笑)。我是说,我丝毫没有注意到这一点(不是自我辩护)。
>
> 贾丝廷:(笑)真可爱,你认为是谁在做?让你有干净衣服穿。
>
> 迈克尔:好吧。
>
> 贾丝廷:也许这对你来说无所谓,但总是让我做……
>
> 迈克尔:好吧,我甚至没有想到这一层,比如,我们必须洗衣服(轻笑)。
>
> 贾丝廷:事实上,蒂姆一直在洗衣服(他们复合式公寓的邻居——一个在公共洗衣房洗衣、干衣的人)。我在洗衣房留下一筐衣物,然后当我从那经过的时候,被褥已经叠好了。
>
> 迈克尔:也许我们可以把盛脏衣服的大篮子放在他的房间里?
>
> 贾丝廷微笑(被迈克尔逗乐了,紧张感降低,心跳也慢了下来)。
>
> 迈克尔:那好吧。如果哪天我先下班回家,我会尝试做些……
>
> 贾丝廷:嗯,你可以整理些东西,尤其是毛巾、内衣和床单……
>
> 迈克尔:好,我会看看篮子里有什么(接受了妻子的影响)。
>
> 贾丝廷:好的。

在这种交流中，或许最重要的特征是末日四骑士（批评、鄙视、辩护与冷战）的缺席，它们是危险性婚姻冲突的标志。四骑士之所以没有出现，是因为贾丝廷是以一种温和的方式开始他们的谈话的。相反，苛刻的开始常常使得四骑士轮番出现，导致夫妻双方出现被淹没感，加剧夫妻间的情感疏远和孤独感，导致婚姻逐渐凋亡。这种时候，有 40% 的夫妻会离婚，因为他们之间的争吵太频繁，太具破坏性。婚姻的终结常常是因为，为了避免持续不断的冲突，丈夫和妻子互相疏远，以至于丧失了他们之间的友谊和连接感。

L O V E   **爱情大数据**   D A T A

苛刻的开始常常使得四骑士轮番出现，导致夫妻双方出现被淹没感，加剧夫妻间的情感疏远和孤独感，导致婚姻逐渐凋亡。此时，有 40% 的夫妻会离婚。

所以这个情景很重要：当迈克尔承认他甚至从未想过洗衣服的事情时，贾丝廷没有批评或蔑视他，而是笑着说她认为他的这个说法"真可爱"。由于贾丝廷温柔地对待迈克尔，他们的谈话实际上产生了这样的结果：他们想出了一个解决此冲突的计划。既然他们能够做到这一点，这场争论只会让他们对他们自己和他们的婚姻更有信心，对任何夫妻来说，这种感觉都是一笔不菲的"银行存款"，它激发了一种乐观的态度，而这种态度会帮助他们解决接下来出现的冲突。

在另一种幸福婚姻中，主要的问题出在妻子身上。安德丽亚希望她的丈夫戴夫多去教堂，但是她很难使他信奉《圣经》。她换了一种说法："我并不需要每天都去教堂，但是去教堂对我来说是一种安慰。"然后她告诉他："我不喜欢你去教堂仅仅是为了我。"有时，她会直截了当地告诉他："我希望你不只是在复活节、圣诞节和母亲节的时候才去教堂。"她的丈夫开始妥协："好吧，我会在重大的日子里去教堂……也许某些星期天也去。"

一个温和的开始不一定非得这般圆滑，它只要不批评或鄙视对方就行。在一桩健康愉快的婚姻中，夫妻间可能存在着某个很大的分歧，但妻子很有可能会说一些这样的话，如："嘿，我知道我有时很懒惰，但是昨晚你从洗衣篮旁走过时，没有停下来把被褥叠好，这让我很生气，我不喜欢一个人叠所有的衣物。"或者说："我真的觉得我们有必要经常去教堂，这对我来说非常重要。"这些就是温和的开始，因为它们是直接抱怨事情，而不是批评或傲慢地指责某个人。

温和的开始对冲突的解决是至关重要的，因为我的研究发现，**讨论以什么样的方式开始，它必然会以什么样的方式结束**。这就是为什么在倾听一对夫妻关于冲突的讨论后，我有 96% 的把握，能在前 3 分钟预测这场讨论的结果！如果你以苛刻的方式开始讨论，这表明你在用言辞攻击你的配偶，那么讨论结束时，你的紧张感至少与你开始讨论时是一样的。但是，如果你以一种温和的方式开始讨论，这表明你会抱怨配偶，但不会批评或以其他方式攻击配偶，那么，这个讨论很可能是富有成效的。如果你的大多数讨论都是以温和的方式开始，那么你的婚姻可能会既稳定又幸福。

尽管夫妻中的任何一方都可能要为苛刻的开始负责，但我们发现，在绝大多数情况下，过错方都是妻子。因为在我们的文化中，妻子比丈夫更有可能提出棘手的问题并推动问题的解决，而丈夫更有可能让自己远离这些难以面对的问题。正如我注意到的，这种差异是有生理上的原因的，男人往往更容易出现情绪淹没感。与他们的妻子相比，男人的身体对情感压力的反应更敏感，因此他们更倾向于避免对抗。

T EST 爱情测试

A PRACTICAL GUIDE
FROM THE COUNTRY'S FOREMOST RELATIONSHIP EXPERT

苛刻的开始问卷

为了弄清苛刻的开始是否已经成为你婚姻中的一大问题，请回答下面的问题。

阅读每一个句子并在"正确"（T）或"错误"（F）上画圈。

当我们开始讨论我们的婚姻问题时：

1. 配偶经常批评我。　　　　　　　　　　　　　　T F
2. 我讨厌配偶提问题的方式。　　　　　　　　　　T F
3. 争论似乎无处不在。　　　　　　　　　　　　　T F
4. 在我明白问题是什么之前，我们已经吵开了。　　T F
5. 当配偶抱怨我时，我觉得对方是在找我的茬。　　T F
6. 我似乎总是为某些问题受责备。　　　　　　　　T F
7. 配偶的消极情绪已经过头了。　　　　　　　　　T F
8. 我不得不避开配偶的人身攻击。　　　　　　　　T F
9. 我常常不得不否认配偶对我的指控。　　　　　　T F
10. 配偶的感情太容易受到伤害。　　　　　　　　　T F
11. 一般情况下，局面变糟糕的原因不在我。　　　　T F
12. 配偶批评我的人格。　　　　　　　　　　　　　T F
13. 问题是以一种粗野无礼的方式提出来的。　　　　T F
14. 配偶有时会以一种自以为是或高高在上的姿态抱怨我。T F
15. 我立即就能感受到我们之间所有的消极情绪。　　T F
16. 当配偶抱怨我时，我觉得对方基本上是不尊重我的。T F
17. 当抱怨开始时，我只想从这种情景中逃离。　　　T F
18. 我们突然间失去冷静。　　　　　　　　　　　　T F
19. 我觉得配偶的消极情绪使我感到气馁和不安。　　T F
20. 我认为配偶完全失去了理性。　　　　　　　　　T F

计分：每个"T"计1分。

　　5分以下：分数在这个区域表明你们的婚姻很稳固。你和配偶在发起一场艰难的讨论时，彼此都很温和，不会批评或鄙视对方。由于你们避免以苛刻的方式开始讨论，你们共同解决或学会处理冲突的成功率就会迅速增加。

　　5分或5分以上：你的婚姻在这个方面还有待改进。你的分数表明，当你和配偶开始讨论你们之间的分歧时，你们中的某个人往往会变得苛刻，这意味着你们至少搬出了一位末日骑士，这自动阻止了问题的解决。

尽管妻子常常要为苛刻的开始负责，但是，避免这种开始的秘诀是你们要共同运用前 4 条法则，做到这一点，妻子自然会以温和的方式开始讨论。因此，如果你的配偶倾向于以苛刻的方式提出问题，我能给你的最好建议是，一定要让对方感到你理解对方的感受，尊重对方，爱对方，愿意接受对方的影响。苛刻的开始通常是这样一种反应，当妻子觉得她的丈夫没有回应她轻度的抱怨或愤怒时，苛刻的开始就出现了。因此，如果你能遵从某个小要求，如"轮到你倒垃圾了"，你就能避免把这种情形升级成："你到底是怎么回事？你是个聋子吗？把这该死的垃圾倒了！"

在你们的婚姻生活中，如果你是要为苛刻的开始负主要责任的人，我不得不强调温和的开始对你婚姻的命运是多么重要。记住，如果你直奔最尖锐的问题，你就会引起大出血，其结果不是产生一种有意义的、富有成效的讨论，而是引发一场战争。如果你正生配偶的气，在急着讨论之前，最好做一个深呼吸，想想如何提出这个话题。如果你不断地提醒自己要温和一点，你很容易就能做到以温和的方式开始交谈，冲突则很有可能得到解决。如果你觉得自己太气愤，不能和和气气地讨论问题，你的最佳选择是等到自己平静下来，再和配偶谈论问题。

以下一些建议，能确保你以温和的方式开始讨论。

可以抱怨但不能责备。假设你非常生气，因为配偶不顾你的反对坚决要求买一条狗。他信誓旦旦地说买了狗之后，他会清理狗的粪便，但是现在，每当你倒垃圾的时候，就会发现院子里到处都是狗的大便。这当然可以抱怨，你可以这样说："嘿，后院里到处都是狗粪，我们说好了由你清理班卓的大便，我真的被它烦透了。"尽管这有点挑衅，但它不是一种攻击，你纯粹是在抱怨一个特殊的情境，不是在攻击配偶的人格或品质。

但你不能这样说："嘿，后院里到处都是狗粪，这全是你的错，你对这狗不负责任，从一开始我就不该相信你。"不管你觉得责备配偶是多么正当，问题是这种做法没有任何助益。即便你这么说能让配偶清理院子，你们的关系也会更紧张，你们的不满和自我辩护也会增多。

说话时以"我"开头而不是以"你"开头。 从 20 世纪 60 年代中期以来，第一人称陈述一直是人际心理学的研究主题。极受欢迎的心理学家海姆·吉诺特（Haim Ginott）注意到，以"我"开头的短语通常不太可能是批评性的话语。而且，与以"你"开头的句子相比，以"我"开头的句子不太可能让倾听者为自己辩护。例如：

"你没有听我说。"VS "如果你听我说的话，我会很高兴。"
"你不在乎钱。"VS "我希望我们能多存些钱。"
"你根本不关心我。"VS "我觉得被忽视了。"

很显然，上面以"我"开头的句子比那些以"你"开头的句子更温和一些。当然，你也可以举出一些例子，反对这个常规，提出一些以"我"开头的如"我认为你很自私"这样硬邦邦的句子。因此，你要记住的是，如果你主要是在陈述你的感受，而不是指责配偶，你们的讨论就会非常成功。

只描述事实，不做评价或判断。 不要谴责或责备配偶，只要描述你看到的事实就行。不要说"你从来不照看孩子"，而要说"我今天似乎是唯一一个围着孩子转的人"。这会再次帮你阻止配偶产生那种被攻击的感觉，从而为自己辩护，不去真正考虑你的意见。

明确地表达观点。 不要期望配偶能看透你的心思，不要说"你把餐厅弄得一塌糊涂"，而要说"如果你能把你留在餐桌上的东西清理干净，我会很感激"。不要说"你能不能照看下孩子"，而要说"请你给艾米换个尿不湿，再给她一瓶牛奶"。

要有礼貌。 多用如"请"或"我会很感激，如果……"之类的话。

要学会赞赏。 用一种赞赏的口气来表达你的请求，请求配偶做他过去做得很好、现在你怀念的那些事情。不要说"你从来没有时间陪我"，而要说："还记得我们过去每个星期六晚上是怎么度过的吗？我喜欢花那么多时间和你单独相处，知道你愿意和我在一起，这感觉真的再好不过了，让我们重新过那种日子吧。"

不要闷声不响。当你准备指责配偶时，你很难做到和声细语，因此，不要在心里憋好长一段时间才把问题提出来，不然这个问题只会在你的心里不断升级，就像《圣经》上说的："不可含怒到日落。"

比较一下艾丽斯在接下来的两段对话中说了些什么，你就知道所有这些步骤是如何联合起来开创一个温和的开始的。

苛刻的开始

艾丽斯：又是一个星期六，我又一次把我的空闲时间花在给你收拾烂摊子上。理查德，你有毛病（批评、责备）……

理查德：又来了，"你有毛病啊，理查德，你有毛病啊，理查德"，我一点毛病也没有！

艾丽斯：那为什么我总要告诉你该做什么呢？没关系，我已经把你的东西收拾好了。你又因为忙着看报纸没有注意到是不是（鄙视）？

理查德：你瞧，我讨厌打扫，我也知道你会去做，我一直在想我们该怎么解决这个问题（感情修复尝试）。

艾丽斯：这话你说过无数次了（进一步鄙视）。

理查德：好吧，实际上我在想我们可以去度个假。被别人侍候，岂不是很美妙（第二次修复尝试）？

艾丽斯：得了吧，我们连清洁工都请不起，更别说度假了。

温和的开始

艾丽斯：这房子乱得不像话了，我们今晚一起来收拾吧（描述事实）。让我一个人星期六做所有的清洁活，这真的让我心烦（第一人称陈述）。快点过来，帮帮我，也许你能用吸尘器给地毯除尘（明确地表达观点）？

理查德：好的。我讨厌打扫房间，但是，我猜除尘可能是这些活中最好干的，我还可以把浴室打扫干净。

艾丽斯：这真是帮了我大忙了（赞赏）。谢谢你（有礼貌）。

理查德：我们把活干完后，应该给自己一点奖励。咱们一起出去吃
　　　　午饭吧。

艾丽斯：好啊。

当你最初用温和的方式开始时，配偶也许不会下意识地亲切起来，也许仍然预料你会批评或鄙视他，因此会作出消极回应。你不能就此放弃，或者掉进这个陷阱把冲突扩大，而是应该继续温和地谈论这个话题。最终，你会发现配偶会改变他的回应方式，尤其是如果你们一起花工夫学习第5条法则中的其他方面，配偶的回应变化会更大。

为进一步说明苛刻的开始与温和的开始之间的区别，这里举几个例子：

苛刻的开始：你从来不碰我。

温和的开始：那天在厨房你亲我，感觉真好，你是一个天生的接吻
　　　　　　高手，让我们多做几次吧。

苛刻的开始：你又把车撞瘪了，你要到什么时候才不这么粗心大意？

温和的开始：我看见一个新的凹痕，出什么事啦？你的开车方式真
　　　　　　的让我很担心，我希望你能注意安全，我们能谈谈这
　　　　　　个事吗？

苛刻的开始：你总是忽视我！

温和的开始：我最近很想你，我觉得有点孤单。

Ⓔ XERCISE
爱情实践场

◆ **温和的开始**

现在测试你以"温和的方式"开始谈话的能力，针对下面每一条说法，你要给出一个"温和"的表达法。（练习后面有参考答案，没做完之前先不要看。）

1. 你的岳母今晚来访。你准备告诉妻子，当岳母批评你养育孩子的方法时，你很反感。你的配偶总是护着她母亲，这次你希望她能支持你。

苛刻的开始：你妈妈一来，我就无法忍受。

温和的开始：

2．你希望配偶明晚能做饭或是带你出去吃。

苛刻的开始：你从来没带我出去吃饭，我讨厌一直做饭。

温和的开始：

3．当你们参加派对时，你认为配偶花太多时间在别人身上而不关注你，今晚你希望配偶只关注你。

苛刻的开始：我知道，你今晚又要在派对上不知羞耻地和别人调情了。

温和的开始：

4．你已经有一段时间没和配偶做爱了，这让你感到不安，不确定配偶是否还被你吸引，你希望今晚你们能做一次爱。

苛刻的开始：你总是对我这么冷淡。

温和的开始：

5．你希望配偶能要求加薪。

苛刻的开始：你是个软弱无能的人，你不能为了家人着想要求加薪。

温和的开始：

6．你希望你们能在周末一起做些有趣的事情。

苛刻的开始：你根本不会玩，你是个工作狂。

温和的开始：

7．你希望你们俩能多存钱。

苛刻的开始：你对如何理财一无所知。

温和的开始：

8．你希望配偶能多花一些钱给你买礼物，给你惊喜。

苛刻的开始：上次你给我买东西是什么时候的事了？

温和的开始：

参考答案

1．我很担心你妈今晚又批评我，而你总不支持我。

2. 我做饭做得厌烦了，如果你能带我出去吃，就太好了。

3. 今晚我又会觉得羞怯，请和我待在一块好吗？让我能从容自如
地与他人交谈，这一点你最擅长了。

4. 我最近真的很想你，你知道你让我多么兴奋吗？我们做爱吧！

5. 如果你马上能加薪就好了，我们来谈谈加薪计划吧，你说呢？

6. 我真的希望这个周末能和你度过一段快乐的时光。放下手头的
工作，我们一起做些有趣的事情怎么样？有一部很棒的电影我
想去看。

7. 我担心我们的存款不够用，我们做一个理财计划好吗？

8. 我最近感到很失落，如果我们能出其不意地给对方一份惊喜，
我想会很不错，你觉得呢？

第2步：学会提出和接受感情修复尝试

当你接受驾驶培训时，老师教给你的第一件事就是如何刹车。**在婚姻中，踩刹车也是一项重要的技能**，当你们的争论一开始就踩错了脚，或者你发现自己处在无休止的指责循环中时，如果你懂得如何刹车，你就能阻止一场灾难。我把这些踩刹车的行为称作感情修复尝试。

当迈克尔为自己辩护说："每次干家务活，我都肯定会清理厨房的柜子和桌子。"贾丝廷没有立刻驳斥他的观点："嗯，你是干了。"这就是感情修复尝试，它能缓解紧张气氛，因此，迈克尔更容易作出让步。稳定、高情商的婚姻与其他婚姻的区别不在于他们必须熟练地掌握修复尝试技能或想出更好的点子，而在于他们能理解彼此的感情修复尝试。由于他们之间的那片天空没有被太多的阴云笼罩，所以他们能接收到对方发出的感情修复尝试。

**EST
爱情测试**

A PRACTICAL GUIDE
FROM THE COUNTRY'S FOREMOST RELATIONSHIP EXPERT

感情修复尝试问卷

为了评价你婚姻中感情修复尝试的有效性，请回答下面的问题。

阅读每一个句子并在"正确"（T）或"错误"（F）上画圈。

在我们试图解决冲突时：

1. 当我们需要刹车的时候，我们能够及时刹车。　　　　　　T F

2. 配偶通常会接受我的道歉。　　　　　　　　　　　　　T F

3. 我能够说出"我错了"。　　　　　　　　　　　　　　　T F

4. 我善于让自己冷静。　　　　　　　　　　　　　　　　T F

5. 我们能保持幽默感。　　　　　　　　　　　　　　　　T F

6. 当配偶说我们应该换个方式交谈时，通常都很在理。　　T F

7. 当讨论出现太多消极因素时，我的修复尝试通常很有效。T F

8. 甚至在我们观点不一致时，我们也是很好的倾听者。　　T F

9. 如果讨论过于激烈，我们懂得转换话题。　　　　　　　T F

10. 当我心烦的时候，配偶善于安慰我。　　　　　　　　　T F

11. 我们能解决我们之间的大部分问题，对此我很有自信。　T F

12. 当我建议我们如何更好地交流时，我的配偶会听我的。　T F

13. 即使事情有时变得棘手，我也知道我们能解决我们之间的分歧。T F

14. 即使在我们意见不一致的时候，我们还能喜欢对方。　　T F

15. 打趣和幽默通常能化解配偶的消极情绪。　　　　　　　T F

16. 如果需要，我们会从头开始讨论并注意我们讨论的方式。T F

17. 情绪激动时，我觉得表达不安是一件很难的事。　　　　T F

18. 即便我们之间有很大的分歧，我们也能展开讨论。　　　T F

19. 配偶对我干得漂亮的事情会表示赞赏。　　　　　　　　T F

20. 如果我一直试着沟通，最后会有效果。　　　　　　　　T F

计分：每个"T"计1分。

　　6分或6分以上：分数在这个区域内表明你的婚姻很稳固。当有关婚姻问题的讨论失去控制时，你们能及时刹车并能有效地让彼此冷静下来。

　　6分以下：你们的婚姻在这个方面还有待改善。当消极情绪吞没你时，通过学会如何修复你们的谈话，你不但能极大地提高自己解决问题的效率，还能更加乐观地看待配偶和你的婚姻。

领会对方发出的信息

就像我说的，感情修复尝试是否有效的关键因素是婚姻的状况。**在幸福的婚姻中，夫妻双方很容易发送和接收信息；在不幸的婚姻中，即使最明白不过的感情修复尝试都没人理会。**但是，现在你知道了这一点，就能对抗这个规律，不用等到婚姻得到改善之后才变得善于接收对方的修复尝试信息。现在，开始把精力集中在"踩刹车"和训练自己识别对方发送的消息的能力上面，做到这一点，你就能把自己从消极情绪的旋涡中拉出来。

有些夫妻没能领会对方的感情修复尝试意图，原因之一是修复尝试并不总是以甜言蜜语的面目出现。如果配偶冲你大声嚷嚷："你离题了！"或是发牢骚："我们可以休息一会儿吗？"尽管它是以一种消极的方式表达出来的，但这也是一种修复尝试。如果你只注意配偶说话的腔调而不是说话的内容，那么你就会错过对方传达的真正信息——"停！谈话已经失控了。"如果你们的夫妻关系被消极情绪吞没，那么感情修复尝试将很难被对方察觉，因此，最好的办法是让你的修复意图在形式上更明显。后面有一份长长的脚本单，里面有一些很特别的话语，你可以通过向配偶说这些话来降低你们之间的紧张感。当讨论变得过于消极时，这些话能使你们的讨论不至于失去控制。有些夫妻甚至把这个单子抄下来，贴在冰箱门上，方便他们参考。

目前对你而言，这些话如果不是全部，至少也有许多听起来很虚伪、不自然。这是因为当你感到不快时，这些话为你提供的交谈方式对你来说非常困难。但尽管如此，这些矫情的话不应成为你拒绝使用它们的理由。这就好比是打网球，你学会了一种更好、更有效的击球方法，而在学会这个方法之前，你可能会觉得它是"错的""不自然的"，这仅仅是因为你还没有习惯。这些感情修复尝试的话语也是如此，随着时间的流逝，说出这些话对你来说不再是一件难事。当然，你可以适当调整这些话语，使它们更加符合你的说话风格和个性。

我感觉

1. 我很害怕。

2. 请说得更温柔一点。

3. 我做错什么了吗？

4. 这伤害了我的感情。

5. 这感觉像是一种侮辱。

6. 我很伤心。

7. 我觉得被指责了，你能改改你的措辞吗？

8. 我觉得不被欣赏。

9. 我觉得对你有了防卫心理，你能改改你的措辞吗？

10. 请不要教训我。

11. 我不觉得你现在就能理解我。

12. 我开始觉得被消极情绪淹没。

13. 我觉得被批评了，你能改改你的措辞吗？

14. 我很担心。

我需要冷静

1. 你能为我做些让我觉得更有安全感的事吗？

2. 我现在需要做的事是冷静下来。

3. 我现在需要你的支持。

4. 现在只要听我说并试着理解我就行。

5. 告诉我你爱我。

6. 能吻我一下吗？

7. 我可不可以收回那句话？

8. 请对我温柔一点。

9. 请帮助我冷静下来。

10. 请你安静下来听我说。

11. 这对我很重要，请听我说。

12. 我要把我想说的话说完。

13. 我开始觉得被消极情绪淹没。

14. 我觉得被批评了，你能改改你的措辞吗？

15. 我们能不能休息一下？

对不起

1. 对不起，我的反应太过激了。

2. 我真的把事情搞砸了。

3. 让我再试一次。

4. 现在我想对你温柔点，但是我不知道该怎么做。

5. 告诉我，你听到我说了些什么。

6. 在这个事情中，我觉得自己也有责任。

7. 我怎么能让事情变得好一点？

8. 让我们再试一次吧。

9. 你说的是……

10. 让我们以一种温和的方式再次开始讨论吧。

11. 对不起，请你原谅我。

有成效的谈判

1. 你开始相信我了。

2. 我同意你的部分看法。

3. 我们在这里妥协吧。

4. 让我们找出我们的共同点。

5. 我从来没想到事情会是这个样子。

6. 从大环境上看，这个问题并不是很严重。

7. 我觉得你的观点是有道理的。

8. 在寻求解决方法时，应该考虑我们两个人的意见。

9. 我感谢……

10. 我佩服你的一件事情是……

11. 我明白你的意思。

停止行动

1. 我也许在这个地方做错了。

2. 让我们停一会儿。

3. 让我们休息一会儿。

4. 给我一分钟，我会回来的。

5. 我觉得被消极情绪淹没了。

6. 请停下来。

7. 让我们承认我们在这个地方有分歧。

8. 让我们从头再来。

9. 保持这种状况，不要放弃。

10. 我想换个话题。

11. 我们跑题了。

我欣赏

1. 我知道这不是你的错。

2. 对这个问题，我的责任是……

3. 我明白你的意思。

4. 谢谢你……

5. 这是一个好主意。

6. 我们都认为……

7. 我理解。

8. 我爱你。

9. 我感谢……

10. 我佩服你的一件事情是……

11. 这不是你的问题，这是我们的问题。

利用这些话语脚本来规范你的感情修复尝试，能从两个方面帮助你化解争论。首先，脚本的规范化可以向你保证，使用这种类型的话语能够做到及时刹车，防止谈话失去控制；其次，这些话语就像是扩音器，当你是一个信息接收者时，它们能确保你能注意到对方发送的感情修复尝试信息。

现在是时候利用上面的脚本单来帮助你解决婚姻中的问题了。选一个不太激烈的冲突来讨论，每个人讲15分钟，谈话期间，每个人要确保自己至少使用了清单中的一句话。提前告诉配偶你打算提出一个感情修复尝试，你甚至可以提及这个尝试所对应的数字，比如，"我会用'我感觉'这一条下的第6个句子'我很伤心'来表达我的修复尝试"。

当配偶报告说他提出了一个感情修复尝试，你的工作就只是接受这个尝试。有时"中断"可以让事情变得更好，试着从情感上接受那些本意良好的尝试，这能强化你接受配偶影响的能力。例如，如果配偶说："我要把我正在说的话说完。"你应该承认对方的这种需求，鼓励对方和你交谈。

由于你不断地在谈话中采用上面的句子，最终你可能会考虑采用其他一些方式来代替这些句子，如举起手，直截了当地宣布"这是一个感情修复尝试"。或者你也许能想出其他更有效的、更加适合你的个性和婚姻的修复尝试。例如，我们知道这样一对夫妻，如果他们中的某个人在讨论的时候招来一位末日骑士，这对夫妻就会发出"嘚嘚"的马蹄声。这种幽默的感情修复尝试能有效消除他们之间的消极情绪。

第 3 步：自我安抚和互相安抚

当贾丝廷和迈克尔关于洗衣问题的讨论进行到一半的时候，迈克尔打了个呵欠，这似乎是个不经意的动作，但它实际上对这场讨论的愉快前景非常重要。打扫房子并不是什么引人入胜的话题，但是，如果迈克尔没有打呵欠，那说明贾丝廷让他感到厌烦，而他打了呵欠，说明他很放松。当你觉得愤怒或焦虑的时候，打呵欠几乎是你最不可能有的生理反应，迈克尔的呵欠就像是一种宣言，他觉得贾丝廷让他感到很舒服，即使他们正在冲突中。由于迈克尔的身体（或心灵）没有发出任何警报，因此他能够轻松地同贾丝廷讨论家务活并达成妥协。

然而，在不那么稳定的婚姻中，有关冲突的讨论会导致相反的反应，它们能引发"情绪淹没"现象。当这种情况出现时，无论是在情感上还是在生理上，夫妻双方都有一种挫败感。通常你会觉得义愤填膺（"我再也受不了啦"），或者觉得自己是个无辜的受害者（"为什么她总是指责我"），在此期间，你的身体也很痛苦，你会心跳加快，流汗，呼吸也不顺畅。

我发现在绝大多数的案例中，如果夫妻中的一方没有"收到"另一方的感情修复尝试，这是因为，倾听的一方被消极情绪淹没而无法听到对方在说什么。当你处在这种状况中时，这个世界上最周到的感情修复尝试也不能给你的婚姻带来任何助益。

T EST
爱情测试

情绪淹没问卷

为了弄清"情绪淹没"现象是不是你婚姻中的一个重大问题，请回答下面的问题。

阅读每一个句子并在"正确"（T）或"错误"（F）上画圈。

1. 我们的讨论太激烈了。	T F
2. 我很难平静下来。	T F
3. 我们都会说一些让自己感到后悔的话。	T F
4. 配偶很不安。	T F
5. 争吵过后，我想与配偶保持距离。	T F
6. 配偶没有必要大喊大叫。	T F
7. 我们的讨论让我有一种挫败感。	T F
8. 配偶不友善的时候，我也会失去理性。	T F
9. 为什么我们不能更有逻辑地谈论问题呢？	T F
10. 配偶的消极情绪常常无处不在。	T F
11. 配偶发起火来停不住。	T F
12. 我觉得我们的争吵离题了。	T F
13. 小问题突然变成大问题。	T F
14. 在讨论期间，我很难冷静下来。	T F
15. 配偶有一大堆的不合理要求。	T F

计分：每个"T"计1分。

6分以下：分数在这个区域表明你的婚姻很稳固。当和配偶意见不一致时，你不会觉得不知所措，你没有感到被配偶批评或感受到配偶的敌意。这真是一个好消息，你在沟通时能控制自己的消极情绪，因此，你们能更好地解决冲突，避免在不可解决的问题上陷入僵局。

　　6分或6分以上：你的婚姻在这个方面还需某些改善，你的分数表明你在同配偶讨论期间，有被消极情绪淹没的倾向。当这种情况发生的时候，任何解决这个问题的可能性都没有了，你太过激动，很难真正听清楚配偶说的话，也无法使用一些技巧有效地解决冲突。

　　这个问题如何解决呢？首先要做的是停止讨论。如果你继续讨论，你会发现自己在朝配偶发火或者开始冷战，这两种情形除了让你在离婚的路上再前进一步之外，不会给你带来任何益处。因此，**唯一合理的策略是让配偶知道你被消极情绪淹没，你需要休息一会儿。**

　　如果想让你的身体平静下来，那么这个休息时间至少应该要有 20 分钟。休息期间，你要避免义愤填膺或是产生无辜受害者这样的想法。你可以花点时间做一些能抚慰自己或是分散注意力的事情，比如听音乐或做运动。

　　许多人发现，最好的自我安抚的方法是通过沉思，全神贯注地让身体平静下来。以下步骤值得一试：

1. 坐在一把舒适的椅子上，或者仰面躺在床上。
2. 注意控制你的呼吸。通常当你感到被消极情绪淹没时，你要么会屏住呼吸，要么呼吸急促，因此，你应该闭上眼睛，把心思集中在有规律的深呼吸上面。
3. 放松你的肌肉。一次一个部位，用力压那些紧张的肌肉组织（通常是额头、下巴、脖子、肩膀、手臂和背部），紧压两秒钟，然后松开。
4. 消除每个肌肉组织的紧张感，然后通过想象，让每个肌肉组织感觉到踏实。
5. 消除每个肌肉组织（依然感觉紧绷）的紧张感，然后让这些肌肉组织感觉到温暖。办法之一是：闭上眼睛，全神贯注于一个宁静的幻象或想法。许多人发现，想象类似森林、湖泊或海滩这样的宁静之地是一个很有效的消解紧张的方法。尽可能栩栩如生地想象这个地方，要让自己的注意力集中在这种宁静的幻象上 30 秒左右。
6. 找一个能抚慰你情绪的个人图像。例如，我所知道的华盛顿州的奥卡斯岛就是一个好地方，这里最大的声响就是风吹过树林，树叶发出的沙沙声，这种沙沙声就像是居住在附近巢穴里的小鹰在展翅翱翔。想象这种图像不但能让我放松，还能自动触发其他所有的自我安抚步骤。

这种休息是非常重要的。在我举办的每个讲习班中，我都把这个练习安排在解决冲突的环节中。我在不同的参与者身上得到了相同的答案。刚开始的时候，他们不停地抱怨被强迫放松，有些人对放松练习冷嘲热讽，不明白闭上眼睛想象一个湖泊如何能帮助他们消除婚姻生活中的烦恼。然而，一旦做了这个练习，他们便明白这个练习对他们是多么有用。

突然之间，房间里所有的人都放松了，你会看到夫妻双方在交谈时的变化：与放松前相比，他们说话的声音更柔和了，笑声也更多。自我安抚使得他们能作为一个团队更好地处理彼此之间的冲突，而不是作为对手，为某个问题相持不下。

在最近的一次实验中，我们每过 15 分钟就会打断这些夫妻的交谈，告诉他们我们要调整设备。我们要求他们暂停问题讨论，去看半个小时杂志。当他们再次谈论问题时，我们发现他们的心跳明显放慢，交谈也更有成效。

有很多方法可以让配偶冷静下来，关键是，这个方法是由配偶确定并表示喜欢的。有些夫妻发现按摩能有效缓解讨论带来的紧张感，另一些有用的方法包括夫妻双方轮流用某种调节法来引导对方，如前面提到的自我安抚的 6 个步骤。

你可以把这个调节法看作是"口头按摩"，你甚至可以编写一个详细的脚本，其中记录了配偶肌肉组织在紧张和放松状态下的不同，然后你可以想象一幅能带给对方快乐、宁静的美丽景色。你可以把你的"口头按摩"录音以备将来之用，甚至可以把它作为一份特殊的礼物送给配偶。不必等到紧张情形出现时才使用这个练习，时常互相安抚不但是一个很棒的阻止将来"情绪淹没"感出现的好方法，通常还能丰富你的婚姻。

爱情练习卡 EXERCISE CARD
互相安抚

一旦自己平静下来，如果随后能花点时间让对方平静下来，那么你就能给你的婚姻带来巨大的好处。这样做的好处很大，因而值得尝试。显然，如果你非常愤怒或觉得自己受到伤害，就很难做到这一点。记住：只有在花 20 分钟让自己冷静下来之后，你才能去安抚对方。

安抚配偶能给婚姻带来极大的好处，因为这种安抚实际上是一种逆向调节形式。也就是说，如果配偶经常安抚你，让你保持冷静，你就不会再把配偶看作是生活中压力的源头，而是把对方与放松感联系起来，这自动增加了夫妻关系的积极性。

为了做到互相安抚，首先你们要坦诚地谈论"情绪淹没"现象，回答下面的问题：

◎ 是什么让你觉得被消极情绪淹没？

◎ 你一般怎样提出问题，怎样表达愤怒或抱怨？

◎ 你有没有把事情憋在心里？

◎ 对方可以做些什么来安慰你？

◎ 当我们出现情绪淹没感的时候，可以用什么信号让另一个人知道？我们能休息一下吗？

第 4 步：妥协

无论你喜欢还是不喜欢，解决婚姻问题的唯一方法是寻求妥协。在一个亲密的、充满爱意的婚姻关系中，即使你坚信你是对的，你们中的任何一个也都不能完全按自己的方式来处理事情，因为这种做法会导致不公，从而损害婚姻。

通常，尽管夫妻双方都认真努力地想就某些问题达成妥协，但他们最终还是失败了，因为他们妥协的方式不对。只有在你遵循以上这些步骤之后才有可能进行协商。通过让你养成一种积极的习惯，这些步骤事先为你提供了妥协的可能。

在试着解决冲突之前，记住，**任何妥协的基础是婚姻的第 4 条法则——接受配偶的影响**。为了达成妥协，你不能对配偶的意见和要求不闻不问，也不能毫无主见地赞同配偶说的每件事。但是，你可以诚恳地考虑接受对方的立场，这就是接受配偶影响的真正意义。当配偶试着和你讨论某个问题的时候，如果你发现自己在袖手旁观，或摇头反对，或只是一味思考不表态，你们的讨论永远不会有任何结果。

就像我说过的，比起女人接受丈夫的影响来，男人接受妻子的影响要难得多。但是，无论你是什么性别，如果不能虚心接受对方的影响，这对解决冲突来说真的是一种妨碍。因此，如果你还不能接受对方的影响，就再去做做第 6 章的练习。改变这种倾向需要花些时间，你要不断提醒自己注意这方面的毛病，提醒自己配偶能帮助你从另一个角度看问题。记得要寻找配偶观点中合理的部分。

一旦你能接受配偶的影响，要找到一个你们双方都能接受的解决之道就不再是问题。通常，仅仅通过系统性地谈论你们的分歧和偏好，就能达成妥协。只要你继续按照上述这些步骤去做，要避免讨论变得过于消极并不是一件很难的事。

E XERCISE 爱情实践场
A PRACTICAL GUIDE
FROM THE COUNTRY'S FOREMOST RELATIONSHIP EXPERT

◆ 寻找共同点

共同选定一个你们俩都希望解决的、可以解决的问题，然后各自坐到一旁思考这个问题。在纸上画一大一小两个圆圈，小圆圈套在大圆圈里面。在小圆圈里列出你对这个问题的无法让步之处，在大圆圈里列出你可以妥协的方面。日本合气道的原则是向胜利让步，你越善于妥协，就越有可能说服你的配偶。因此，要努力使大圆圈的内容尽可能地多，小圆圈的内容尽可能少。

雷蒙德和卡罗尔对他们的性生活不太满意，下面是他们在小圆圈和大圆圈里列出的内容。

雷蒙德

小圆圈：

1．我希望性生活更有激情。

2．我希望能和穿着性感内衣的你做些有情趣的游戏。

大圆圈：

1．即便当我很疲惫时，在早上做爱还是晚上做爱方面，我都能同你商量。

2．我能忍受在做爱时说话。

卡罗尔

小圆圈：

1．我希望我们的性生活充满更多感情。

2．我希望你能多抱我、多抚摸我，前戏更长。

大圆圈：

1．我喜欢在晚上做爱，因为我喜欢在欢爱后枕着你的胳膊睡，但早上做爱也可以。

2．做爱期间两人说说话是件不错的事，不过我也可以不说。

一旦填完大小圆圈的内容（你所列举的条目可能会比雷蒙德和卡罗尔多），请回过头来和配偶讨论你们各自填写的内容，寻找共同点。记住，如果出现"情绪淹没"感，你在讨论中就要利用这一章中提到的其他解决问题的策略——温和的开始、自我安抚和互相安抚——来处理这个问题。

在卡罗尔和雷蒙德的例子中，他们的小圆圈是截然不同的，但是，这些小圆圈并非不可兼容。一旦他们接受并尊重他们对做爱的不同看法，就能展开关于做爱问题的讨论，这些讨论能把雷蒙德的性幻想和卡罗尔对亲密行为和更多触摸的渴望合并起来。

尽管他们的大圆圈也是互相对立的，但是，他们愿意在这些地方让步，因此他们很容易就能达成妥协。根据雷蒙德的疲惫程度，也许他们会灵活决定是在早上做爱还是在晚上做爱，也能调整做爱时说话的多少。

这个圆圈练习的目的是设法找出双方对此问题的一个共同思考点，

因此你们要一起构想一个你们俩都能接受的真实方案。当你和配偶讨论圆圈的内容时，你们要问自己以下问题：

1. 我们赞成的是什么？

2. 在这个问题上，我们共同的感觉或最重要的感觉是什么？

3. 在这个问题上，我们的共同目标是什么？

4. 我们如何理解这种情形、这个问题？

5. 我们应该怎样完成这些目标？

如果你们正在和某个可以解决的问题搏斗，按照这些步骤去做，很可能会让你们找到一个合理的折中方法。一旦你们找到了，先试用一段时间，然后再确定它是否起作用。

一起集中解决某个与你婚姻生活无关的问题，圆圈练习是个提高你妥协技能的好方法。接下来是一个有趣的练习，通过团队合作、施加和接受配偶影响，这个练习将会训练你们达成一致意见。

爱情练习卡 Exercise card
纸塔

这个练习和别的夫妻一起做会特别有趣。假设有一场建纸塔派对或建纸塔竞赛，在这场派对或竞赛中，一对夫妇就是一个团队，他们要轮流担任建筑师和评分员的角色。

任务：用下面提供的材料建造一座独立的纸塔，要尽可能把塔建得最高、最稳固、最漂亮。你们也许对如何建造这座塔有着不同的见解，因此，记得用本章中提到的妥协方法来解决你们的分歧。

在做这个练习期间，尽量像一个团队一样去完成任务，两人都要向对方施加影响并接受对方的影响，两个人都要提问。花半个小时完成这个任务，完成后的作品可能不符合你们中任何一人的想象，但这个作品包含了你们俩的想象。纸塔完成后，让第三方（或另一对夫妻）来给你们的作品打分。显然，建造纸塔需要创造力，所以评分无疑会非常主观，但分数不是最主要的，重要的是你们在共同建造纸塔的过程中一起体验到的乐趣。完成这个任务后，你们的妥协技能会有所提高，你们的婚姻也会进入新的里程。

提供的材料：

报纸	彩色蜡笔	线团
彩色玻璃纸	透明胶带	工艺用纸
订书机	硬纸片	马克笔

计分：第三方（或另一对夫妻）为作品评分，最高分是 90 分，具体计算方式是：

高度：0~20 分

强度（稳固性）：0~20 分

美观和独创性：0~50 分

你得了＿＿＿分。

第 5 步：容忍对方的缺点

婚姻常常陷入"要是"困境，要是配偶再高一点、再富裕一点、再聪明一点、再整洁一点或再性感一点，你们所有的问题都会烟消云散。一旦这种心态占了上风，冲突就很难解决。在你接受配偶的缺点和不足之前，你不可能成功地向对方妥协，相反，你会一直想方设法改变你的配偶。冲突的解决不在于改变一个人，而在于协商，寻找共同点，找到双方都能适应的方法。

当你掌握了这一章中所讲的解决问题的基本技能时，你会发现，你的很多问题都能找到相应的解决办法。一旦你越过了妨碍清晰交流的藩篱，你的难题就非常容易解决。实际上，在下一章里，我们将为夫妻们面临的最普遍的冲突，例如金钱、性、家务活、孩子、工作压力，提供一些创造性的、简单可行的解决方法。但要提醒你注意的是，这些方法只对可以解决的问题有用。如果你仍然很难就相关问题达成妥协，那么你正在尽力解决的这个问题很可能属于不能解决的问题，如果是这样，那么请参考第 10 章对处理永久性的问题提出的建议。

THE
SEVEN PRINCIPLES
FOR MAKING MARRIAGE WORK

09

可解决的问题
金钱、孩子与性

The Seven Principles for Making
Marriage Work: A Practical Guide
from the Country's Foremost
Relationship Expert

工作压力、姻亲关系、金钱、性、家务活、新生儿，这些都是容易引发婚姻冲突的常见问题，其中的某些问题可能会成为婚姻关系中的痛痒所在。即便是幸福稳定的婚姻，这些问题也会经常出现，尽管每桩婚姻各不相同，但是，这些特殊的冲突为什么会如此普遍是有原因的：它们触及婚姻中一些最重要的部分。

幸福的婚姻需要"经营"，但是许多人都只是动动嘴皮子。这句话到底是什么意思呢？每一桩婚姻都面临着一定的情感任务需要丈夫和妻子共同完成，这些任务归结起来就是：让婚姻稳步成长，双方感情不断深化。婚姻需要理解，因为这样才能让身处其中的夫妻双方感到安全和可靠。当人们没有完成这些任务时，婚姻不像是生活中一场暴风雨的避风港，而更像是置身在另一场暴风雨中。

通常，当丈夫和妻子对这些任务、它们的重要性或应该如何完成这些任务持有不同看法的时候，这6个常见问题中的任何一个就会引发冲突。如果这个冲突是永久性的，再多的解决问题的技巧也解决不了它，只有当你们都逐渐适应持续不断的分歧时，你们之间的紧张感才会逐步降低。但是，当这个问题属于可以解决的问题时，找到攻克它的恰当方法就成为一项挑战。下面列出了6个热点，每个热点代表一种婚姻中的情感任务。为这些热点所能引起的可解决的问题，我们提供了一些实用的建议。

压力，还是压力

任务 让你的婚姻和和美美。

在多数日子里，斯蒂芬妮和托德下班后一前一后地回到家，他们不是把团聚变成一场情意绵绵的相会，而是开始拌嘴。托德整天对一个难以相处的老板卑躬屈膝，当他回到家，找不到自己的邮件时（斯蒂芬妮已经第 n 次把邮件从桌子上拿开了），他就开始生气。斯蒂芬妮手头有个任务要赶着完成，她知道晚上要加班加点，当她打开冰箱，发现冰箱里除了饮料什么也没有的时候，很生气。"没有吃的！"她吼道，"你答应去超市买吃的，我不敢相信你居然没有去，你是怎么回事啊？"

托德和斯蒂芬妮之间的问题到底出在哪里？答案是他们把工作上的压力带回了家，而这压力对他们的婚姻造成了破坏。

毫无疑问，工作压力越来越成为导致夫妻不满的主要因素。与 30 年前相比，现在的夫妻平均每年要工作 1 000 个小时。他们交流的时间少了，放松的时间少了，吃饭睡觉的时间也少了，怪不得对许多家庭来说，欢呼"亲爱的，我回来了"的日子已经成为历史。现在，"亲爱的"意味着要加班，带着一叠文案资料回家，准备第二天向客户做展示。

解决方法：当漫长的、充满压力的一天即将结束的时候，在互相交流之前，你需要时间来缓解自己的压力。如果你因配偶做的某些事突然发怒，你要知道，这可能是由于你压力太大，所以把小事件过分夸大了。同样，如果配偶沉着脸回到家，对你说的"怎么了"以怒吼来回答，你不要认为他是在针对你，他只是今天过得很糟糕，你要做的就是让事情过去，而不是抨击对方，让局势恶化。

在你的日程表中安排一个放松时间，无论是通过躺在床上，还是阅读杂志、慢跑或冥想来放松，你都得让它成为惯例。当你们觉得相对比较平静时，就可以走到一起互相谈论彼此这一天的生活了。此时，这是一个安排好的抱怨时间，每个人都可以抱怨这一天发生的任何麻烦，同时另一方也能够理解、支持对方。

姻亲关系

任务　在夫妻之间建立"我们"意识或团结意识。

尽管男人讲岳母的笑话是传统喜剧的主题套路，但是，真正的家庭关系紧张经常发生在妻子和婆婆之间。这两个女人在观点、个性和生活观念上的分歧是不可改变的，她们相处的时间越久，这些分歧的不可改变性就越明显。一个出去吃晚餐的决议会在一些细枝末节上制造纠纷，如到哪里去吃、何时去吃、吃什么、要花多少钱、谁付账等等。当然，这之后还有深层次问题的争论，如价值观、工作、在哪里生活、如何生活等等。

尽管这些冲突通常在新婚初期就显现出来了，但是，许多其他时刻也能触发婆媳问题，如孩子出生或经历重要关口时，或者老人年龄越来越大，变得越来越依赖配偶时。

婆媳关系紧张的核心，是两个女人为了得到一个男人的爱而发动的地盘争夺战。妻子想看她的丈夫是支持她还是支持他母亲，她觉得奇怪："你到底属于哪个家庭？"而这个丈夫的母亲也常常在问同样的问题。对这个男人来说，他希望两个女人能相处得更好，他既爱母亲又爱妻子，他不希望在两人之间作出选择。做选择这个主意对他来说太荒谬了，毕竟，他忠诚于每一个人，也必须尊重她们俩。不幸的是，这种心态常常让他成为一个和事佬或调停人，这无疑会让局势更加恶化。

解决方法：唯一摆脱这种困境的方法，是丈夫要和妻子一起反对他的母亲，尽管这也许听起来有点刺耳。但是，请记住婚姻的基本任务之一是在丈夫和妻子之间建立"我们"意识，因此，丈夫必须让他的母亲知道他的妻子确实是排在第一位的，他的房子是他和妻子的房子，不是他母亲的房子，他首先是一个女人的丈夫，其次才是另一个女人的儿子。采取这个立场会让人不愉快，母亲的感情或许会受到伤害，但是，她最终会适应这个现实，这是她儿子的家，在这个家里，他首先是一个丈夫。这对婚姻来说是非常关键的，丈夫要固守这种立场，即使他觉得不公平，即使他的母亲不能接受新的事实。

这并不是说，当一个男人觉得自己的父母被贬低、羞辱或是基本价值观受挑战的时候，他什么也不能做。他不应该在身份问题上作出妥协，必须站在妻子一边，而不是保持中立。他和妻子要建立自己的家庭仪式、价值观和生活方式，并坚持要求他的父母尊重他们。

出于这个原因，创造或更新你和配偶之间的团结意识可能会让你与原来的家庭产生距离。这就是戴维面临的挑战，他的父母在某个周末拜访了他的新家，那次拜访被戴维称为"严重的炖小牛腿危机"。

戴维的妻子简妮在她最喜欢的意大利餐厅为全家定了周末晚宴。能有机会向意大利籍的公公婆婆炫耀这家餐厅，简妮非常激动，因为之前她的风头常常被精通烹饪的婆婆抢走。但是，当她和戴维在外面办事时，这个老妇人去肉铺和超市买了食材，为戴维做了他最喜欢吃的一道菜——炖小牛腿。

当戴维和简妮回到家时，屋里的空气中飘浮着大蒜和牛肉的香味。当戴维的母亲说她"忘记"预订的晚餐时，简妮非常生气，一点都不惊讶。戴维面临着两难的选择。牛肉看上去很美味，他知道如果他不吃的话，母亲会很伤心，他真的想跟简妮说取消订餐。

尽管这种情形听起来并不像是什么重大危机，但是，它能导致戴维和简妮的婚姻出现拐点。简妮害怕她公公婆婆的拜访，这首先是因为，她觉得在婆婆眼里，自己只是很可爱，没什么能力，而婆婆才是伟大的救世主，能把家里安排得井井有条。简妮总是对戴维的母亲敬而远之，私底下会跟戴维抱怨，说他母亲是个控制狂，戴维则坚持认为这是简妮小题大做，简妮为此更加恼火。

现在，简妮屏住呼吸看戴维如何抉择。戴维清了清嗓子，搂住他的母亲，感谢她做了这么一顿美味的晚餐，然后他说要把饭菜放到冰箱里留到明天吃。戴维解释说，他和简妮非常希望和爸爸妈妈在喜爱的餐厅里共享周末家庭晚宴，这对他们很重要。

戴维的母亲看起来非常生气，她眼中泛泪，发了一顿小脾气（戴维让他父亲去劝母亲）。但是，当看到简妮是那么高兴和得意扬扬时，戴维觉得这么做是值得的。戴维的意思非常清楚：母亲，简妮排在第一位，你要习惯这一点。

"当他让他的母亲知道，我现在在他心中排第一位的时候，"简妮回忆说，"我们的婚姻才真正开始。"

把配偶放在第一位并建立这种团结意识是婚姻中很重要的一部分，它不能容忍你父母对你配偶的任何蔑视之情。在诺埃尔吸取这个教训之前，诺埃尔和伊夫琳的婚姻正在走向毁灭，他们的儿子出生后，诺埃尔希望自己的父母把他看成是一个好父亲，他觉得这对自己来说很重要。尽管诺埃尔是一个非常忙碌的律师，没有多少时间来陪伴孩子，但是，每隔一个周末，诺埃尔就会带着孩子去拜访他的父母（他父母住在与他相邻的城镇），这给了伊夫琳一些她极其需要的休息时间。

伊夫琳通常会在星期天的傍晚去诺埃尔家接孩子。从伊夫琳进门的那一刻起，她就觉得自己像个局外人，好像她已经从孩子的生命当中抹除了。诺埃尔的父母不把伊夫琳放在眼里，他们对孩子关怀备至，并且不停地夸诺埃尔是个多么伟大的父亲，有时他们甚至会含沙射影地讽刺伊夫琳，比如说，孩子6个月大了，她还在给他喂奶。自从伊夫琳知道诺埃尔希望她给宝宝断奶，她就怀疑诺埃尔背着她向父母抱怨她的不是。在我们的实验室里，我们帮助这对夫妻讨论了这个话题。事实证明，伊夫琳的猜测是完全正确的，为了给父母留下好印象，诺埃尔在背后说伊夫琳的坏话，他牺牲了他和伊夫琳的"我们"意识。

当诺埃尔认识到，赢得父母的认可是在和伊夫琳以及他们的婚姻作对时，他就开始改变他之前的行为。他带着孩子去父母家的时间开始减少，这样，他的父母大部分时间都是在伊夫琳的地盘上看望他们的孙子。当诺埃尔的母亲担心孩子没有吃饱时，诺埃尔会大声说："伊夫琳刚刚带孩子去看过儿科医生，医生说孩子的体重和健康状况都很理想"；当诺埃尔的父亲建议孩子要穿厚一点的防雪衣时，诺埃尔告诉父亲，伊夫琳是孩子的母亲，她比任何人都更了解什么东西对他们的儿子最好。

起初，诺埃尔的父母对诺埃尔的新态度很恼火，但是，随着时间的流逝，他们接受了诺埃尔的这种改变。诺埃尔和伊夫琳发现，他们的婚姻更美满了，最终，他们发展出了他们的团队意识，漂亮地完成了建立"我们"意识的任务。

爱情练习卡 EXERCISE CARD
姻亲问题

　　如果你的婚姻正遇到姻亲方面的问题，填写这个简短的调查问卷，它会对你有所帮助。它能让你关注你与配偶那边亲戚的关系，这样你就能够确定，当提到某个特定的亲戚时，作为一对夫妻，你的"我们"意识是否需要加强。请在不同的纸上分别记下你的答案。

1. 思考你和配偶家庭各个成员之间的关系，如果你觉得配偶在你和这些亲戚之间不一定站在你那边，或者你觉得你正和配偶的某个家庭成员起争执，请在相应的框框中打钩。

□ 配偶的母亲

□ 配偶的继母

□ 配偶的父亲

□ 配偶的继父

□ 配偶的兄弟 _____

□ 配偶的姐妹 _____

□ 其他家庭成员 _____

描述迄今为止保持的良好关系：

_____

描述依然存在的冲突：

_____

2．想一想配偶和你的家庭成员的关系，如果你觉得在配偶和这些亲戚之间，你不一定站在配偶那边，或者配偶正和你的某个家庭成员起争执，请在合适的框框中打钩。

☐ 你的母亲

☐ 你的继母

☐ 你的父亲

☐ 你的继父

☐ 你的兄弟 _____

☐ 你的姐妹 _____

☐ 其他家庭成员 _____

描述迄今为止保持的良好关系：

_____

描述依然存在的冲突：

_____

现在和配偶聚在一起，互相查看彼此的答案，讨论可以做些什么来增加从对方身上得到的支持感和团结感。如果配偶察觉到某个问题而你没有注意到，请不要为自己辩护，因为很多人际关系都与感知有关。举个例子，如果你的妻子认为你站在你妈那边反对她，即使你并不同意她的看法，这也意味着你应该为自己的婚姻做点什么了。

钱，钱，钱

任务　在自由与财政放权之间作出平衡，代表且象征着安全和信任。

无论银行存款是有余还是不足，许多夫妻都会遇到重大的金钱冲突。这些争论说明，金钱是一个永久性的问题，因为金钱象征着许多情感需求，如安全感和权力，它还是我们个人的核心价值系统。

当一个比较简单的、可以解决的财务问题出现的时候，解决这个问题的关键是要首先理解婚姻在这个领域的任务。金钱可以买到快乐，也可以买到安全感，既然我们对金钱及其价值的看法因人而异，任何夫妻都要平衡这两个经济学上的事实。

我发现，可以解决的财务分歧通常出现在新婚夫妻，而不是结婚很久的夫妻身上。随着婚姻生活的推进，这些问题要么得到成功解决，要么发展成永久性问题。然而，当婚姻环境发生变化，结婚已久的夫妻或许也会发现他们自己面临着某个可以解决的金钱问题，工作变动、孩子的教育费用、退休计划以及照顾年迈的父母，在这些问题上的分歧是人到中年时常见的摩擦因素。

解决方法：清醒的财政预算是有必要的。下面是一些简单的措施，你可以用它去处理你想要花多少钱和你想在什么东西上花钱这类问题。但请记住，处理复杂的财务问题超出了本书的讨论范围。如果你在财务计划和投资方面需要额外的帮助，你会在当地的图书馆或书店找到丰富的资源。我特别推荐贝丝·卡布林（Beth Kobliner）写的《生活理财》（*Get a Financial Life*）和乔·多明格斯（Joe Dominguez）写的《要钱还是要生活》（*Your Money or Your Life*）。

就婚姻而言，最重要的是夫妻双方要像一个团队那样去共同处理财务问题，而且在提出某个计划之前，你要有向对方表达你的担忧、需求和想象的愿望。确保预算的达成最后不是以牺牲任何一方为代价而得到的，否则只会积累怨气，夫妻双方都要坚持在某些问题上彼此是没得商量的。

第 1 步：列出你最近的开销

选一个合适的时间，用与下一页类似的格式来记录你上个月、上半年或一年之间花了多少钱。只要查阅你的信用卡清单，就能完成这个任务。

开销单

食物	
按揭或租金	（度假租金、房子翻修费、财产税、公寓房维修费）
家庭办公用品	
公用设施费用	（电、煤气、暖气、水、电话、网络）
家庭维护费用	（清洁房屋、洗衣、干洗、设备器材 [吸尘器、浴室清洁剂等] ）
衣服	
个人护理	（剪发、修指甲、杂项）
车	（汽油、保养和维修、换驾照、保险、泊车费、过路费、罚款）
其他交通费用	（搭公车、火车、渡轮）
旅行	（生意上的走动、拜访家人、假期出游）
消遣	（外出就餐或叫外卖、找人看孩子、约会 [看电影、玩游戏、听音乐会、体育运动] 、家庭娱乐 [租录像带、唱片] ）
健康	（保险费、看医生、健康俱乐部成员费、其他 [配眼镜、按摩、咨询等] ）
电器	（电视、电脑、电话）
礼物	
慈善捐款	
借款利息、银行手续费、信用卡	
人寿保险	
投资和存款	（股票等）

第 2 步：管理每天的开支

1. 从上面的清单中，写下每一笔你认为能让你感到快乐和幸福的必需开销。

2. 仔细检查你的收入和财产，试着创建一份预算，这个预算能根据你的收入让你管理每天的财务和其他"必需"支出。

3. 想出一个定期支付账单的计划，决定由谁来付钱、什么时候付钱以及由谁来平衡收支。

4. 互相讨论你们各自的清单和计划，在你们的清单和计划中寻找共同点，拟定一个满足双方"必不可少"的需求的方案。为了确保这个计划对你们俩都起作用，你们要同意在几个月后坐下来再次讨论这个计划。

第3步：为你将来的经济作打算

1. 想象你5年、10年、20年或30年后的生活，你理想的状况是什么样？想想你想要的东西，你想过的理想的生活，也仔细考虑你最想避免的财务灾难的种类。例如，有些人最害怕的是退休后没有足够的钱生活，另一些人害怕的是付不起孩子的大学费用。

2. 现在列出你的长期财务目标，要把你最想要的和最害怕的东西考虑进去，例如，你的目标可能包括买一栋房子或买度假屋、拥有充裕的退休金。

3. 彼此分享各自的财务目标，寻找你们的相似之处，讨论你们的看法。

4. 想出一个长远的能帮助你们实现目标的财务计划，为了确保你们仍然意见一致，要经常（如一年一次）修订这个计划。

当夫妻之间存在各种各样的财务分歧时，按照这些步骤去做，就可以想出有效的解决办法。

> 琳达爱穿时髦的衣服，喜欢在办公室附近的健身俱乐部锻炼身体，德文认为这两项都是在浪费金钱，他更喜欢把钱花在同朋友吃饭和每年两次的滑雪假期上，而对琳达来说，德文是在过度放纵他的爱好。当他们完成这个练习后，他们以夫妻身份来讨论财务并达成了一个临时的折中预算。由于两人都不想放弃各自喜欢的消遣活动，因此他们决定开通三个存款账户，每人一个再加上一个共同的账户。他们同意把各自一部分薪水存到共同账户里，以备孩子将来

上学用或为其他重要开支做准备，然后各自存钱付健身费用和滑雪费用。他们决定 6 个月后再来讨论这个安排，看新的预算系统是否对他们有用。

蒂娜和吉恩面临的困境与琳达和德文不同，他们的大儿子布莱恩只差两年就要上大学了。尽管他们为布莱恩存够了上当地社区大学的钱，但是蒂娜希望送他去上更严格（也更贵）的州立大学，因为这些大学开设了更多的科学课程。布莱恩一直是个优秀的学生，他想成为航天工程师的梦想仿佛是可行的。但是，为了付这笔更高的学费，吉恩不得不推迟他想在乡下买一栋小木屋的梦想。尽管吉恩非常关心他儿子受教育的问题，但是他也担心如果他们现在不买一栋房子，等到房价涨起来的时候，他的梦想将永远无法实现。

吉恩希望蒂娜回去工作，这样他们才能担负起布莱恩上大学和在乡下买房子的费用，但是蒂娜表示反对，因为她的老母亲跟他们住在一起，蒂娜要照顾她。吉恩和蒂娜差不多每天都要就这个问题吵架，吉恩认为现在是时候让蒂娜的姐姐来接替照顾母亲的任务了，但是，蒂娜的姐姐做的是全职工作，她说自己无法照顾母亲，另一个选择就是把蒂娜的母亲送到疗养院去，但是蒂娜坚决反对。

当蒂娜和吉恩填好这个预算表格时，表格自身并没有显现出一种简单的解决方法，但是，共同检查开支的过程让他们的情绪发生了很大的改变，他们再次觉得两人是一个团队，而不该为这些问题而争论。他们把需要的各种各样的信息做成表格，希望从这些表格中找出有关学生贷款和奖学金的信息。最后，吉恩接受把他的梦想推迟几年的事实，蒂娜也回去工作了，但她只能做做兼职。吉恩的工作时间是可以调整的，因此，当蒂娜出去工作的时候，他能在家里照顾岳母。而布莱恩也可以办理学生贷款，这些贷款足够他上州立大学。

这些夫妻遇到的问题以及针对这些问题的解决方法不可能完全适合你。解决问题的关键是，无论你们在财务问题上的分歧是什么，身为团队的一员，你要缓和你们之间的紧张感，想出一个你们俩都能接受的方案，即使这个方案不能立刻满足你们的需要。

性

任务 对彼此从根本上喜爱和接受。

在一对夫妻的生活中，没有什么东西比性更能给他们带来潜在的尴尬、伤害和拒绝了。难怪有的夫妻发现，谈论这个话题显然是一种挑战，他们常常"含糊"地谈论这个话题，彼此很难弄清楚对方究竟想说什么。下面是一个有代表性的例子，它是我们从实验室里录下来的。

> 女：想想两年半或三年前你的感受，再想想我们如何处理这个问题以及我们的感受如何。我是说，想一想，比起现在，那时它在我眼中更成问题。
>
> 男：与那时相比，我认为我们现在在一起更有安全感了。我不知道。我是说从那时以来，我们并没有真正面对过这个现实的问题。我不知道我们是否有真正的改变。
>
> 女：尽管是这样，你对它有什么不同的感觉？
>
> 男：你觉得如何？
>
> 女：我想我两年半或三年前就察觉到这个问题了，那时我认为它会毁掉我们的婚姻，真的很担心我们会不成功，现在我不再担心它了。
>
> 男：我从没有认为它会威胁我们的婚姻，我知道你是这么认为的，但我从不这么看。
>
> 女：好吧。也许我现在也觉得更有安全感了，所以不那么担心了。

这对夫妻讨论的问题其实是丈夫希望有更多的性生活。在这个谈话片段中，妻子试着让丈夫同意这不再是个问题，她希望他能再次放下心来，而丈夫认为问题仍然存在，但是他避免直接同妻子谈论这个问题。

当丈夫和妻子互相谈论他们的性需求时，他们的谈话常常会像上面的谈话一样——拐弯抹角、含糊、不精确，夫妻双方经常匆匆忙忙地结束交谈，他们希望无需过多交谈就能奇迹般地理解对方的愿望。他们很少会这样说"我很喜欢你昨晚的做爱方式，你长时间地抚摸我的乳房，我很享受"，或者说"我真的每天都需要你""我最喜欢在早上做爱"等等。问题是，你越是不明明白白说出你想要什么和不想要什么，你就越不可能得到什么。做爱可以是这样一种有趣的活动，它让你们彼此分享，加深你们之间的亲密感，但是，如果关于性话题的交谈因紧张而受到阻碍，那么，结果常常令人沮丧和受伤。

解决方法：以一种你们俩都觉得安全的方式来讨论性问题，学会用正确的方式直接问对方要你想要的东西，同时也要用恰当的方式来回应配偶的需求。由于大多数人对他们是否能吸引配偶以及是不是一个"好"情人非常敏感，因此，谈论性话题的关键是态度要平和。一场关于做爱的谈话如果从一方批评另一方开始，那么这场谈话会以比快枪手还快的速度结束。性生活的目标是让你和配偶靠得更近，有更多乐趣，让你心满意足，让你在婚姻的敏感区域觉得被配偶尊重、接受。如果你真的希望配偶少抚摸你，那么没有什么话比说"你从未抚摸我"更有效了。比较好的表达是说："我很喜欢上周我们在沙发上亲吻，我想多来几次，这让我感觉很好。"同样，如果你说"当你摸我这里时，我感觉格外好"，而不是说"不要摸我这里"，你会得到配偶更好的答复。当你和配偶谈论性话题的时候，你的态度应该一直是这样：你正在让一个好东西变得更好。即使你不满意目前的性生活，你也要突出好的一面。

如果配偶向你提出建议，你要努力不把配偶的请求看作是对你的吸引力、性能力、性技巧的隐含批评。要努力拥有一个像专业厨师一样的态度，如果今晚有个顾客不喜欢他做的粥或者讨厌他做的墨鱼，这个厨师不会认为这个顾客是在侮辱他，相反，他会把菜做得更合顾客的口味。

这并不意味着你必须同意配偶的所有请求。哪些事情你觉得不错而且做起来很安全，哪些事情你觉得不好而且做起来有风险，这都是由你们俩来决定的。性行为的可塑性很强，因此，让性爱符合彼此的要求是有可能的，这能让你们俩都感到愉快。

迈克希望一周能多做几次爱，但是琳恩认为一周一次或两次足够了，结果，迈克觉得很沮丧，他觉得自己被琳恩拒绝了。随着时间的流逝，迈克越来越坚持他们应增加做爱的次数，为了让琳恩兴奋起来，他带了书和各种各样的色情图片回家，但事与愿违，这只是让琳恩的压力更大。随着迈克受挫感的增长，琳恩的欲望逐渐变少了。

当他们来我们实验室的时候，琳恩和迈克对如何解决这个问题已经是束手无策。我们建议由兴趣最小的一方（目前是琳恩）来控制局势，我们把焦点从性行为转移到了感官享受上。琳恩喜欢按摩，因此我们建议她去书店挑选一本她感兴趣的按摩书，我们建议由她负责夫妻的感性体验，由她来安排他们的夜晚。虽然他们本身没有做爱，但是却有拥抱和抚摸行为，渐渐地，琳恩的性欲增强了，他们开始更经常地做爱。

在大多数情况下，期望会对性生活有妨碍作用。不是所有的性行为都有相同的质量或热情，有时它会让你觉得对方已经触及你的灵魂，有时它只是让你觉得愉快；有时它是缓慢绵长的，有时它短暂迅速。多样化可以而且应该存在于一段性关系中，但是，要让性行为成为爱的表达，这肯定是要些时间的。显然，做爱的次数越多，做爱的质量也会越好。

丰富你们性生活的最好方法是了解对方的喜好，要花时间记住这些东西，然后把这种知识运用到用你的手和嘴唇触摸对方的过程中。当你被对方弄得兴奋时，你要确保这种知识真的对你有用，并且要让这种知识活在你的身体里，活在你对对方身体反应的敏感性里。这就是说，当你开始做爱的时候，你要把甜言蜜语变成对配偶的实际行动。但是，也要培养这样一种观点：作为一种交流方式，做爱的时候说话也是可以接受的。

如果你觉得和配偶分享你的性幻想甚至一起实现这些幻想是很安全的，那么你的性生活会得到进一步的改善。这是一个非常脆弱的领域，尽管在一桩婚姻中，幻想是想象、多样性和冒险的发源地，但是，很少有夫妻能分享他们的幻想，然后能找到某种方法来实践这些幻想。如果你能和配偶分享你的性幻想，你和配偶的亲密之情就会更浓厚，浪漫感和兴奋度也会增加。

努力培养这样一种观点：在你婚姻生活的范围内，所有的希望、想象、幻想和欲望都是可接受的，没有什么东西本质上就是坏的或是令人厌恶的，你可以对配偶的请求说不，但不能贬低配偶的请求。表达性幻想需要大量的信任，因此，当你听说配偶有一个性幻想时，请注意亲切地对待它。如果这个幻想不是你自己的，而它又不是一条歧路，那么你可以赞同这个幻想；如果配偶希望你伪装成一个陌生人、护士或海盗，不要把这当成是人格问题，只要考虑该怎么演。即使是提出要求的一方也常常不能完全理解这些想法、渴望或幻想，没有人知道为什么一些特别的幻想对某些人来说是色情的，它们只是幻想而已。

性领域中有一些井的井盖是敞开的，你应该知道这些敞开的井。这其中最大的一口井是缺乏基本的性知识，这导致人们把他们的期望建立在他们的表现上，而这些期望的来源是非正式的、不可靠的，其中大部分是单身的时候从朋友那听来的。结果常常是这样，我们苛刻地评判自己，觉得自己在床上的表现不够好。例如，许多男性认为，每当形势需要，他们就必须勃起，如果没能做到，男人通常会自我怀疑。事实上，还有很多这样那样的期望，我们只是没有注意到而已。

另一个缺乏基础知识的问题表现在，当我们从未在任何地方学习这些知识时，我们已经假定我们了解彼此的身体结构和性心理。至少在没有阅读操作手册的情况下，我们是不会想着去启动一架新的、复杂的现代设备，但是，在性生活领域，我们就是这么干的。幸运的是，在现今这个时代，有关性行为的指导手册和书籍在书店可以轻易买到，没读这些书之前，不要假定自己已经对性了若指掌。你可以买你喜欢的任一本书，我高度推荐亚历克斯·康福特（Alex Comfort）编辑的经典读本《性的乐趣》（*The Joy of Sex*）、朗尼·巴尔巴赫（Lonnie Barbach）的《为了彼此》（*For Each Other*）以及柏尼·吉柏葛德（Bernie Zilbergeld）的《新男人的性》（*The New Male Sexuality*）。

家务活

任务　营造一种公平感和协同作业感。

　　乔安娜厌倦了。几个月来，她一直叫格雷格不要把脏衣服扔在浴室地板上，但格雷格总是把她的叮嘱忘到九霄云外，就像他总是忘记自己答应做的用吸尘器清洁地毯、每天晚上洗碗碟一样。乔安娜和格雷格都是全职工作者，但乔安娜通常是第一个回到家的。当乔安娜拿吸尘器清扫房间，或者清洗仍然泡在池子里的脏碗碟的时候，她的怒火沸腾了。格雷格一回到家，她要么沉默以对，要么说一些自己是个女佣之类的挖苦话。格雷格坚持认为问题在于乔安娜太过唠叨，他告诉她："如果你让我自己干，我可能会把这些事做得更好。"

　　格雷格没有认识到他对家务活的态度给婚姻带来了多大的伤害，直到有一天，他回到家，听到卧室传来"砰砰"的响声。他走进卧室，发现妻子仍然穿着职业装，正把他的脏短裤往地板上钉。"它们已经放了三天了，"她告诉他，"因此我估计你想让它们成为这个地板的一部分。"

　　乔安娜和格雷格最终离婚了，因此，我不建议大家像乔安娜一样，到最近的一家五金店去寻找解决家务活冲突的办法。男人常常没有认识到女人是多么深切地关心房子的整洁有序。当然，性别差异也会有例外，但是，在这个方面，作为一个基本规则，在《单身公寓》（*The Odd Couple*）系列中，有关清洁的部分，女人更加偏向过分挑剔的菲利克斯，而男人则偏向不修边幅的奥斯卡。

　　当一个丈夫没有做他答应要做的家务活时，妻子通常会觉得丈夫不尊重她，不支持她，因此不可避免地导致怨恨，导致婚姻不尽如人意。许多丈夫只是不能理解为什么家务活对他们的妻子来说是这么重要，他们并非故意偷懒。但是，许多人都在传统的家庭里长大，在那种家庭里，他们的父亲根本不做家务。一个丈夫可能会在口头上承认时代已经发生变化了，让妻子回到家后继续工作而丈夫打开啤酒享受是不公平的。但是，旧的生活方式很难湮灭，在某种程度上，男人仍然认为家务活是女人的工作。当丈夫帮忙干家务活时，他觉得他应该受到夸奖，如果他没有得到夸奖，妻子反而要求他做更多家务时，他就会反抗并且有可能少做家务。

这种不幸的主要原因是，像大多数男人一样，格雷格往往高估了他干家务活的数量。英国社会学家安·奥克利（Ann Oakley）已经证实了这一点，我家也是这样，当我向妻子抱怨所有的家务活都是我做的时候，我的妻子会说："不错！"因为她知道我实际上只做了一半的家务活。

解决方法：解决这个问题的答案应该很清楚了：男人必须做更多家务！由于完全缺乏动力，有时男人会推卸他们在这方面的责任。让我们面对现实，没有人愿意拖着回收袋在雪地里走。也许一个小小的事实会激发丈夫们做家务活的热情：**女人发现男人做家务活时非常性感**。与妻子认为丈夫没做家务的婚姻相比，在丈夫分担务务的婚姻中，夫妻双方对性生活的满意度都比较高。这种婚姻的好处已经延伸到卧室之外了，在夫妻争论期间，这些婚姻中女性心跳的频率也会大大降低，这说明她们不太可能以苛刻的方式开始讨论，这样就避免了招来末日四骑士和情绪淹没感，从而避免离婚。

我并不主张，如果丈夫希望挽救婚姻，改善性生活，他就必须做50%的家务。关键不在于他做的家务活的实际分量，而在于他的妻子主观上是否认为他做的家务足够多。对有些夫妻来说，分担足够多的家务其实意味着平摊家务，但对另一些夫妻来说，如果丈夫做了妻子讨厌做的家务，如清洗浴室或房屋除尘，或者他能出钱每周请人打扫屋子，减轻两人的负担，他的妻子也许就会很满意。

计算一个丈夫需要做多少家务的最好的方法是，夫妻二人针对下面给出的家务活清单展开讨论，把每个人要做的家务详细列出来，最后得出一个客观依据以决定谁应该做什么。

利用这个清单，首先各自说说自己目前做了多少事，然后说说你打算怎么做这些事。这个清单实际上把清洁工作延伸到了另外一些方面，如家庭财政和孩子抚养等，如果劳动分配不公正，这些家务活也能导致冲突。

你可能会发现，就像我之前说的，男人常常认为他做的家务份额比实际情况要多。在许多婚姻中，丈夫多是做一些"体力活"，如洗车或割草，要不然就是做一些如财务规划之类的脑力工作。这些工作不必每天都做，或者不必按严格的时间表来做。妻子做了很多她份额外的不用动脑思考的日常苦活，如清洁、收拾屋子，这些工作让她感到不满。

家务活清单

去商店购物	现在做的人：	最好谁来做：
做晚饭	现在做的人：	最好谁来做：
摆桌子吃饭	现在做的人：	最好谁来做：
晚饭后收拾	现在做的人：	最好谁来做：
打扫厨房和餐厅	现在做的人：	最好谁来做：
打扫浴室	现在做的人：	最好谁来做：
洗碗	现在做的人：	最好谁来做：
擦拭柜台	现在做的人：	最好谁来做：
收拾屋子	现在做的人：	最好谁来做：
保养汽车	现在做的人：	最好谁来做：
付账单	现在做的人：	最好谁来做：
倒垃圾	现在做的人：	最好谁来做：
洗衣服	现在做的人：	最好谁来做：
熨衣服	现在做的人：	最好谁来做：
收衣服	现在做的人：	最好谁来做：
清洁地毯	现在做的人：	最好谁来做：
保养地板	现在做的人：	最好谁来做：
换灯泡	现在做的人：	最好谁来做：
修电器	现在做的人：	最好谁来做：
铺床	现在做的人：	最好谁来做：
清洁冰箱	现在做的人：	最好谁来做：

买衣服	现在做的人：	最好谁来做：
旅行计划	现在做的人：	最好谁来做：
房屋保养	现在做的人：	最好谁来做：
拾掇院子和花园	现在做的人：	最好谁来做：
为客人收拾房间	现在做的人：	最好谁来做：
筹备宴会	现在做的人：	最好谁来做：
给孩子买礼物	现在做的人：	最好谁来做：
送孩子上学	现在做的人：	最好谁来做：
照顾放学回家的孩子	现在做的人：	最好谁来做：
孩子的膳食和午餐	现在做的人：	最好谁来做：
带孩子看儿科医师	现在做的人：	最好谁来做：
辅导孩子功课	现在做的人：	最好谁来做：
给孩子洗澡	现在做的人：	最好谁来做：
睡前陪伴孩子	现在做的人：	最好谁来做：
照顾生病的孩子	现在做的人：	最好谁来做：
参加家长会	现在做的人：	最好谁来做：
与亲戚保持联系	现在做的人：	最好谁来做：
与朋友保持联系	现在做的人：	最好谁来做：
周末计划	现在做的人：	最好谁来做：
提出做爱要求	现在做的人：	最好谁来做：
计划外出吃晚餐	现在做的人：	最好谁来做：
理财计划	现在做的人：	最好谁来做：
投资管理	现在做的人：	最好谁来做：
医药和其他健康领域	现在做的人：	最好谁来做：
运动和健身	现在做的人：	最好谁来做：

现在你应该很清楚你最近分担了哪些家务，对方分担了哪些家务，根据你们认为的相应家务的理想人选，也许是时候重新分配家务以便让劳动量更公平了。记住，丈夫干的家务活数量不一定是两性平等的决定性因素，还有其他两个变量：首先，这个丈夫是否无需妻子的要求（唠叨）就会干家务

活，如果一个丈夫主动干家务活，那么他就在情感账户上增添了一笔可观的收入。其次，丈夫是否会针对妻子的需求灵活变更他的工作任务，例如，如果他看见妻子某个晚上特别疲惫，会愿意替她洗盘子，即使这次轮到她洗。他这么做表明他非常尊重自己的妻子，用这种方式帮助妻子，这比看任何成人录像更能让她兴奋。

为人父母

任务　把"我们"意识扩大到孩子身上。

"孩子就是手榴弹，当你有了孩子，你就在婚姻中引发了一场爆炸。当骚乱平息的时候，你的婚姻已经不是原来的样子了，它不一定会更好，也不一定会更差，只是和原来不一样。"诺拉·埃夫龙（Nora Ephron）在《心痛》（Heartburn）中就是这么写的，这是一本以真人真事为基础撰写的小说，讲的是她前一段婚姻的破裂。实际上，每一种审视人们如何从夫妻角色过渡到父母角色的研究都证实了她的看法，即孩子会给婚姻生活带来巨大的变化。不幸的是，在大部分时间里，这些变化都是坏的，在第一个宝宝出世的那一年里，70% 的妻子对婚姻的满意度急剧下降。（丈夫的不满意感通常出现在妻子之后，因为他的不满意是对妻子情绪的一种反应。）导致这种强烈不满的缘由五花八门，如缺乏足够的睡眠、觉得不知所措、不被对方欣赏、照料这么一个无助的小生命的可怕责任、辗转于抚养孩子和工作之间、经济压力、缺少个人时间等等。

最让人迷惑不解的是，为什么 67% 初为人母的女性会觉得自己无比悲惨，而其他 33% 的人毫发无伤地完成了母亲身份的过渡（事实上，这当中有些母亲说她们的婚姻从未像现在这样好过）。多亏了这 130 对夫妇，从他们的新婚时期开始，8 年来我们一直在关注他们。现在，即使是在"手榴弹"爆炸之后，我也知道如何让婚姻保持稳定、幸福。幸福的妈妈和不幸的妈妈的区别与孩子是否腹痛、是否睡得好、是母乳喂养还是牛奶喂养、是工作还是做家庭主妇无关，相反，它与丈夫和妻子是一起经历父母身份的转换还是跟不上变化的节奏有关。

孩子出世总是不可避免会导致初为人母的女人性格上的变化，她从未感受到一种爱，这么深沉、无私，就像她童年时感觉到的一样。几乎每个刚做母亲的女人都会感到生活意义有了重大调整，她发现自己情愿为了孩子作出巨大的牺牲，面对这个脆弱的小人儿，她感到深深的敬畏与惊奇。这个经历大大改变了她的生活，如果她的丈夫没有与她共同经历过，两个人之间会产生距离，这是可以理解的。

当妻子已转变为包括他们孩子在内的新的"我们"意识的时候，这个丈夫也许仍然抱着旧的"我们"意识，因此，他非但不能帮忙，反而对妻子很不满意。妻子现在很少有时间陪他，她一直围着宝宝转。他怨恨他们再也不能骑着自行车去海边玩，因为宝宝太小了，不能坐在车后面的托架上。他爱他的孩子，但是他想让他的妻子回来。面对这样的情形，丈夫应该做些什么呢？

解决丈夫困境的答案很简单：他不能让妻子回来，他必须跟着妻子进入她已经踏入的新领域，只有这样，他们的婚姻才能继续成长。在丈夫能够跟着妻子进入新领域的婚姻中，这个丈夫不会怨恨他们的孩子，他不再觉得他只是一个丈夫，他还觉得自己是一名父亲，对他的子女感到自豪、亲切、有保护欲。

一对夫妻如何保证丈夫会和妻子一同改变？首先，这对夫妻要无视一些流行的坏建议。许多好心的专家建议你考虑在婚姻与家庭之间取得平衡，好像你们和孩子在跷跷板的这一头，婚姻在另一头。他们建议夫妻不要把时间都花在孩子身上，建议他们关注他们的婚姻和业余爱好，如谈谈你们的婚姻、你们的工作、天气，谈什么都可以，就是不能和宝宝待在家里。但是，婚姻和家庭并不是完全对立的，相反，它们是一体的。不错，这对夫妻应该偶尔离开孩子，单独相处一会儿，但是，如果他们共同完成了这种身份转变，他们就会发现，他们无法停止谈论孩子，也不能做他们想做的事情。在绝大多数情况下，这些夫妻感觉他们好像做了什么错事，因为他们似乎把婚姻放在第二位，把为人父母这个新角色放在第一位，结果，他们觉得压力更大，也很困惑。但是，他们实际上做了一件非常正确的事，他们在体验同样的东西。为了扩大"我们"意识，丈夫和妻子都要改变他们的生活哲学，只有这样，父母与孩子的关系才能同这桩婚姻一起繁荣兴旺。

下面是一些提示，当夫妻双方向父母角色转化时，这些提示可以帮助夫妻保持联系。

关注你们的夫妻友谊。在宝宝出世之前，夫妻双方要做到相互了解，要使你们的世界紧密相连。夫妻两人越像一个团队，向父母角色转变就会越容易。如果丈夫了解他的妻子，当妻子开始她的母亲身份之旅的时候，他也能及时跟上她的步伐。

不要把爸爸从照顾孩子的任务中排挤出去。由于精力旺盛，刚做母亲的女人有时会在丈夫面前表现得好像她是一个万事通。虽然她会在口头上说他们应该一起分担照顾孩子的重任，但是，她无意中会把自己塑造成一个监工，不断地指挥甚至命令这个初为人父的男人。如果他没有完全按照她的方法做事，她甚至会谴责他，说："不要这样抱着她！""你拍背的时间太短。""洗澡水太冷了！"面对这种狂轰滥炸，一些丈夫更乐意退出，把专家这个角色让给他们的妻子（毕竟，他们的父亲也从来不知道如何照顾婴儿），乐意接受自己的无能。这种结果的坏处是，丈夫做得越来越少，在照顾孩子的事情上，变得越来越不熟练，越来越不自信，最后不可避免地觉得被妻子排除在外。

解决方法非常简单：妻子需要让步。她要知道，让婴儿打嗝的方法有很多；她应该记住，这个孩子也是丈夫的孩子，用不同的方式照顾孩子对孩子有好处。有那么几次在给宝宝洗澡的时候水温不够热，这是为了让这个父亲继续献身家庭，一个婴儿和一桩婚姻需要付出的小小代价。如果这个母亲觉得丈夫的方法实在不安全，她应该让他去看儿科医师本杰明·斯波克

（Benjamin Spock）医生的巨著，或者看看其他有启发意义的育婴指南书籍。妻子可以向丈夫提出一些小的、恰合时宜的建议，但不要忘记以温和的方式开始谈话，如果训斥和批评丈夫，结果会适得其反。

母亲给宝宝喂奶的这段时间，对初为人父的男人来说特别难熬。女子的阴茎妒忌心理可能是一个弗洛伊德神话，但是，乳房妒忌是活生生的，它几乎出现在每一个妻子养育婴儿的家庭里。当父亲看到他的妻子和孩子之间那条无形的纽带时，他不能不感到嫉妒，这就好像这两个人形成了一个小圈子，只有这个父亲无法进入。为了回应这种需要，一些婴儿护理手册实际上提供了一些装置，让男人得到一种近似于母亲给孩子喂奶的体验。例如，有一种可以绑在胸部的装置，它可以通过塑料乳房向婴儿提供热牛奶！

但是，大多数家庭无需求助额外的设备来帮助这个刚做父亲的男人，让他觉自己被这个小圈子所接纳，相反，在母乳喂养过程中，丈夫也能发挥作用。例如，喂奶时，把孩子抱到母亲身边的工作可以由丈夫来做，他也可以成为一个正式的"拍嗝者"，还可以在妻子给宝宝喂奶的时候，习惯性地安静地坐在一旁，温柔地抚摸孩子的头或唱歌给宝宝听。

让爸爸成为宝宝的玩伴。有些男人承认，在孩子长得更大一点，能走路、说话、玩耍之前，他们觉得自己和孩子的联系并不紧密。不幸的是，到那个时候，他们已经在一定程度上脱离了家庭生活，从而使得婚姻出现了裂缝。男人可能要花很久的时间才能和他们的孩子"连接"在一起，这其中的缘由是（已经被无数的研究证实过）：女人更倾向于抚养孩子，而男人则更倾向于和孩子玩耍。既然大多数男人认为他不能和一个无助的宝宝真正地玩耍，那么在这个关键的第一年里，他们会觉得和孩子没什么联系。

但是，花时间和宝宝玩的爸爸们发现，这些宝宝不是除了哭、吃奶、拉尿和睡觉之外什么都不会的"傻子"。即便是新生儿也能成为一个很棒的玩伴，仅仅三个星期，宝宝们就开始微笑，甚至在这之前，他们就能用眼睛追踪他们感兴趣的东西，很快，他们能哈哈大笑，高兴了就会踢踢腿。简而言之，通过给宝宝洗澡、换尿布、喂奶来了解孩子的父亲必然会发现，孩子喜欢和他玩，他在孩子的生活中扮演着重要的角色。

开创属于夫妻俩的时间。有了孩子之后，做一个尽职尽责的父母是排在第一位的（尽管它通常排在第二位）。因此，你要聘请保姆、某个亲戚或朋友照看孩子，这样你和配偶才有一些单独相处的时间。但是，请记住，如果你和配偶的很多次"约会"都以讨论孩子结束，你们的约会不但没有失败，反而是成功的。随着宝宝长成一个蹒跚学步的幼儿，之后又成为一个学龄儿童，你会发现，当你和配偶单独在一起的时候，你们不再会仅仅谈论你们的孩子，谈论你们作为家长的职责。

注意爸爸的需要。即便他是一个很好的团队伙伴，即便他能改变他的生活哲学，和妻子一起向父母身份转变，丈夫仍然觉得，孩子对妻子势不可当的、似乎无穷无尽的需求，剥夺了某些东西。即使他理智上明白，孩子的需求比他自己的需求更重要，但他也会怀念妻子从前的模样。妻子越是认识到丈夫所放弃的是什么，越是让丈夫知道他仍然是她生活中最重要的，丈夫就越能理解她、支持她。如果妻子没有任何时间来顾及这桩婚姻，丈夫则会倾向于从这桩婚姻中退出。

让妈妈休息一下。孩子出生后，母亲会经历许多生活琐事，甚至会筋疲力尽。如果她的丈夫能调整工作时间，早一点回家或者在周末的时候，接替照顾孩子的重任，那么妻子就可以去补觉、看望朋友或是看一场电影。丈夫这样做能给他们的婚姻带来很大好处。

遵循这些建议的夫妻将会发现，为人父母非但没有拖垮他们的婚姻，反而让他们的关系更亲密，彼此的理解更深刻，两人之间的爱意也更浓厚。

在这一章中，我试着给你一些实用的建议，帮助你解决一些常见的婚姻难题。但有时候，无论你怎样努力去解决一个冲突，最终都会以失败告终。如果出现这种情况，说明你其实是在处理一个永久性的问题。避免这种问题或化解在这种问题上陷入的僵局是所有夫妻都要面临的主要挑战之一。在下一章里，我将告诉你如何挽救或保护你的婚姻免受不可调和的分歧的影响。

THE
SEVEN PRINCIPLES
FOR MAKING MARRIAGE
WORK

10

法则6 / 化解僵局
学会和问题一起生活

The Seven Principles for Making
Marriage Work: A Practical Guide
from the Country's Foremost
Relationship Expert

你想要孩子，他不想要；她希望你陪她去教堂，可你是个无神论者；他是个宅男，而你却准备每个晚上都出去聚会。如果你对某个无法解决的、陷入僵局的问题感到无望，知道这个事实可以给你一些微不足道的安慰：其他夫妻也在沉着地处理类似的冲突，像处理腰酸背痛、花粉过敏等长期病症一样。当你们陷入僵局时，试着把分歧看成是一种心理上的膝关节交锁，想要学会处理这个分歧似乎是不可能的，但是，你可以试试。

化解僵局的目的不是让你去解决这个问题，而是让你摆脱僵局，展开对话。在你的婚姻中，陷入僵局的冲突可能一直是一个永久性的问题，但是，当某一天，你能够在不伤害对方的情况下谈论这个冲突时，你就学会了和这个问题一起生活。

为了帮助你走出僵局，你首先要了解造成僵局的原因。不管这是个重大问题（比如要把自己的宗教信仰传递给孩子），还是一个可笑的小问题（比如叠餐巾的方法），僵局都是一种迹象，它表明你有你的人生梦想，而配偶不重视或者不尊重这些梦想。我说的梦想是指希望、志向和愿望，它们都是你身份的一部分，给你树立目标，让你的生活充满意义。

梦想可以在不同的程度上实现，有一些梦想是切实可行的（如希望存一笔钱），但是，另外一些梦想是深远的。这些深层次的梦想常常是隐秘的，而更多世俗的梦想是可见的，它们建立在深层次的梦想之上，例如，渴求安全感的梦想就深埋在挣很多钱的梦想之下。

什么样的梦想是可以培养的

我们最深远的梦想常常源于童年时代，你也许渴望重建一些年轻时家庭生活中最温暖的回忆，比如每天晚上一起吃晚饭，进餐时不会被电视或电话打断。或者，你觉得需要远离童年时代痛苦的回忆，因而不想重复类似的活动，例如，如果在你小时候，你的父母在吃晚饭的时候总是相互敌视而让你消化不良，那么，长大之后，你可能会排斥一家人一起吃晚餐。

这里是一些普通的"深层次"的梦想目录，这些梦想是我所研究过的夫妻们表达出来的。

1. 自由感
2. 宁静的体验
3. 与自然合一
4. 探索我是谁
5. 冒险
6. 精神之旅
7. 正义
8. 荣誉
9. 与我的过去统一
10. 治愈
11. 了解我的家庭
12. 成为我可以成为的
13. 有权力感
14. 对付衰老
15. 探索自身有创造性的方面
16. 变得越来越强大
17. 克服过去的伤痛
18. 变得越来越有能力
19. 请求上帝的宽恕
20. 能够取得成果
21. 克服个人拖延的习惯
22. 有秩序感
23. 探索我自己身上已经失去的部分
24. 有一个不被打扰的地方或一段不受干扰的时间
25. 能够真正放松
26. 反思我的生活
27. 让我优先考虑的事井然有序
28. 完成某些重要的事

29. 探索自己的身体　　　　　30. 能够在竞争中赢别人

31. 旅行　　　　　　　　　　32. 平静

33. 赎罪　　　　　　　　　　34. 建立一些重要的东西

35. 对人生的一个阶段说再见

　　所有这些梦想都是美丽的，没有一个梦想生来就对婚姻有害，但是，如果它们是隐而不知的，或者配偶不尊重它们，这些梦想就会导致问题出现。当这种情况发生的时候，你要么朝这些问题开火，要么让它转入地下或者以象征的形式表现出来。在后一种情况中，某对夫妻可能会就是否要在每个星期天晚上出去吃晚餐争论不休，但是，真正的问题比在餐馆吃饭要深沉得多。星期天晚上在这对夫妻的心中有着不同的特殊意义，这个晚上的重要性源自他们的童年时代。妻子的梦想是出去吃饭，因为她的家人每个星期天晚上都会出去吃，这种吃饭方式让她觉得很亲密。但是，对她的丈夫来说，在餐馆吃饭的乐趣总是比不上他母亲为全家人做的饭，他的母亲很忙碌，只有在星期天的时候才能亲自给家人做饭。因此，在家吃饭与在餐馆吃饭的较量实际上是一种象征，它象征着那个使他们感觉被爱的东西。

当梦想被尊重时

　　为什么有些夫妻能得体地处理这类问题，而其他的夫妻却陷入了困境？这其中的区别在于，**幸福的夫妻懂得，婚姻的目标之一是帮助彼此认识他们的梦想**。"我们想知道对方在生活中想得到什么"，提到她和她的丈夫迈克尔，贾丝廷是这么说的，其实这也是所有高情商的夫妻的普遍看法。在幸福的婚姻中，配偶们互相把对方的目标并入到他们各自对婚姻的理解中，这些目标可以具体到希望住在某个特定的房子里，或者是要获得某个学位，但是，有些目标有时让人难以琢磨，比如要有安全感，或者希望把人生看作是一场伟大的冒险。

谢莉想上大学，马尔科姆的薪水很高，可以支付她上大学的费用，但是，马尔科姆想辞掉这份压力很大的营销工作，因为他的梦想是自己当老板。在幸福的婚姻中，夫妻俩都不会坚持自己的梦想，或者他们都不会试图让对方放弃梦想，他们会像一个团队一样，一起实现这些梦想，他们会充分考虑对方的希望和愿望。

或许在谢莉完成学业之前，马尔科姆会继续干这个苦差事；或许谢莉会半工半读，或者是休学一段时间；或许现实会要求他们中的一个或两个暂时把梦想搁置起来。无论他们决定怎么做，这个决定本身都不是真正的问题所在，关键在于，他们认为婚姻应该包含两个人的梦想。他们是在彼此尊重和承认彼此的志向的基础上做决定的。他们之所以觉得自己的婚姻是有意义的，部分也源于他们这种作决定的方式。

一匹名叫达芙妮的马

当夫妻中的任何一方都没有充分重视支持配偶梦想的重要性时，僵局总是不可避免。这就是爱德华和鲁安妮之间出现严重婚姻问题的根源所在。

这对夫妻来自西雅图，当他们一起出现在实验室的时候，我发现他们之间还有爱意。但是，他们因一匹名叫达芙妮的马而感受到了巨大的压力。这匹马 9 岁了，鲁安妮经常带着它去参加马术比赛。

在他们结婚之前，爱德华很喜欢达芙妮，但是现在，他每个月都要为这匹马付维护保养费，它成了他和妻子之间紧张的根源。爱德华希望鲁安妮把达芙妮卖了，这样他们就可以节省一笔钱。他越是跟鲁安妮讨论卖马的问题，心底就越害怕，他害怕她对这匹马的关心超过她对他与他们婚姻的关心。

我们的讨论分为三个阶段。我们告诉鲁安妮，让她不要放弃她的梦想，而且一定要让爱德华知道，她把他放在第一位；我们也帮助爱德华明白，帮助鲁安妮实现她带着达芙妮参加马术竞赛的梦想，这是他作为配偶的部分职责，当作财务决定时，他也要接受鲁安妮的影响。到三个阶段的讨论结束时，爱德华和鲁安妮的婚姻有了一个重大的飞跃。当爱德华告诉鲁安妮，他会支持她的决定，留下达芙妮时，鲁安妮的笑容无比璀璨。

现在，两年半过去了，爱德华和鲁安妮幸福地生活着。为了租一匹更年轻的马，鲁安妮把达芙妮卖了（她仍然会去看望它），她继续参加马术比赛，爱德华则继续支持她。

当梦想隐而不见时

对爱德华和鲁安妮来说，导致他们起冲突的梦想是显而易见的，他们的任务不过是尊重这个梦想，尊重彼此的需求。但是，对许多夫妻来说，位于冲突核心的梦想并不是如此显而易见的，只有发现这个梦想，这对夫妻才能摆脱僵局。

举凯瑟琳和杰夫为例，在凯瑟琳怀孕之前，他们一直过得很幸福，怀孕之后，杰夫突然觉得，凯瑟琳的天主教信仰在其生活中变得更加重要。杰夫自己是个不可知论者，当他发现凯瑟琳同她的父亲讨论给孩子施洗时，他脸色铁青，他不希望孩子接受任何正式的宗教教育。

当凯瑟琳和杰夫在我的实验室里讨论这个冲突的时候，他们显然已经陷入僵局。我告诉他们，由于他们在情感上彼此疏远，他们的婚姻处在一个非常危险的境地。即使是在讨论信仰和家庭这种高度个人化的问题期间，他们都没有提高嗓门说话、哭泣、微笑或者是互相触碰，他们能理性地谈论他们观点的分歧，但却没有感情投入。既然他们的问题实际上是一个情感问题，涉及他们对家庭、为人父母以及宗教的看法，因此，再多的理性分析也不能解决这个问题。

在下一场讨论期间，我建议他们不要试着去解决这个问题，而只是听听对方谈论宗教对他们各自的意义，这是唯一弄清激起这个冲突的隐蔽梦想的方法。凯瑟琳说，是她的信仰帮助她渡过了那些困难时期。有近 10 年，她的父亲和这个家没有任何联系，母亲精神抑郁，无法依靠。在她去教堂之前，她完全感觉不到自己被人爱，她觉得自己很孤独，是教堂接纳了她。她不仅觉得她和参加礼拜的同伴之间亲如一家，通过祷告，她还感受到慰藉。当抛却一切烦扰之事时，她感受到上帝的爱，这种感觉给了她更大的安慰。当凯瑟琳回忆起那些艰难时日以及她在宗教中找到慰藉时，忍不住放声痛哭。

杰夫解释说，他一直是个不可知论者，与凯瑟琳分崩离析的家庭相比，他的家不仅牢固，而且充满了爱意，当他遇到困难时，总是向父母求助。杰夫希望他的孩子能够像他信任父母一样信任他和凯瑟琳。如果他们的儿子被灌输宗教信仰而加入教会，他担心这会阻碍他们之间的联系，担心这个孩子会被训练成向上帝寻求帮助，而不是向父母求助。

杰夫和凯瑟琳的梦想是背道而驰的。杰夫认为一个幸福的家庭应该为孩子提供他所需的所有爱和支持，而宗教会威胁这种家人之间的深厚联系；凯瑟琳则把宗教视为一种必不可少的支援系统，它可以为孩子提供一种保障。

一旦公开谈论这些梦想，他们的情绪就发生了巨大的变化，杰夫告诉凯瑟琳说他爱她，他也终于了解，是因为凯瑟琳深爱着他们的孩子，才渴望给孩子施洗。他认识到，凯瑟琳这么做是有道理的，正是出于这种关爱，凯瑟琳才希望保护这个孩子永远不遭受她曾经遭受过的痛苦。这种新的认识帮助杰夫重新建立起对凯瑟琳的深爱之情，而这爱意原本就埋在各种痛苦和愤怒之下。

在第一次谈话中，这对夫妻之间没有流露出任何情感。但是现在，当杰夫在听妻子讲述童年故事时，你可以看到杰夫对凯瑟琳的怜悯之情。当凯瑟琳哭泣时，他递纸巾给她拭泪，鼓励她继续说下去。当杰夫述说往事时，凯瑟琳也在认真听，就像杰夫专心听她说故事一样。

现在，真正的问题已经清楚了，他们能够讨论如何用一种两人都能接受的方法来抚养他们的儿子了。杰夫告诉凯瑟琳，他不反对给孩子施洗，虽然他一直是个不可知论者，但是，如果让孩子初步接触天主教，他也会同意。不过，他仍然反对深入研究宗教，因为他害怕教会会把观点强加给孩子。凯瑟琳能够接受这个折中方案。

像这种深藏不露的观点不可能仅仅通过一次交谈就能显现出来，但是，杰夫和凯瑟琳跨出了重要的一步，他们开始彼此靠近，承认并尊重对方抚养孩子的梦想。在他们的婚姻中，这个问题将永远消失或者得到解决吗？可能不会。但是，他们已经开始学会与这个问题和平共处。

在你的婚姻中，如果你在任何问题上陷入了僵局，无论这个问题是大是小，你首先要做的是，确定是哪一个或者哪些梦想激发了这个冲突。有一个很好的判断原则，能帮你确定你是否正在与一个隐藏的梦想搏斗，这就是：你把配偶看作是导致婚姻问题的唯一源泉。例如，如果你发现自己认为：这个问题很简单，就是因为他懒。这就是一个隐藏的梦想所表现出来的迹象，这个迹象说明你没有看到自己也应该为冲突的产生负一部分责任，而你看不见是因为你没有看清那个隐藏的梦想。

揭示一个隐藏的梦想是一种挑战，在你觉得自己的婚姻是一个可以谈论这个梦想的安全地带之前，这个梦想不太可能自己显露出来。只有你和配偶的友谊足够深厚，深藏不露的梦想才有可能自动显露，这就是为什么我要先从第3~5章的前三个法则说起。

你可能会发现，当你首次开始认识并承认你的梦想时，你和配偶之间的问题似乎变得更糟而不是变得更好。耐心点！在婚姻中承认并鼓励自我的梦想不是一件容易的事，天然的僵局意味着你的梦想和配偶的梦想是背道而驰的，因此，你们会固守自己的立场，害怕接受对方的影响，害怕向对方屈服。

一旦你准备化解僵局，下面就会告诉你要怎么做。

化解僵局的5步骤

▌第1步：成为一个梦想侦探▌

结婚之后，深层次的个人梦想常常没法说出口，因为我们假定这些梦想必须在内心老实待着以便让婚姻运转。夫妻双方都不觉得他们有抱怨的权利，他们可能会把自己的愿望看作是"幼稚的"或"不切实际的"。但是，这些标签无法改变一个事实：这个梦想是你渴慕的。如果婚姻不尊重这个梦想，冲突的发生几乎不可避免，也就是说，当你通过埋葬梦想来适应婚姻生活时，这个梦想只不过是乔装成陷入僵局的冲突，重新出现在你面前。

Ⓔ XERCISE 爱情实践场

A PRACTICAL GUIDE
FROM THE COUNTRY'S FOREMOST RELATIONSHIP EXPERT

◆ 发现梦想

在最初阶段，这个练习会训练你在无需聚焦个人婚姻问题的前提下，发现隐而未见的梦想。后面有6个普通的陷入僵局的冲突，阅读每一个例子，想一想每个配偶的观点里隐藏着什么样的梦想。编一个简短的故事，解释这个丈夫的梦想和他的立场，然后再用同样的方法说明妻子的梦想和立场。在每一个例子中，你要想象这就是你自己的立场并且想象你很难向对方屈服。想一想你的立场对你意味着什么，想想这个梦想来自你过往生活的什么地方。想象他人的梦想，这能帮助你打开那些导致你自己婚姻出现僵局的门。

这是一个有创造性的练习，它没有正确答案或错误答案，为了让你着手做这个练习，我们已经把前两对夫妻所暗示的梦想和故事写出来了，剩下夫妻的参考答案你可以在后面找到。在你完成这个练习之前，不要去看我们写的关于这些夫妻的梦想故事。如果你自己独立完成这个练习，你得到的收获会更多。

第1对夫妻

> 丈夫：我认为妻子太爱干净了，她收拾好房间之后，我总是找不到东西。我认为她不太体贴，控制欲很强，我为此感到厌倦。

在这个冲突中，我的梦想可能是：

我的父母都是纪律严明的人，他们把两人之间的任何分歧都看成是不服从命令的表现，结果，我就成了一个有点叛逆心理的人。我不太喜欢服从权威，这也是我为什么决定自己创业的原因。我的梦想是拥有一个能做回我自己的家，而这意味着不遵从任何一套严格的规矩。我希望我的孩子能够挑战权威，多为自己着想，而不只是学会服从。我希望自己能够自由自在地待在家里，有时可以不修边幅。

> 妻子：我喜欢家里保持一定程度的有序和整洁，我发现自己常常在清理老公的杂物，我认为他很不体贴，为此我很厌烦。

在这个冲突中，我的梦想可能是：

我是在一个混乱无序的家庭里长大的，当我还是个孩子的时候，我就知道没有人可以指望。我从来不知道是谁送我去上学，或者是谁来接我。我的母亲有时会忘记接我回家，我记恨她这一点。我回到家也常常没有准备好的晚餐，没有干净的衣服。创建一个井然有序的家以及对幼小的弟妹负责全落在了我的肩上，我讨厌自己不得不做这一切。我的梦想是为孩子和家庭提供一个更健康的家庭环境。对我来说，秩序意味着可以预见、安全和安宁，我希望孩子拥有这些。当房子乱成一团时，这幅景象又让我想起了年轻时的混乱。

第 2 对夫妻

> 丈夫：我的妻子很感性，而她说我太理性。我觉得有时她会因过度活跃（也许是过度敏感）而失去控制。我认为理智通常是一个对付浓烈情感的最好方法，而不是更加情绪化。我的妻子声称我太难懂，不够热情。

在这个冲突中，我的梦想可能是：

我是在一个辩论者之家长大的，我们喜欢争论。我爸爸总是先向我提一个问题，考验我，然后他会站到我的对立面，接着辩论就开始了。什么事情都可以辩论，我们都喜欢争辩。但是，在这样的辩论环境中，情绪化是不合法的，一旦某人变得情绪化，辩论就结束了。因此，在我的家里，控制情感能得到大家的高度称赞，现在仍然是如此。因此，也许我应该更情绪化一点，但这不是我的天性，我的梦想是变得更强大，我认为情绪化是一种缺点。

妻子：我是一个非常感性的人，而我的丈夫很理性。我们之间的这个差异让我觉得他有时很冷淡、很虚假，似乎不曾真正存在过。很多时候，我都不知道他的感受如何，因为我们之间的这个差异，我觉得非常沮丧。

在这个冲突中，我的梦想可能是：

我只是一个感性的人，就是这么简单。我认为这就是生活的全部，感受事物、与人接触、回应，这就是"责任"应有的含义，"有责任心"或者是"能够负责"，这就是我最看重的价值。我回应我周围的每一件事，我回应伟大的艺术、回应建筑、回应孩子、回应小狗、回应运动员的竞争、回应悲情的电影、回应一切。变得情绪化只是意味着变得有生气，我的父母就是用这种方式抚养我长大的，我很喜欢这种方式。我的梦想是和我爱的人分享我的情感，如果我不情绪化，这桩婚姻似乎注定会死亡、变得虚假或者孤独。

第 3 对夫妻

丈夫：我妻子是个醋坛子，尤其是在聚会上。我认为在社交场合可以结识新的人，这是一件很有趣的事，但是我妻子总是寸步不离，一个人会紧张。她说我在聚会上和其他女人调情，但这根本就是无中生有。我觉得她的控告是对我的侮辱，这让我很生气。我不知道如何才能让妻子安心，我讨厌别人怀疑我。

在这个冲突中，我的梦想是：

妻子：在聚会上，或者是在其他地方，我丈夫总是盯着其他女人，和她们打情骂俏，这让我很苦恼，让我觉得自己低人一等。我反复向他提及这一点，但却不能阻止他。

在这个冲突中，我的梦想是：

第 4 对夫妻

妻子：我丈夫的性欲比我强，当他想和我做爱的时候，我不知道该怎么办，我不知道如何用一种温柔的方式来拒绝他。这种状况让我觉得我自己是个怪物，我不知道如何处理这种事。

在这个冲突中，我的梦想是：

> 丈夫：与我的妻子相比，我喜欢多做爱，当她拒绝我的做爱要求时，我觉得很受伤。这种状况让我觉得自己没有吸引力，是个多余的人，我不知道如何处理这种事。

在这个冲突中，我的梦想是：

第5对夫妻

> 妻子：一提到钱，我就觉得丈夫太吝啬了，他不喜欢花钱享受生活，得到更多乐趣。在金钱方面，我也讨厌自己没有过多的个人自由和对钱财的掌控能力。

在这个冲突中，我的梦想是：

> 丈夫：每当提到钱的时候，我认为妻子是不切实际的，她总是轻率地花很多钱，很自私。

在这个冲突中，我的梦想是：

第6对夫妻

> 妻子：我丈夫比我更喜欢和我们的亲戚接触。对我来说，家庭关系是压力和失望的源泉，我已经离开家了，我希望能和他们保持距离。

在这个冲突中，我的梦想是：

> 丈夫：与妻子相比，我更喜欢和家人保持密切接触。对我来说，家庭关系非常重要。我的妻子比我更希望从家庭里独立。

在这个冲突中，我的梦想是：

参考答案

第3对夫妻

> 丈夫：我真的没有和别人调情，我除了对自己的妻子感兴趣外，不会对任何女人感兴趣。只是，参加聚会是让我对

自己的交际能力真正感到满意的唯一方式，也是体现我狂热一面的唯一方式。当我参加一场聚会的时候，我真的不想对其他任何人负责。我的梦想是拥有自由探索的感觉。

妻子：在我的生活中，我总是希望能感到自己对某个人来说"足够了"。这是我的梦想：感觉自己真的能够吸引配偶，感到自己是一个值得拥有的人。我希望配偶能对我感兴趣，希望他能了解我，知道我在想什么，希望他想知道我的内心。如果我跟丈夫去参加聚会，他没有去注意聚会上的任何人，只看着我，乐意花几个小时聚精会神地和我交谈，或者只和我一个人跳舞，我会觉得这是一件非常浪漫的事。

第 4 对夫妻

妻子：我从前遭受过性虐待，我没法控制这种事情，太可怕了，但是它确实发生过。我觉得，只有在我需要的情况下，我们才可以做爱。婚姻给了我很大的抚慰与温柔，但是，我可能永远也克服不了曾经经历的创伤的感觉。我的梦想是只有在我需要的情况下才可以做爱。

丈夫：我的梦想是让我的妻子主动和我做爱，随着激情"欲仙欲死"，我猜，这是我真正想要的。我知道我有时候并不能做到，但是有些时候我做得还不错。我希望配偶觉得我无法抗拒。

第 5 对夫妻

妻子：生命太短暂了，一直为将来存钱是没有必要的。我知道必须要有一些钱，但是我想要有这样一些感觉：我们不是为明天而活。我不想觉得生活从我的身边溜过去了，这就是为什么我时常觉得，我在花钱上不是特别"浪费"。我希望有特别的感觉，希望自己活着。我想，我的这种对待金钱的态度源于我贫困时期的省吃俭用。但是，现在我的收入高了，我不想再过那样的生活。

丈夫：我希望享受生活，但是是有限地享受。对我来说，这个世界的问题在于贪婪，人们似乎永远没能拥有足够的"东西"，或者拥有足够多的金钱。只要看美国人怎么度假就知道了，他们带着所有的东西去度假，帐篷、摩托车、船、汽车等等。我不是不想要这些东西，我只是希望很少的东西或者一小笔钱就能让自己感到心满意足。我认为自己有点像个僧侣，僧侣的生活有目的，我也有。一个僧侣能对生活中的所有细小的、让人感到满意的、可以计数的幸事都感到满意，这些事情还有很多。因此，我相信少花多存，对我来说，这就是一个人应该过的有道德的生活。这种观念来自何方呢？我认为它来自我的父亲，他也是一个非常节俭的人。多亏了他，我们家一直过得很好，在他去世后，我妈妈也为我们提供了很好的生活，我很尊重他们。

第6对夫妻

妻子：我花了很大力气才从一个恐怖的家庭里逃出来，我父母非常冷漠，姐姐进了精神病院，哥哥是个瘾君子，我是唯一一个幸免于难的人。我远离我的家庭，向我的朋友们靠近，对我来说，友谊意味着许多东西，它一直很重要。但是，我小心翼翼地不让自己和丈夫的家庭走得过近。我见过太多糟糕的家庭类型，这些家庭把我吓坏了。我的梦想是，形成一个属于我们自己的家庭传统，保持我们自己的独立性。

丈夫：对我来说，拥有一个大家庭的感觉一直是很重要的事。我能回忆起过去许多个星期天，会有二三十个家庭成员来看望我的母亲。整个下午，咖啡和糕点不停地供应着，他们在一起聊天、玩纸牌、高声谈笑，下午过后，还有丰盛的晚餐。甚至是在家庭困难时期，我的母亲也能够做出丰盛甜美的浓汤来。我的梦想是，在我自己的家庭里，能拥有这种家庭共同体感、亲密感以及舒适感。

▎第2步：解决一个陷入僵局的婚姻问题▎

你已经有了如何发现梦想的经验，现在，试着去发现你自己婚姻中的梦想。挑一个让你们陷入僵局的冲突来解决，然后写下你对自己立场的解释，不要批评或责备配偶。把前面那些夫妻写的声明当作你的指南。注意，他们不是在说对方的坏话，相反，他们关注自己的需求、希望以及对这种局势的感受。接着，写下你的立场背后关于这个隐藏的梦想的故事，解释这些梦想来自哪里，解释它们为什么对你如此有意义。

一旦你们知道是哪些梦想激发了僵局，谈论这些梦想的时候就到了，每个人都可以轮流当 15 分钟的发言人和 15 分钟的倾听者。不要试着去解决这个问题，现在就想解决问题，很可能会适得其反。你的目标是去理解为什么你们双方都觉得这个问题很严重。

发言人的任务：诚实地讲述你的立场，说说这个立场对你意味着什么。描述这个梦想是怎样被激发起来的，解释这个梦想的来源及它象征着什么。清楚、诚实地说出你想要的东西以及它为什么如此重要。你的发言要像你向一个好朋友或者第三方解释你的梦想那样。不要为了避免伤害或者和配偶争吵，而试着去审视或贬低你对梦想的感受。如果你发现这很难做到，你可以回顾第 8 章关于"以温和的方式开始"的建议，这些方法在这里同样有用，如采取"我"作主语的方式，只谈论你的感受和你的需要。这不是批评配偶或和对方争论的时候，配偶对这个梦想的看法如何是一个附属问题，这个问题不应该立刻讨论。

倾听者的任务：不做评判，像朋友一样去倾听，不要让配偶的梦想和自己扯上关系。即便配偶的梦想和你的梦想有冲突，不要花时间去思考解决这个问题的对策或方法。你现在的职责只是听配偶讲这个梦想，鼓励对方探索这个梦想。下面是一些有支持作用的提问模本，你不必完全照搬，只要把这些问题背后的想法和精神用自己的话来表达就行。

- "跟我说说这个故事，我很想知道它对你意味着什么。"

- "你对这个问题怎么看？"

- "对此你有何感受？"

- "你想要什么？你需要什么？"

- "这些东西对你来说意味着什么？"

不要这样做

乔治娅：我一直梦想着去登珠穆朗玛峰。

内　森：首先，我们负担不起做此类事情的费用。另外，我想不出有
　　　　什么运动比登山更辛苦的了，我就是站在桌子上也会头晕目
　　　　眩的。

乔治娅：算了吧。

可以这样做

乔治娅：我一直梦想着去登珠穆朗玛峰。

内　森：和我说说登山对你意味着什么好吗？

乔治娅：如果我站在世界之巅，我想我会觉得很兴奋。当我还是个孩
　　　　子的时候，人们总是说我身体弱，不能干任何事，我的父母
　　　　总是说"小心点，小心点……"我认为自我释放的最好方式
　　　　就是登山，我能在登山中找到成就感。

如果可以，告诉配偶，你支持他的梦想。这并不一定意味着你相信这个
梦想能够或者应该实现。尊重配偶的梦想有三个不同的层次，每个层面上的
尊重都能给你的婚姻带来好处。

第1个层次是你能向配偶表示你理解他的这个梦想，即使你不赞同它，
你也能对它感兴趣，想知道更多东西。例如，内森会支持乔治娅的决定，同
意她选修一门登山课程，并且当乔治娅谈论登山话题时，他能热心倾听。

第2个层次是为她的梦想提供财力支持，这意味着内森会为乔治娅的登
山旅行提供金钱资助。

第3个层次是成为这个梦想的一部分，即内森自己也成为一个喜欢登山
的人。

你可能会发现，你可以"完全同意"配偶的某些梦想，而对于其他一些

梦想，你连第一个层次的理解和感兴趣都做不到。这是正常的。化解僵局的底线是要尊重这些梦想，并不一定要成为对方梦想的一部分（不过如果你能做到这一点，你的婚姻会更美满），毕竟，谁也不希望拥有一种以打压配偶为代价来赢得胜利的婚姻。

第3步：互相安抚

讨论彼此对立的梦想是一件十分艰难的事。如果两个人都觉得被消极情绪淹没，讨论就不会有任何结果。因此，在你试图化解僵局之前，要停下来安抚对方。

第4步：结束僵局

现在是时候开始完成这个任务了，平静地面对这个问题，接受你们之间的分歧，寻求初步的妥协方案，这能让你们继续友好地讨论这个问题。你要明白，你们的目的不是解决这个冲突，这个冲突永远不会彻底消失，相反，你们的目标是剪除这个问题的鳞爪，消除它对你们的伤害，让这个问题不再成为痛苦的源泉。

首先，利用第 168 页的圆圈练习（"寻找共同点"），确定你不能妥协的最小的核心区域。为了做到这一点，你要审视你的内心，试着把这个区域内的问题分成两类。第一类是你完全不能向对方妥协的东西，不然就违背了你的基本需求或核心价值。第二类是你可以变通的东西，因为它们对你来说不是那么敏感。让第二类的内容尽可能得多，第一类的内容尽可能得少。

互相分享各自写的清单，用你们在第 8 章中学到的技巧，一起想出一个临时的妥协方案。先实行两个月，然后再重新考虑你们的观点。不要期望你们能解决这个问题，只有与之和平共处，它才会对你们有所帮助。

> 莎莉信奉活在当下，往往会无意识地大手大脚花钱，而格斯主要的生活目标是安全，他行动缓慢，做决定时小心谨慎并且非常节俭。当莎莉坚持要买一栋山中小屋时，这些分歧就会让他们起冲突。格斯的反应是立刻说不，因为他们买不起，而莎莉觉得他们买得起。

他们在这个问题上僵持了一年，每次一讨论这个问题，他们就会吵架。格斯认为莎莉是一个不负责任的梦想家，总是想乱花他辛苦赚来的钱，而莎莉则控诉格斯想要压制她生活中的所有乐趣。

为了化解这个僵局，格斯和莎莉首先要弄清楚，买一栋小屋对他们各自有着什么样的象征意义。在第一场交谈中，他们试着解决这个问题。莎莉说她的梦想是追求快乐，能真正放松自己，感到和大自然融为一体。只要买下一栋小木屋，她认为这些梦想都可以实现。尽管她也害怕格斯会把她看成是一个只为明天活的寄生虫，但是她现在没有跟格斯说这个（过去她经常这么说）。相反，她关注她的欲望，不再关注她对格斯的愤怒和恐惧。

轮到格斯说话时，他告诉她，存钱对他来说有着很大的象征意义。他渴望在金钱上有保障，因为他害怕老年时陷入贫困。他记得自己的祖父母就因贫穷而饱受痛苦，他的祖父死在公办的疗养院，格斯认为这有损尊严。他生活中一个重要的目标是，当他年老的时候，不让自己丢脸。格斯也很生莎莉的气，因为他认为她鲁莽、孩子气，总是想要立刻得到满足，这不仅威胁着他的幸福，也威胁着他为他们俩建立的生活。然而，这个时候，格斯并未大声控诉莎莉，相反，他尽力解释并描述他的关于金钱安全感的梦想以及这个梦想的来源。

一旦莎莉和格斯讨论完他们各自立场的象征意义，转变就发生了，他们不再把对方的梦想看作是威胁，他们看到了矛盾背后隐藏的真面目：他们所爱之人拥有的深层次的愿望。尽管他们的梦想仍然是对立的，但是，他们现在积极去寻找一些共同点，去发现一种尊重甚至有可能容纳两个人意见的方法。下面是他们的具体做法：

- 确定他们不能妥协的最小的核心区域。莎莉说她必须要拥有一栋小木屋，格斯说为了有金钱保障，他必须存够三万美金。

- 确定他们可以灵活变通的领域。莎莉说，即便不是她想象中大一点的僻静居所，占地只有几英亩的小木屋她也能接受；何时买屋也是可以商量的，她想立刻就买，但是，只要她觉得格斯能支持她的决定并一起朝这个目标努力，她可以等几年时间。格斯说，只要他知道他们能从各自的薪水中省下一笔钱，不断朝着目标努力，对于要多久攒够三万美金，这个问题也是可以商量的。

- 想出一个临时的尊重两个人梦想的妥协方案。他们可以现在就买一栋小木屋，不必再等三年。在这期间，他们可以把他们的一半存款用来付首付，另一半作为他们的共有基金。几个月后，他们可以审视这个计划，看它是否起作用。

莎莉与格斯认识到，他们潜在的永久性问题永远不会消失。莎莉总是那么不切实际，有着想要买一栋小木屋或出去旅行之类的念头，而格斯会担心他们的财政安全、他们的退休金等等。但是，通过学会如何处理他们的分歧，他们就能避免在分歧引发的冲突中陷入僵局。

下面几个例子中的人物来自第 207 页的"发现梦想"练习，它向你展示了如何和你们的分歧共处。虽然在这些冲突中，没有哪个冲突和你们的情况完全一致，但是它们能告诉你分歧严重的夫妻是怎样化解僵局的。

第 1 对夫妻

陷入僵局的问题：打扫房间。她希望他变得爱整洁，他希望她不要管他。

这个冲突中的梦想：

她：家里有秩序感和安全感。

他：在自己家的自由感。

没得商量的地方：

她：她不能忍受厨房里的垃圾或者浴室里的污垢。

他：他不能忍受刚看完报纸就得把它们收起来。

可以变通的地方：

她：只要没有污垢，她可以忍受一定程度的杂乱无章。

他：只要不用一直清理，他可以洗碗、清洁浴室。

临时的妥协方案：两个人都有使厨房和浴室保持干净的责任。她一周最多唠叨他一次，但是，如果到时他没有清理杂物，她可以把这些东西全都倒在他家里办公的地方。

继续存在的冲突：她会一直讨厌杂乱，他会一直讨厌秩序井然。

第 2 对夫妻

陷入僵局的问题：对情感表达的截然不同的态度。

这个冲突中的梦想：

她：情绪化是她自我认同的一部分，是给她生活意义的一部分。

他：他把情绪化看作是一种弱点。

没得商量的地方：

她：她没法停止以巨大的热情来回应生活。

他：单单为了取悦她，他没法成为一个很感性的人。

可以变通的地方：两人都接受对方不可能改变基本的性格特征的事实。

临时的妥协方案：他们会尊重对方在这方面的分歧，他会接受她想要交流的需求，会和她分享感情；如果他做不到太感性化，她也能够接受。

继续存在的冲突：在情感表达上，他们继续有着截然不同的表达方式。

第 3 对夫妻

陷入僵局的问题：他喜欢在聚会上和他人闲聊，而她希望他和她待在一起。

这个冲突中的梦想：

他：体验自由，通过在社交活动上结识新的人来探索他自己。

她：成为他注意的中心。

没得商量的地方：

他：他必须要有自我享受和结识新人的自由。

她：她不能容忍丈夫和别的女人跳舞或是与她们接触，即便是以一种友好的方式。

可以变通的地方：

他：在聚会上，他不用把自己和妻子完全分隔开来。

她：她可以忍受丈夫和其他女人交谈几分钟。

临时的妥协方案：在聚会上，他们有一半的时间待在一起，另一半时间里，他可以离开她，与他人交谈。但是，他不会与其他女人跳舞或者是与她们接触，并且如果她告诉他，她为他的行为感到不快，他就要停下来。

继续存在的冲突：他一直想过社交生活，她一直希望他只关注她。

现在，看看你能否以同样的方式来概述自己的问题。首先，在纸上把这个问题写清楚，说说是你们中哪个人的梦想激发了这个问题。然后，记下你们各自没得商量的地方和可以变通的地方。最后，想出一个你们都同意在短时间内实行的临时的妥协方案。如果你们还能简短描述下你们继续存在的冲突，以此来证明你们都知道这个问题得不到解决但可以与之共处，这对你们的帮助会更大。

| 第5步：说声谢谢 |

为了化解那些给你的婚姻造成很大困扰的陷入僵局的问题，你们可能需要更多的交谈。无论你多么努力不带评判地接受对方的观点，这些交谈过程都充满着紧张感。

这个练习让你以积极的态度来和对方交谈，目的是重建感恩精神。有了这种精神，你就会去计算自己受到的恩惠，你在内心也会对你所拥有的一切表示感谢。在讨论完一个陷入僵局的冲突之后，要向对方表示感谢也许是一件很难的事，但是，有许多理由让你相信这是值得去尝试的。

爱情练习卡 EXERCISE CARD
说声谢谢

从下面的清单中，选出三个你特别欣赏配偶的方面（当然，你可以把单子上没有的选项加进去）。然后告诉配偶这三个方面是什么，比如说："你对我的情绪变化很敏感，我真的很喜欢你这一点。"

你的精力	你的力量
你下命令的方式	你让我管理事情的方式
你对我的敏感	你如何支持、回应我的情绪
你了解我的能力	你与我做决定时的方式
你让我成为我自己	你的皮肤
你的面孔	你的温暖
你的热情	你的头发

你抚摸我的方式	和你在一起时我感到多么安全
你的温柔	你的想象力
你的眼睛	我信任你的方式
你的激情	你是如此了解我
你的优雅	你行动的方式
你吻我的方式	你的爱
你很有趣	你的幽默感
你的着装	你对我的忠诚
胜任配偶一职	胜任父母一职
作为一个朋友时的样子	你对时尚的感觉

　　按照这 5 个步骤去做，你就能化解你们在永久性问题上的僵局。在化解僵局的过程中，你和配偶都要有耐心，这些问题都很顽固，不容易解决。为了让这些问题不再遏制你的婚姻，你们两个都要作出承诺，要有十足的信心。当你们觉得谈论的这个问题变得不那么严重时，当你们可以幽默地谈论它时，当这个问题不再严重到影响你们之间的爱和乐趣时，你会发现你们的关系取得了进步。

THE
SEVEN PRINCIPLES
FOR MAKING MARRIAGE WORK

11

法则7 / 创造共同意义
彼此尊重梦想

The Seven Principles for Making
Marriage Work: A Practical Guide
from the Country's Foremost
Relationship Expert

"**我**们的婚姻曾经是嬉皮士式的，"海伦说，"我是说它曾经很肤浅。我们相处融洽并且确实彼此相爱，但我觉得我和凯文之间没什么联系，我们就像是在一起做爱的室友。"海伦，这个自称是"虔诚的女权主义者"的人，常常为自己的独立感到骄傲。起初她认为这挺棒的，她和凯文都有自己的生活，有各自的事业、兴趣和朋友。但是，随着婚后时间的流逝，尤其是有了孩子之后，她越来越觉得少了点什么。海伦不想放弃她那强烈的个体认同意识，但是她又想从婚姻中得到更多。参加我们的讨论会之后，海伦认识到当中的缘由：她想要更多地感觉到她和凯文是一家人。

如果你的婚姻遵循着我前面所说的 6 个法则，你们两人关系稳定且幸福的概率就很高。但是，**如果你发现自己在问："就这样了吗？"你的情况可能与海伦和凯文相似：你们缺失的正是更深一层的共同意义感。**婚姻不仅仅是抚养孩子、分担日常事务和做爱，它还包括在精神层面创造一种共同的内在生活———一种富含象征与仪式的文化，欣赏你在婚姻生活中的角色与目标，并让你明白成为家庭的一员意味着什么的文化。

通常，当我们想到"文化"时，我们是就拥有某种特定风俗、流行某种菜肴的大族群甚或是国家而言。但是，一种文化同样可以仅仅由两个同意分享他们生活的人创造出来。本质上说，每对夫妇和每个家庭都创造了他们自己的微文化，像其他文化一样，这些小群体也有自己的习俗（比如星期天的室外晚餐）、仪式（比如小孩出生之后开香槟庆贺）和故事，这些故事体现了他们对婚姻的看法和成为团体的一部分的意义。

波拉和道格把自己看作是他们各自家庭中的"侏儒"，他们两个都被认为是兄弟姐妹中不那么聪明、不那么有吸引力或不太可能成功的人，但结果是，他们所有的兄弟姐妹最终要么没结婚，要么结了又离，只有波拉和道格拥有一个幸福稳定的婚姻，有稳定的工作，在美满的家庭里抚养着了不起的孩子。作为他们家庭文化的一部分，从他们讲述的关于自己的故事可以看出，他们组成了一个多么伟大的团队，他们何其好强，他们如何蔑视所有的反对者并成功战胜对手。

发展一种文化并不意味着夫妻二人在生活哲学的各个方面要完全一致，只要做到像齿轮一样相互啮合就行。即使不能总是分享梦想，也要找到尊重对方梦想的方法。夫妻二人共同发展起来的文化包含了两个人的梦想，这种文化是可变通的，它随着夫妻双方的成长和发展而改变。当婚姻双方有这种共同意义感时，冲突就不会那么激烈，永久性的问题也不太可能导致僵局。

当然，即使没能分享共同生活的深层意义，夫妻二人也有可能维持稳定的婚姻，即使梦想不同步，婚姻依然能够"运转"。在最后一章里，我们只告诉你如何绕过那些永久性的问题，与它们和平共处，而不是以僵局收场。重要的是要接受这种观点：**夫妻双方可能不能认同对方的某些梦想，但可以尊重它们**。例如，你们信仰的宗教不同，但能充分尊重对方的精神之旅，因而能跨越信仰的差异。

但还有一个事实：一桩有价值的婚姻不能单靠回避冲突。夫妻二人越是能在生活中的基本方面达成共识，婚姻就越丰富、越有意义，并且从某种意义上来说会越容易。你当然不能强迫你们有同样深层次的观点，但是，如果能互相接受对方的想法，你们自然会在这些问题上达成一致意见。因此，**任何婚姻都有一个重要目标，即营造一种氛围，鼓励每一个人坦诚地谈论自己的信念**。说得越坦诚，越尊重对方，你们各自的意义感就越有可能混合在一起。

海伦和凯文在参加我们的讲习班后，通过谈论本章稍后提到的问题，他们已经能够关注共同生活的精神层面。他们第一次认真地谈论各自的家庭、家庭历史、价值和象征。

> 当他们回到家后，海伦拿出自己家的旧相册，把从爱尔兰移民到美国的曾祖父的照片指出来给凯文看，并向凯文讲述她曾祖父母婚姻的故事，显然这个故事她已经听过无数遍了：在动身前往美国之前，曾祖父和曾祖母订了婚。此后4年，曾祖父一直在攒钱，想把曾祖母接过来。在这期间，曾祖父依然忠贞不渝地爱着曾祖母。海伦对这个故事的理解是：忠诚是婚姻和家庭生活的一大支柱。在此之前，她从未如此直接地向凯文表达过这种看法。
>
> 凯文回忆起他自己家庭的一些故事，特别是他祖母的事情。他的祖母曾经在堪萨斯州的乡下独自经营一家小杂货店，这家店曾濒临破产，因为在大萧条期间，她总是给穷苦的邻居们赠送免费食品。镇上的居民们都知道她为那些贫困家庭保留了一定数量的货物，每个星期一晚上，店铺快打烊的时候，这些家庭都可以去那里免费领取食品。"我爸爸总是说，我们摩纳汉斯家往往慷慨到愚蠢的地步。"他告诉海伦说，"但爸爸经常这么说，其实在某种程度上就是让你知道他非常自豪，我们都喜欢听他说这些话。"凯文告诉海伦，他长大后也继承了这个传统，比如，他每年都有不菲的慈善捐款。

海伦和凯文的这次谈话成为他们婚姻生活的转折点，从此以后，他们经常谈论诸如忠诚和慷慨这样的价值观。当他们还是孩子的时候，通过听家族故事，他们接受了这些价值观。天长日久，他们不断彼此讲述各自的故事，还把这些家族故事讲给孩子们听，结果，本属于个人的故事就变成了他们的故事，同时，这也成了他们创造的新家庭的故事。海伦接受了那些对凯文来说非常重要的摩纳汉斯家的故事和价值观，并把它们融入她自己的生活中，对于海伦家的故事，凯文亦复如是。

正如我曾讲过的，你们找到的共同意义越多，你们的关系将越深沉、越浓厚、越有价值。遵循这个方法，你还可以增强夫妻之间的友谊（就像我关于幸福婚姻的前三条法则所强调的），这反过来会使你更容易处理任何突发

的冲突。这就是 7 法则的美妙之处，它们形成一个循环的反应链，保证你在
努力遵循某一条法则时，遵循其他法则就变得更容易。

EST 爱情测试

共同意义问卷

为了弄清楚你和配偶在生活中创造的共同意义感处于何种程度，请
回答以下的问题。

你们的连接仪式

1. 在我们家，我们对涉及家庭晚餐的仪式看法完全一致。　　　 **T** **F**
2. 节日大餐（如感恩节、圣诞节、逾越节等）对我们来说是非常
   特殊和幸福的时刻（或者我们都不讨厌它们）。　　　 **T** **F**
3. 在我们家，下班后的重聚通常是个特殊时刻。　　　 **T** **F**
4. 在我们家，我们对电视的作用，看法完全一致。　　　 **T** **F**
5. 睡前时间通常是变得更亲密的好机会。　　　 **T** **F**
6. 周末，我们一起做许多既让人高兴又有价值的事情。　　　 **T** **F**
7. 对在家里娱乐（如有朋友来拜访、聚会等），我们看法相同。　　　 **T** **F**
8. 我们都重视或都不喜欢特别的庆祝（如生日、纪念日、家庭
   聚会等）。　　　 **T** **F**
9. 当我生病的时候，我能感觉到配偶的关怀和爱。　　　 **T** **F**
10. 我真的非常期待我们的假期，并能享受我们的假期和一起旅
    行的时光。　　　 **T** **F**
11. 一起度过清晨的时光对我们来说是很特别的。　　　 **T** **F**
12. 当我们一起做事时，我们通常很愉快。　　　 **T** **F**
13. 当我们激情燃尽或疲惫的时候，我们有办法恢复和振作起来。　 **T** **F**

计分：每个"T"计 1 分。如果你的分数低于 3，说明你的婚姻在
这方面还有待改善，请务必一起做这个问卷后面的"仪式"练习。

你们的角色

14. 在丈夫和妻子的角色中，我们有着许多类似的标准。　　　 **T** **F**
15. 在母亲和父亲的角色中，我们有着许多类似的标准。　　　 **T** **F**
16. 我们对成为别人的朋友意味着什么有许多类似的观点。　　　 **T** **F**

17. 对工作在人的一生中充当了什么角色，我和配偶看法一致。　T　F

18. 在兼顾工作和家庭生活方面，我和配偶有着类似的观点。　T　F

19. 配偶会支持那些我视为生活基本使命的事情。　T　F

20. 家人和亲戚（姐妹、兄弟、父亲、母亲）在我们的生活中很
重要，对此配偶和我看法一致。　T　F

计分：每个"T"计1分。如果你的分数低于3，说明你的婚姻在这方面还有待改善，请务必一起做这个问卷后面的"角色"练习。

你们的目标

21. 在我们的共同生活中，我们有许多共同目标。　T　F

22. 如果在垂垂老矣时回顾我的生活，我想我会认为我们彼此咭
合得非常好。　T　F

23. 配偶珍视我的成就。　T　F

24. 配偶尊重我的那些与我们的婚姻毫不相干的私人目标。　T　F

25. 我们同那些对我们来说非常重要的人（孩子、亲戚、朋友）
分享着许多同样的目标。　T　F

26. 我们有着非常相似的财务目标。　T　F

27. 我们都倾向于担心潜在的财务危机。　T　F

28. 对我们的孩子、生活的大致状况和老年生活，无论是个人的
还是共同的，我们都有一致的期望和渴求。　T　F

29. 我们的生活梦想很相似或可以兼容。　T　F

30. 即使有不同，我们能够找到尊重我们各自生活梦想的方法。　T　F

计分：每个"T"计1分。如果你的分数低于3，说明你的婚姻在这方面还有待改善，请务必一起做这个问卷后面的"目标"练习。

你们的象征

31. 我们对家的含义看法一致。　T　F

32. 我们对爱是什么看法相当一致。　T　F

33. 我们对宁静生活的重要性有相似的价值观。　T　F

34. 我们对家庭的意义有相似的观点。　T　F

35. 我们对性在我们生活中的作用有相似的观点。　T　F

36. 我们对爱情在我们生活中的作用有相似的观点。　T　F

37. 我们对结婚的意义有相似的价值观。　T　F

38. 我们对金钱的意义和重要性有相似的价值观。 T F

39. 我们对教育的重要性有相似的价值观。 T F

40. 我们对娱乐和游戏的重要性有相似的价值观。 T F

41. 我们对冒险的意义有相似的价值观。 T F

42. 我们对信任有相似的价值观。 T F

43. 我们对人身自由有相似的价值观。 T F

44. 我们对独立自主有相似的价值观。 T F

45. 我们对在婚姻中分享权力有相似的价值观。 T F

46. 我们对相互依赖和拥有"我们"意识有相似的价值观。 T F

47. 我们对财产、所有物（如汽车、漂亮衣服、书籍、音乐、房
    子和土地）的意义有相似的价值观。 T F

48. 我们对自然以及人与自然的关系有相似的价值观。 T F

49. 我们都多愁善感且惯于缅怀往事。 T F

50. 我们对退休和年老之后做什么有相似的观点。 T F

计分：每个"T"计1分。如果你的分数低于3，说明你的婚姻在
这方面还有待改善，请务必一起做这个问卷之后的"象征"练习。

后面的练习其实只是一个供你们夫妻双方回答和讨论的问题清单，这个
问题清单分成4类，它们通常是夫妻之间共同意义的基础：仪式、角色、目
标和象征。这些问卷不要一晚上答完，也不要一个月答完，而是要把它们作
为将来许多讨论和炉边闲谈的引子。

为了物尽其用，请逐一关注这些问题，甚至可以在笔记本上把你对这个
问题的看法写下来，然后相互阅读对方的笔记，面对面地讨论该问题。

谈谈你们对这个问题看法的差异，也谈谈你们的共同点，以及能建立起
一致性的某些方面。找出能同时尊重你们两个人的价值观和梦想的办法。尽
管在许多地方双方可能有不同的需要，但也要找到支持双方需要的解决办法。
如果在某些地方存在根本分歧，要找到尊重你们之间差异的办法。（如果这
些分歧导致了争吵，去做做法则4、5、6中的练习题，哪怕你已经做过了。）

可以的话，请写出你们的家庭宪法，写下你们认同的生活意义和共同的人生哲学。

家庭仪式

这是一个很可悲的事实：经常坐在一起吃晚餐的美国家庭不到 1/3，这当中又有一半以上的家庭边吃晚餐边看电视，这种做法有效地终止了晚餐期间的交谈。在可以进行情感联系的时刻，创造非正式的仪式对婚姻来说非常关键。

我们大多数人都是在强调某些仪式的家庭里成长起来的。通过使这些仪式成为自己婚姻生活的一部分，它们将慢慢成为你们自己的仪式并且增强你们的家庭认同感。

> 杰西的父亲那一脉是一个组织严密的大家庭——费尔德曼家族，从他还是个小孩起，所有出席他们家婚礼的摄影师往往要花好几分钟来集合大约 50 个费尔德曼成员来照费尔德曼家庭照。杰西父亲家庭的所有成员，连同他们的配偶和孩子，都聚集在镜头前，新娘和新郎坐在他们中间。
>
> 年轻的时候，杰西会东张西望，认为摆造型拍照很可笑。但是，当他爱上阿曼达并和她结婚时，费尔德曼家庭照仪式对他来说有了新的意义。突然，他成了坐在椅子上的、被他的家人簇拥着的新郎。现在，每次看到婚纱照相册中的费尔德曼家庭照，杰西都觉得很骄傲，觉得与家人联系密切，他知道阿曼达已经真正融入他的家庭中。这些年，随着他和阿曼达一起参加其他费尔德曼人的婚礼，与家族的其他成员一起摆姿势照相，他的这种家族联系感逐渐增强。

仪式并不一定要源于你们各自的童年和家族历史，你们可以创造属于自己的仪式。新的仪式或许正来自过去家庭中缺乏的某种感觉。如果你希望周末时全家人能一起去郊游，你可以把这个计划变成每周的家庭常规活动；如果你希望能从精神层面更好地领略圣诞节的意义，你可以带着全家人参加每年的子夜弥撒。

有时仪式好像不太隆重，但是它们对某个家庭来说却非常重要。例如，尼克和哈莉总是通过一起做蛋糕来庆祝家庭成员的生日。这个仪式始于他们的儿子，那时他还是个蹒跚学步的幼儿，对鸡蛋过敏，因此，面包店里的生日蛋糕没法吃。几年之后，他们的儿子克服了鸡蛋过敏症，但这个家庭仪式仍然保留着，因为这对他们来说已经有了特殊的含义。他们可以借此机会聚在一起，以一种非常宁静的、舒适自在的方式来庆祝家庭成员的生日。

爱情练习卡 EXERCISE CARD
仪式

在接下来的练习中，通过讨论自己想要的东西来创造你们的家庭连接仪式。讨论一下这些仪式（或缺乏仪式）对你们的成长有何影响，对你们来说，最好的时刻和灾难性的时刻是什么样的。把你们的仪式写在纸上，以便弄清楚何人何时期望做何事。让这些仪式变成你们期盼做的常规活动。

1. 我们应该一起吃晚餐吗？该怎样吃？晚餐时间意味着什么？在我们各自成长的家庭中，晚餐时间是什么样的？

2. 每天早晨我们是如何分别的？在我们成长的家庭中道别是什么样的？我们现在应该怎样重聚？

3. 睡觉时间应该怎样安排？在我们成长起来的家庭中睡觉时间是什么样的？现在我们想怎样做？

4. 周末意味着什么？在我们成长起来的家庭中周末是什么样的？它们现在应该是什么样子？

5. 我们的假期有哪些常规活动？在我们成长起来的家庭中假期是什么样的？这些常规活动现在意味着什么？

6. 挑选一个有意义的假期。对我们而言，这个假期的真正意义是什么？今年应该怎样庆祝？在我们各自成长起来的家庭中是如何庆祝这个假期的？

> 7. 我们各自是怎样使自己重新振作起来、重新活力十足的？这些仪式有什么意义？
>
> 8. 当有人生病的时候，我们有什么样的仪式？在我们成长起来的家庭中情况是什么样子的？在我们的家庭里应该如何处理？

社会学家威廉·多尔蒂（William Doherty）强调连接仪式在家庭中的重要性。他和妻子莉亚形成了晚饭后喝咖啡的传统，他们一边喝着咖啡一边交谈，孩子们则在玩耍或是做家庭作业。晚饭后，一起搞完卫生，威廉泡好咖啡，把它带给客厅里的莉亚，一个宁静的、彼此联系的时刻就来到了。根据下面的提示进行创造，你也可以继续构建值得珍惜的家庭连接仪式：

- 没有孩子搅扰的二人周末约会。

- 庆祝胜利，庆祝任何小的或是重要的成就，在你们的婚姻中创造一种关于骄傲和赞美的文化。

- 与坏运气、挫折、疲惫或是筋疲力尽有关的仪式。你怎样才能支撑自己、治愈自己以及重新充满活力？

- 招待朋友的团体仪式，如在你们的团体中关心他人，或者向你们关心的人敞开大门。

- 涉及做爱的仪式并谈论这些仪式。这是一天即将结束，所有人都筋疲力尽之时要经历的重大事件。夫妻常常认为做爱应该是自发的，他们并不想对此精心设计，但是，只要回想什么时候性最美妙，你会发现最好的时候通常是在求爱期间。那些浪漫的约会是经过精心设计的，细致到穿什么、用什么香水、去哪里约会、晚饭后听什么音乐、喝什么酒等等，因此，浪漫和性都需要精心设计。谈论性爱中哪些地方很美妙，哪些地方需要改进的话题时，需要创建一种仪式，它会让你们在谈论这些话题时，不至于伤害彼此的情感。

- 与亲戚和朋友保持联系的仪式，可以计划某些家庭活动和聚会。

- 关于重复发生的生日和其他特殊事件的仪式，如对你们很重要的假期、宗教庆祝、周年纪念日等。

- 还有一些重要的仪式值得讨论，如成人仪式、毕业典礼和婚礼等。

你在生活中的角色

我们在这个世界上处在什么样的位置，这种感觉在很大程度上取决于我们所扮演的各种角色——孩子、配偶、家长、工作人员。自从跨入婚姻生活的那天开始，我们对自己和配偶角色的看法，要么使两人的关系更有意义、更和谐，要么就更紧张。

婚姻关系的深入程度等于彼此对对方的期望程度，也就是说，你觉得自己的配偶应该在你们的家庭中居于什么地位。我们这里不谈论诸如"谁洗盘子"这种看起来似乎很浅薄的问题，我们要谈论的是一些深层次的情感问题，如你对自己和配偶的期望。举例来说，伊恩和希拉丽都认为丈夫应该是一个保护者和供给者，妻子应该是一个抚育者；克洛艾和埃文则喜欢平等的婚姻，认为夫妻双方在情感和经济上都应相互支持。在这两个家庭中，由于丈夫和妻子对他们所扮演的角色有相同的看法，所以他们的婚姻关系都很稳定。当然，假如伊恩和克洛艾结合而希拉丽和埃文结合，他们生活中就会出现更多摩擦。

夫妻双方在抚养孩子上有相同看法也为婚姻生活增添了意义，比如，你们认为有些重要的价值观应该传递给孩子。同样，问问彼此同父母、兄弟姐妹是不是有这种互动，甚至是你们对工作的看法和其意义的理解，都能加深你和配偶的联系感。也就是说，在这些问题上，你们的意见越相似，你们的婚姻也就越牢固。

这并不是说，你们应该在生活哲学或精神的每个方面完全一致。譬如，从事同一种工作的夫妻，对工作意义的看法可能不同。约翰尼对做一个科学家充满激情，地质学家这个职业是他身份的重要组成部分，丰富了他对世界的观感。科学方法强调客观性和分析，他觉得自己从中受到很多启发，对自己是地质学家感到非常自豪。如果你问他对自己如何定位，他首先会告诉你他是个地质学家。但是，他的妻子莫莉也是地质学家，她对自己的职业就没有这样深的认同，她首先把自己看作是一个女人，而不是一个科学家。他们两个在生活的其他方面有着深刻的联系，因而这点小差异从未给他们的生活造成任何障碍。

爱情练习卡 EXERCISE CARD
角色

就你在生活中所扮演的角色而言，你越向对方坦诚谈论你对它的深层看法，就越有可能和对方达成一种有意义的、自然而然能达成的共识。先单独思考这些问题，然后互相讨论。

1. 你怎样看待自己作为丈夫或妻子这个角色？在你的生活中，这个角色意味着什么？你的父亲或母亲是怎样看待这个角色的？你们的相似之处和不同之处是什么？你打算怎样改变这个角色？

2. 你怎样看待自己作为母亲或父亲这个角色？在你的生活中，这个角色意味着什么？你的父亲或母亲是怎样看待这个角色的？你们的相似之处和不同之处是什么？你打算怎样改变这个角色？

3. 你怎样看待自己作为儿子或女儿这个角色？在你的生活中，这个角色意味着什么？你的父亲或母亲是怎样看待这个角色的？你们的相似之处和不同之处是什么？你打算怎样改变这个角色？

4. 你怎样看待自己作为一名工作者（你的职业）的角色？在你的生活中，这个角色意味着什么？你的父亲或母亲是怎样看待这个角色的？你们的相似之处和不同之处是什么？你打算怎样改变这个角色？

5. 你怎样看待自己作为别人的朋友这个角色？在你的生活中，这个角色意味着什么？你的父亲或母亲是怎样看待这个角色的？你们的相似之处和不同之处是什么？你打算怎样改变这个角色？

6. 你怎样看待你在社区中扮演的角色？在你的生活中，这个角色意味着什么？你的父亲或母亲是怎样看待这个角色的？你们的相似之处和不同之处是什么？你打算怎样改变这个角色？

7. 你在生活中如何平衡这些角色？

个人目标

我们努力争取实现的目标是使生活充满意义的一个方面，尽管有些目标很实际，如赚足够的钱，但我们也有更深层次的、更精神化的目标。对某个人来说，这个目标是在熬过饱受虐待的童年之后去寻求安宁和康复；对另一个人来说，这个目标是培养善良的孩子。很多时候，我们不谈论我们最深切的目标，我们有时甚至不会问自己这些问题，但是，一旦我们开始谈论这些目标，就能借此机会去探索一些对我们和我们的婚姻产生深远影响的事物。

与配偶分享自己最深切的目标，不但可以增加你们婚姻的亲密性，还可以进一步促使你们一起实现共同目标，让你们的婚姻更美满。例如，艾米莉和亚历克斯两人都在教堂做志愿者，孩子长大后，他们决定要为自己的社区留下一份精神遗产，于是，亚历克斯成了宗教学校董事会的一员，艾米莉则在教堂创办了成人教育课程，为那些想要重新认识自己信仰的人提供帮助。"我会独自完成这项工作，"艾米莉说，"但是，在回馈社区和教堂这件重要的事情上，我感觉亚历克斯是我的伙伴。这种感觉对我来说是一种宝贵的经验，我不仅感到我的信仰复活了，我的婚姻也同样获得了新生。"

爱情练习卡 EXERCISE CARD
目标

为了和配偶一起探索这些目标在你们各自生活和婚姻中的意义，请回答下面的问题。

1. 写下一份"任务声明"，说明你生活中的任务。拟好自己的讣告，你准备在里面说什么？

2. 在生活中，你对自己、配偶和孩子有什么目标？在未来的 5~10 年间，你想怎样完成这些目标？

3. 在有生之年，你想实现的一个生活梦想是什么？

4. 我们的生活经常被那些需要我们立刻关注的事情塞得满满当当。但是，哪些事是你生命中真正重要的？是你活力和快乐的巨大源泉？
是你真正需要腾出时间去做却被拖延或耽搁的？

5. 你在生活中扮演着怎样的精神角色？在你成长的家庭里，这个角色
是什么样子的？在你现在的家庭里，它应该是怎样的？

共同的象征

在一桩婚姻中，共同意义的另一个标志是：你们的生活被你们享有的代
表价值和信念的事物所包围。这些"事物"常常是一些实物，宗教图像（如
十字架）是最明显的信仰象征，信教的夫妻可能会把它们摆在家里。但也有
其他一些更个人化的物品。对珍娜和迈克尔来说，他们的餐桌有着特别的意
义，这张餐桌是他们向当地一位著名的雕刻家定制的，为此他们省吃俭用了
好几年。每逢家庭庆祝会，珍娜和迈克尔就会把它抬出来，美丽结实的餐桌
似乎是在告诉人们，他们的婚姻也同样美好而稳固。另一对夫妻把一座小的
天使雕像放在壁炉架上，以此纪念他们胎死腹中的头生子。这座天使雕像不
但是对死去的孩子的纪念，而且还代表这对夫妻的自我恢复能力，代表他们
之间深沉的爱和支持。这让他们从悲剧中走出来，继续努力建立一个幸福的
大家庭。

一些抽象的象征物对婚姻来说也很重要，例如，家庭故事象征着一整套
价值体系。从这方面讲，海伦曾祖父母即使被大洋阻隔仍彼此相爱的故事，
象征着这个家庭深厚的忠诚感，每次复述这个故事，都象征着他们对"忠诚"
这个巨大价值的重视。海伦的丈夫凯文关于他伟大祖母经营杂货店和对穷人
慷慨的故事，象征着另一个深刻的家庭价值观念，即金钱没有和社区保持联
系重要。甚至是房子本身对某对夫妇来说也具有极大的象征意义，他们并不
仅仅把房子看作是吃饭和睡觉的地方，还把它看作是他们共同生活的精神中
心，这是他们完善彼此的爱、完成孕育和抚养孩子等诸类事情的地方。

爱情练习卡 EXERCISE CARD
象征

回答下面的问题，这可以帮助你们一起探讨婚姻生活中象征物的重要性。

1．在这个世界上，哪些象征物能代表你们的家庭（如照片）？

2．家庭故事也是象征，它们经常代表并且教给人们一整套价值体系。你的家庭历史中有一些什么故事，哪些故事是你觉得骄傲并且想把它继续作为你家庭传统的一部分的？

3．家对你意味着什么？它必须具有什么样的品质？在你成长的家庭里，你的家是什么样的？

4．在你的生活中，哪些东西能象征你对一种有意义的、好的生活的哲学理解？例如，给慈善机构捐钱、戴着十字架，或为死去的祖先点燃一支蜡烛。你是否感觉到你没有达到你想要达到的标准？

在大部分深切、紧要的问题上，要产生和配偶是一个统一体的感觉，不是一夜之间就可以完成的事情。共同探索这些问题确实是一个不断进步的、终身的过程，其目的不是在每一个你认为有深刻意义的问题上都要和配偶达成一致，而在于拥有一个夫妻双方都能接受对方最深沉信念的婚姻。你们越是去创造一个能相互袒露这些信念的婚姻，你们的共同生活之旅就会越快乐。

THE
SEVEN PRINCIPLES
FOR MAKING MARRIAGE WORK

结语 / 现在怎么办

The Seven Principles for Making
Marriage Work: A Practical Guide
from the Country's Foremost
Relationship Expert

没有哪本书（或哪个治疗师）能解决你所有的婚姻问题，但是，在婚姻生活中运用这 7 个法则，你真的可以改变婚姻的航向。即使只对你的婚姻轨道做很小的、很轻微的改动，随着时间的流逝，这个改动也能给婚姻带来巨大的、积极的影响。当然，条件是你必须作出改变并让它得以延续。改善你的婚姻好比是一次旅行，与所有的旅行一样，开始是不相信，只跨出一小步，在看清自己所处的位置后，再跨出下一步。如果你卡住了或是迈错了步，重新阅读本书中的相关章节，审视自己目前的婚姻状况，你就可以知道如何使婚姻沿着正确的方向前进。

一旦你觉得你的婚姻行驶在正确方向上，下面是一些帮你维持这个势头的好点子。

神奇的 5 小时

当我们对参加过西雅图讲习班的夫妻进行跟踪调查时，我们想知道，是什么使一些夫妻的婚姻得到继续改善而另一些夫妻却没有。那些婚姻得到改善的夫妻对他们的生活进行了巨大的改变吗？还真没有！让我们惊奇的是，我们发现他们每周只多花 5 小时来改善他们的婚姻。尽管每对夫妻度过这额外 5 小时的方式各不相同，但也出现了一些明显的模式。总的来说，这些夫妻所做的是给自己的婚姻上一堂集中的 7 法则复习课。这个方法效果显著，我把它称为"神奇的 5 小时"。你也可以按照下面的方法去做：

道别。 早上和配偶说"再见"之前，确保你自己已经知道一件配偶今天要做的事，比如与老板共进午餐、看医生或要给一个老朋友打电话。

时间：2 分钟 / 天 ×5 个工作日

共计：10 分钟

重聚。 每个工作日结束后，确保自己与配偶进行一场减压谈话（参见第 85 页）。

时间：20 分钟 / 天 ×5 个工作日

总计：1 小时 40 分钟

赞美与欣赏。 每天想办法向配偶表达你真诚的情感与对配偶的欣赏。

时间：5 分钟 / 天 ×7 天

共计：35 分钟

喜爱。 在一起的时候互相亲吻、拥抱、牵手、抚摸，确保睡前相互亲吻。把亲吻看作是消除这一天里任何小怨愤的一个办法，也就是说，用吻来表达你对配偶的原谅与温柔。

时间：5 分钟 / 天 ×7 天

共计：35 分钟

每周约会。 这是一种放松的、没任何压力的方法，它能使你们之间保持情感联系。向对方提问能更新你的爱情地图，使你向对方靠近。（当然，如果有必要的话，你也可以利用这些约会来讨论某个婚姻问题，或者解决一周来发生的争执。）思考一下你向对方提的问题（如："你仍然觉得要重新装修卧室吗？""我们下次去哪里度假？""你觉得你的老板怎么样？"）。

时间：2 小时 / 周

共计：2 小时

总计：5 小时！

正如你看到的，在你的婚姻中作出这些改变，所花的时间是很少的，然而这 5 个小时能极大地促进你的婚姻走上正轨。

LOVE **爱情大数据** DATA

那些婚姻得到改善的夫妻为此付出了巨大的努力吗？还真没有！他们每周只多花 5 小时来改善他们的婚姻。

婚姻傻瓜探测器

某些婚姻"专家"声称，导致婚姻不幸的一个重要原因，是夫妻对彼此期望过高。降低这些期望，争吵继而出现，一方也变得越来越不会对对方有所期待。但是，通过研究夫妻对彼此的标准和期望，北卡罗来纳大学的唐纳德·鲍科姆（Donald Baucom）博士把这个观点彻底推翻了。他发现，对自己婚姻有着最高期望的夫妻，婚姻的质量常常也很高。这表明，与找寻其他的方法来改善婚姻或者顺其自然相比，通过提高自己的婚姻标准，你更有可能得到你想要的婚姻。

我们对新婚夫妇的研究证实了鲍科姆的发现。那些能适应婚姻中高水平的消极性（愤怒或情感疏远）的夫妻，数年后会觉得他们的婚姻不那么幸福或是对婚姻不满意。而那些拒绝忍受大量消极性的夫妻，那些当鄙视与自卫的威胁无处不在时，坚持温柔面对对方的夫妻，多年后觉得他们的婚姻是幸福的。

这些研究结果表明，每一桩婚姻都应该配备一套内置的早期警报系统，以便让你知道你的婚姻质量何时处于变坏的危险中。我称这种系统为"婚姻傻瓜探测器"，因为它实际上只是有些东西看起来不对劲！

有人曾经说过，男人最害怕的一句话是"让我们来谈谈我们的婚姻"。事实上，这几个字也能吓倒大部分女性。战胜这种恐惧的最好的方式是，在这些问题还很小的时候，在它们沸腾或爆炸之前，你就要和配偶讨论它们。

通常，夫妻之间往往有一个人带头寻找问题，这个带头的人多半是妻子。当她的丈夫变得有些古怪或者退缩时，她会让他关注这个问题，找出问题所在。但是，没有任何理由让你们两人在婚姻中都不履行这种职责。

下面是一个每周向配偶提问的问题清单，它会帮助你评估自己的婚姻进展到何种地步。记住，讨论这些事情要以温和的方式开始，且不能批评你的配偶。最好的方法是说一些诸如"嘿，我真的觉得跟你失去了联系，这是怎么了"之类的话。（注意不要恰好在睡觉前试图解决任何问题，这会影响你的睡眠。）

使用说明：利用这个问卷来评估自己目前（或最近）婚姻的进展，以及你是否希望提出一些问题。核对那些你认为自己存在的问题，如果核实的问题超过 4 个，那么在接下来的三天之内，你要考虑和配偶温和地谈论这些问题。

1. 我一直行事急躁。
2. 我觉得与配偶感情疏远。
3. 我们之间关系紧张。
4. 我发现自己想逃离这个地方。
5. 我一直觉得孤单。
6. 配偶似乎对我没多少感情。
7. 我一直很生气。
8. 我们彼此没有联系。
9. 配偶不知道我在想什么。
10. 我们的压力很大，这给我们造成了伤害。
11. 我希望我们马上亲密起来。
12. 我想拥有更多的独处时间。
13. 配偶一直行事急躁。

14. 配偶在情感上疏远我。

15. 配偶的注意力似乎在别的地方。

16. 我一直对配偶很冷淡。

17. 配偶一直很生气。

18. 我不知道配偶在想什么。

19. 配偶希望有更多的独处时间。

20. 我们真的需要好好谈谈。

21. 我们没有沟通好。

22. 我们最近比平时更容易争吵。

23. 最近，一些小问题在逐渐升级。

24. 我们一直在互相伤害对方的感情。

25. 我们的生活中没有太多的乐趣。

原谅自己

看完这 7 个法则，你可能已经清楚，世上没有建设性的批评这种东西。与抱怨不同，所有的批评都会让人感到痛苦。抱怨是为了改变而提出的具体要求，批评则不会让婚姻变得更好，只会不可避免地使婚姻变得更糟糕。

是什么导致夫妻中的一方习惯性地批评另一方呢？我们发现有两个原因：一是夫妻中有一方情感反应迟钝。简而言之，如果娜塔莉不停抱怨乔纳把报纸放在浴室地板上，抱怨他忽视她，那么，她最终可能会批评他，会称他为懒汉，而不是礼貌地提醒他记得把报纸放到回收箱。娜塔莉这种抱怨方式的改变是可以理解的，但是，这对她的婚姻没有任何帮助，因为她的批评会让乔纳更冷漠。打破这种恶性循环的唯一方法是，两个人都要作出改变，当然，这不是件容易的事。无论是让其中一方少批评反应迟钝的另一方，还是向一个总是唠叨你缺点的配偶靠近，都需要很大勇气。但是，只有两个人都作出改变，恶性循环才会结束。

婚姻中导致一方批评另一方的另一个原因来自个体内部，它与自我怀疑有关。这种自我怀疑是随着人的成长而发展起来的，尤其是在童年的时候。换句话说，自我怀疑始于自我批评。

> 亚伦不能真正欣赏或喜欢自己的成就，当他在生意上受挫时，他内心深处觉得自己是个无用之人；当他生意成功时，他不允许自己为之骄傲，他心里面有个声音说"这还不够好"。他不断寻求别人的认可，但当他得到认可时，他又不能享受甚至接受这份认可。

> 当亚伦与考特妮结婚时，他们的婚姻生活会是什么样子呢？既然亚伦已经习惯注意什么东西出错了，什么东西不见了，不能欣赏已有的东西，那么，他就很难对考特妮或者他们婚姻的优点感到高兴。因此，他不能欣赏考特妮的美好品质，包括她的可爱、忠诚，还有当他差点失去一个重要客户时，考特妮给予他的深厚的情感支持。亚伦关注那些他认为是缺点的考特妮的不足之处：她太情绪化、在社交场合稍微有点笨拙、没有像他喜欢的那样把家里打扫得一尘不染。

在大多数婚姻中，发生与亚伦和考特妮这对夫妻相同故事的概率是85%。如果你对自己没有信心，那么你会一直注视着自己与配偶的不足之处。面对现实吧！任何一个与你结婚的人都肯定会缺失某些可取的品质。问题在于，我们往往会关注配偶所没有的东西，忽视他们已有的美好品质，我们把这些好品质视作理所当然。

如果你认识到自己经常在进行自我批评，那么，你能为自己以及你的婚姻做的最好的事情，就是努力接受你的所有缺点。当我回顾自己迄今为止的生活时，我认识到在丈夫和父亲两个角色之间存在巨大的差异，这个差异让我原谅了自己所有的缺点。

实现这种原谅的途径之一，也许在于你个人的精神信仰。我的犹太教信仰帮助我珍惜自己以及婚姻中的优点，并滋养它。在犹太教的祷告中，主要的祷告内容不是感恩就是赞美，然而犹太教已声明上帝不需要无穷无尽的赞美、奉承或感谢。那么，这些祷告的目的是什么？它们不是为了上帝的利益，而是帮助那个祷告的人。这些祷告被设计成帮助我们欣赏上帝的作品，它们让我们欣赏从上帝手中继承下来的美丽世界，留心我们不断收到的恩赐并对之表示感谢。

无论你的宗教信仰是什么，有一条教训是任何一桩婚姻都应该吸取的：表达感恩与赞美，是批评和其致命的伙伴鄙视的解毒剂。接下来的练习会让你踏上这个旅程。

爱情练习卡 EXERCISE CARD
感恩

第1步：用一周的时间来留意你的批评倾向，看看失去的东西是什么，关注那些不在的东西并对它们加以评论。试着关注那些好的东西，注意你已经拥有的东西、别人的贡献，寻找一些可以赞美的事物。从简单的事情开始，赞美这个世界，欣赏自己的呼吸、日出、美丽的彩虹、孩子好奇的眼睛。为生活中小小的惊奇之事默默赞叹、感恩。这会改变你关注消极事情的习惯。

第2步：整个一周内，至少每天真心实意地赞美配偶一次。注意这个练习对你和配偶所起的效果。如果你能坚持把这个练习多做一天，那么之后你就能再坚持一天。你可以把这个练习扩展到其他人身上，比如你的孩子。当你认识一个新朋友时，记得寻找这个人的特殊之处，欣赏这些品质。记住，你的欣赏全都是真心实意的，不要说假话。注意这些正面的品质，欣赏它们。试着告诉人们你注意到的东西，告诉人们你发自内心地欣赏它们。在每个人身上都要找到一个优点，忽视那些缺点。

只要你能把每天的感恩行动持续一周，然后再持续一天，再持续一天，你将会收获颇丰：你开始原谅自己。感恩和宽恕会进入你的世界。这就是歌曲的"奇异恩典"（*Amazing Grace*）的全部含义。你开始欣赏自己的成就，而不是认为它们还不够好。

父母可以给予孩子的最有意义的礼物之一，是承认自己的错误，能说出"我做错了"或者"我很抱歉"这样的话。这种行为的益处是非常大的，因为这给了孩子犯错误的权利，让他们勇于承认自己搞砸了，但仍然对自己信心满满。这是建立在对自己的宽容之上的。同样，说"我很抱歉"并向配偶表达这个意思，是一件非常重要的事情。你越是把感恩精神和得体的赞美纳入你们的婚姻，你们的婚姻生活就越有意义、越幸福。

　　在我和丈夫结婚之前，他带着我去拜望长辈，那一刻我才深刻地体会到，爱情可以是两个人的事情，但婚姻却事关两个家庭甚至两个家族。爱情和婚姻肯定是有区别的，然而将两者直接视为彼此对立，宣称"婚姻是爱情的坟墓"，这又走到了另一个极端。对我而言，我更愿意接受冰心先生关于婚姻的一句名言：婚姻是灵肉结合的爱情的开始。正是因为所有与肉身相关的事情、柴米油盐，都要在婚姻中出现，使得很多耽溺于耳鬓厮磨、花前月下的恋人无法接受婚姻中的这些琐碎。但是，C'est la vie（这就是生活），不管我们愿意还是不愿意，生活就是这样。所以，在未能改变生活之前，也许应该先改变自己，尤其是改变自己对婚姻的那些先入为主的观念，这样才能真正有效地帮助我们领会到婚姻的美好。

　　与我们中国人家丑不愿外扬的习惯不同，外国人已经习惯了各种心理咨询，当他们觉得自己的婚姻出现问题时，也愿意去求教相关专家，而我们则只能向极少数的知己倾诉。本书的作者约翰·戈特曼博士，是美国著名的研究婚姻与家庭的权威人士，同时也是西雅图婚姻与家庭研究所的负责人之一。戈特曼博士把婚姻与家庭当作一个科研项目来研究，在这个研究所里，除了日常接待各类前来咨询的夫妻，对他们的问题加以处理，他们还会跟踪调查那些从这个研究所走出去的夫妻，查看他们婚姻治疗的效果。正是因为有过长达十多年的跟踪调查、走访研究，戈特曼博士关于婚姻给出的意见，才不像很多婚姻咨询专家那样只是纸上谈兵，而是充满了实践的智慧。比如，如果被问及什么是幸福婚姻，我们可能会第一时间想到不吵架、和和美美的两口子才是幸福的，但这恰好是关于婚姻的一个误区。戈特曼博士在本书中指出，幸福的婚姻也会不可避免地出现争吵，但是与那些不幸的婚姻相比，这些争吵都只是就事论事，不会上升到对对方的人格侮辱。这其实是很难做到的，就好像我们很难只是单纯地体罚一下小孩子，我们在打他屁股的同时，会忍不住说"你这个坏孩子"或者诸如此类的打击人的话。

我自己结婚才一年有余，不敢贸然宣称自己通过翻译这本书就成了婚姻专家。但是，就我个人而言，我在读过弗洛姆的《爱的艺术》之后，会觉得爱情远比我们想象的艰难，而读过《幸福的婚姻》之后，会觉得拥有幸福的婚姻似乎并不算什么难事。确实，就像戈特曼博士所说的，我们在使用一个东西之前，会先看看说明书，但是我们在结婚之前却不会想到先对婚姻有个基本的了解，这其实也是一个误区。

说到这本书的翻译，我非常感谢我的先生游伟给我的帮助，在全书翻译完成之后，他帮助我统校了译稿，纠正了一些错误，他的参与使得这份工作变得更有意义。此外，还要感谢各位编辑，感谢她们的信任、宽容与督促。

未来，属于终身学习者

我这辈子遇到的聪明人（来自各行各业的聪明人）没有不每天阅读的——没有，一个都没有。巴菲特读书之多，我读书之多，可能会让你感到吃惊。孩子们都笑话我。他们觉得我是一本长了两条腿的书。

———查理·芒格

互联网改变了信息连接的方式；指数型技术在迅速颠覆着现有的商业世界；人工智能已经开始抢占人类的工作岗位……

未来，到底需要什么样的人才？

改变命运唯一的策略是你要变成终身学习者。未来世界将不再需要单一的技能型人才，而是需要具备完善的知识结构、极强逻辑思考力和高感知力的复合型人才。优秀的人往往通过阅读建立足够强大的抽象思维能力，获得异于众人的思考和整合能力。未来，将属于终身学习者！而阅读必定和终身学习形影不离。

很多人读书，追求的是干货，寻求的是立刻行之有效的解决方案。其实这是一种留在舒适区的阅读方法。在这个充满不确定性的年代，答案不会简单地出现在书里，因为生活根本就没有标准确切的答案，你也不能期望过去的经验能解决未来的问题。

而真正的阅读，应该在书中与智者同行思考，借他们的视角看到世界的多元性，提出比答案更重要的好问题，在不确定的时代中领先起跑。

湛庐阅读App：与最聪明的人共同进化

有人常常把成本支出的焦点放在书价上，把读完一本书当作阅读的终结。其实不然。

时间是读者付出的最大阅读成本

怎么读是读者面临的最大阅读障碍

"读书破万卷"不仅仅在"万"，更重要的是在"破"！

现在，我们构建了全新的"湛庐阅读"App。它将成为你"破万卷"的新居所。在这里：

● 不用考虑读什么，你可以便捷找到纸书、电子书、有声书和各种声音产品；

● 你可以学会怎么读，你将发现集泛读、通读、精读于一体的阅读解决方案；

● 你会与作者、译者、专家、推荐人和阅读教练相遇，他们是优质思想的发源地；

● 你会与优秀的读者和终身学习者为伍，他们对阅读和学习有着持久的热情和源源不绝的内驱力。

下载湛庐阅读 App，
坚持亲自阅读，
有声书、电子书、阅读服务，
一站获得。

本书阅读资料包
给你便捷、高效、全面的阅读体验

本书参考资料

- ☑ **参考文献**
  为了环保、节约纸张，部分图书的参考文献以电子版方式提供

- ☑ **主题书单**
  编辑精心推荐的延伸阅读书单，助你开启主题式阅读

- ☑ **图片资料**
  提供部分图片的高清彩色原版大图，方便保存和分享

相关阅读服务

- ☑ **电子书**
  便捷、高效，方便检索，易于携带，随时更新

- ☑ **有声书**
  保护视力，随时随地，有温度、有情感地听本书

- ☑ **精读班**
  2~4周，最懂这本书的人带你读完、读懂、读透这本好书

- ☑ **课　程**
  课程权威专家给你开书单，带你快速浏览一个领域的知识概貌

- ☑ **讲　书**
  30分钟，大咖给你讲本书，让你挑书不费劲

湛庐编辑为你独家呈现
助你更好获得书里和书外的思想和智慧，请扫码查收！

（阅读资料包的内容因书而异，最终以湛庐阅读App页面为准）

图书在版编目（CIP）数据

　　幸福的婚姻：男人与女人的长期相处之道 /（美）戈特曼，（美）西尔
弗著；刘小敏译. —杭州：浙江人民出版社，2014.2（2022.1重印）
　　ISBN 978-7-213-05841-7

　　Ⅰ.①幸…　Ⅱ.①戈…　②西…　③刘…　Ⅲ.①婚姻–通俗读物
Ⅳ.①C913.13-49

　　中国版本图书馆 CIP 数据核字（2013）第 257531 号

上架指导：婚姻家庭 / 心理学

浙 江 省 版 权 局
著作权合同登记章
图字:11-2013-224号

幸福的婚姻：男人与女人的长期相处之道

作　　者：［美］约翰·戈特曼　娜恩·西尔弗　著
译　　者：刘小敏　译
出版发行：浙江人民出版社（杭州体育场路347号　邮编　310006）
　　　　　市场部电话：（0571）85061682　85176516
集团网址：浙江出版联合集团　http://www.zjcb.com
责任编辑：朱丽芳
责任校对：朱　妍　张彦能
印　　刷：唐山富达印务有限公司
开　　本：710 mm × 965 mm　1/16　　　印　　张：16.25
字　　数：23.1 万　　　　　　　　　　　插　　页：3
版　　次：2014 年 2 月第 1 版　　　　　印　　次：2022 年 1 月第 21 次印刷
书　　号：ISBN 978-7-213-05841-7
定　　价：49.90 元